武

道

教

育

学

# Budo-
# Pädagogik

## Kampf-Kunst in Erziehung, Therapie und Coaching

Jörg-Michael Wolters, Albert Fußmann (Hrsg.)

**Gelbe Reihe : Praktische Erlebnispädagogik**

Dieser Titel ist auch als eBook erhältlich
ISBN  978-3-96557-059-7

Sie finden uns im Internet unter
www.ziel-verlag.de

Wichtiger Hinweis des Verlags: Der Verlag hat sich bemüht, die Copyright-Inhaber aller verwendeten Zitate, Texte, Bilder, Abbildungen und Illustrationen zu ermitteln. Leider gelang dies nicht in allen Fällen. Sollten wir jemanden übergangen haben, so bitten wir die Copyright-Inhaber, sich mit uns in Verbindung zu setzen.

Inhalt und Form des vorliegenden Bandes liegen in der Verantwortung der Autoren.

Bibliografische Information der Deutschen Nationalbibliothek
Die Deutsche Nationalbibliothek verzeichnet diese Publikation in der Deutschen Nationalbibliografie; detaillierte bibliografische Daten sind im Internet über *http://dnb.d-nb.de* abrufbar.

Printed in Germany

ISBN  978-3-940 562-11-1 (Print)

Verlag:                     ZIEL – Zentrum für interdisziplinäres erfahrungsorientiertes Lernen GmbH
                            Zeuggasse 7– 9, 86150 Augsburg, www.ziel-verlag.de
                            1. Auflage 2008, Nachdruck 2022
                            erscheint auch unter: Gautinger Protokolle Nr. 37

Gesamtherstellung:   **FRIENDS** Menschen Marken Medien
                            www.friends.ag

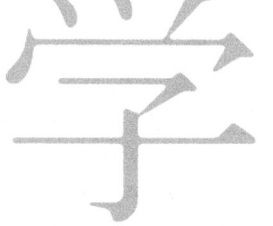

武道教育学

Inhaltsverzeichnis

# Budo-Pädagogik

Kampf-Kunst in Erziehung, Therapie und Coaching

# Budo-pädagogische Modelle in Theorie und Praxis

## Budo-Pädagogik – Perspektiven 223

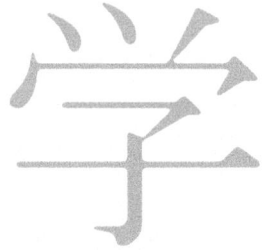

# Vorwort

# 10 Jahre Zusatzausbildung „Budo-Pädagogik"

Seit zehn Jahren führen das Institut für Budo-Pädagogik in Stade und das Institut für Jugendarbeit in Gauting die Zusatzausbildung „Budo-Pädagogik" durch. Eine Tagung unter dem Thema „Fit für die Risikogesellschaft? – Körperorientierte Ansätze in der Arbeit mit Kindern und Jugendlichen" im Jahre 1997 bildete den Ausgangspunkt einer Ausbildung, die als zweijährige berufsbegleitende Zusatzausbildung mittlerweile schon fünfmal durchgeführt wurde.

*Bewegung, sich Austoben, seinen Körper kennenlernen bis an seine Grenzen – das sind spezifische Qualitäten, die Budo so attraktiv machen.*

### Was ist Budo-Pädagogik?

„Budo-Pädagogik?" = östliche Kampfsportarten plus westliche Pädagogik = Kampfkunst als Lebenskunst? Wie geht zusammen, was auf den ersten Blick etwas fremd, ja widersprüchlich erscheint? Spätestens nach der Vorstellungsrunde eines neuen Kurses lösen sich die Fragen in einer umfassenden Neugier auf: Da sitzen Pfarrer mit Aikido-Ausbildung, Schulsozialarbeiter/innen mit Karate-Kenntnissen, Judokas mit dem Bedürfnis nach pädagogischem Wissen, Mitarbeiter/innen aus der Jugendarbeit mit Wendo-Erfahrung, Gewaltpräventionsmitarbeiter mit Taekwondo-Praxis – oder zusammengefasst: unterschiedliche Budo-Disziplinen und unterschiedliche Berufe, aber geeint in dem Bemühen, diese Disziplinen gewinnbringend in unserem pädagogischen Alltag einzusetzen.

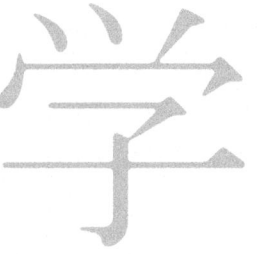

Erster Gewinn der Ausbildung ist der Blick über die unterschiedlichen Budo-Sportarten, das gleichwertige Zulassen sehr unterschiedlicher Körperausbildungen und geistiger Haltungen; zweiter Gewinn ist das Ringen darum, aus einer Sportart ein erzieherisches Konzept zu formulieren, das mehr ist als Körperertüchtigung und gleichzeitig auf die modernen Herausforderungen von Erziehung und Sozialisation antwortet.

### Budo-Pädagogik: mehr als Sport und mehr als Pädagogik

Budo-Pädagogik verbindet die körperliche Ausbildung mit einer geistigen Haltung. Es geht nicht um das Gewinnen über einen Gegner, sondern um das Üben mit einem Partner mit dem Ziel der Selbsterkenntnis und der Selbstverwirklichung. Das Erlernen von Selbstbeherrschung und der Respekt vor dem/der anderen sind Kennzeichen einer erfolgreichen Budo-Arbeit. Körperliche Fitness wird vor diesem Hintergrund nicht verstanden als die narzisstisch geprägte Selbstdarstellung, sondern als eine Verbindung von Körper und geistiger Haltung, Budo steht spirituellen Dingen offen und stellt diese Frage auch. Budo arbeitet nur wenig mit Worten und Belehrungen, es geht um Erfahrungen und Erlebnisse mit ihren eigenen und speziellen Lernqualitäten. Darüber hinaus geht es um die Anerkennung eines Weges zum Ziel: Nichts ist sofort, hier und jetzt erreichbar, es bedarf der Disziplin eines immer wiederkehrenden Übens. Und schließlich kennzeichnet Budo-Pädagogik eine besondere Stellung des Lehrers, der hier immer auch der Meister ist, der anerkannte Lehrmeister, der Achtung nicht verlangt, sondern gebietet durch seinen Vorsprung an Können und – altmodisches Wort – Weisheit (im Sinne von Lebensklugheit).

### Worin liegt die Attraktivität von Budo-Pädagogik für die Jugendlichen?

Bewegung, sich Austoben, seinen Körper kennenlernen bis an seine Grenzen – das sind spezifische Qualitäten, die in der heutigen Lebensrealität von Kindern und Jugendlichen zu kurz kommen. Hier geht es einmal nicht um Musik hören, um Filme sehen, um schier grenzenlose Kommunikation, hier gibt es einen fest umrissenen und konkret erfahrbaren Raum, der vor allem die Sinne anspricht, die in einer Mediengesellschaft zu wenig gepflegt und ausgebildet werden. Es handelt sich auch um einen, nicht nur räumlich konkret umrissenen und geschützten Erfahrungsraum, sondern auch um eine Welt, die durch ein klares Reglement Verhaltens- und Orientierungssicherheit leistet. Jede Kampfkunst verweist mit ihrer Wortendung auf „-do" auf den Weg, der beim Lernen zurückgelegt werden muss. Begibt man sich auf diesen Weg, erlebt man in vielen kleinen, ja winzigen Schritten Bestätigung und Erfolge, die zum Aufbau eines gesunden Selbstbewusstseins notwendig sind. Auf diesem Weg kann der Jugendliche ein positives Verhalten zu Regeln und Autoritäten entwickeln, die immer in direktem Bezug zum Erlernen der Kampfkunst stehen und nie bloß formal abverlangt werden.

### Worin liegt der Nutzen für die Erziehung?

Legt man die Definition der Budo-Pädagogik, die Anforderungen der Gesellschaft und die Bedürfnisse der Kinder und Jugendlichen wie Folien übereinander, kann man die Leistungsfähigkeit der Budo-Pädagogik erahnen. Die Beispiele in diesem Band dokumentieren diese Leistungsfähigkeit in ihrer ganzen Breite: An erster Stelle sind natürlich die vielfältigen Beispiele zur primären und sekundären Gewaltprävention zu nennen, weil mit dieser Methode Jugendliche erreicht werden können, die mit herkömmlichen pädagogischen Methoden kaum anzusprechen sind.

Aber es wäre sehr verkürzt, wenn man Budo-Pädagogik auf diesen Aspekt einengen würde. Kampfkunst dient der Stärkung der Persönlichkeit in allgemeiner Form und ist insbesondere schon erprobt in geschlechtsspezifischen Angeboten: Mädchen tanken Selbstbehauptungswillen, Jungen gewinnen ein neues Männerbild, das auf tatsächlicher Stärke basiert und nicht auf dem Konzept einer Macho-Männlichkeit. Budo-Pädagogik ist erprobt in schulischen Kontexten, in der Jugendarbeit und bei besonderen persönlichen Auffälligkeiten (Sucht, Legasthenie).

Sicher gibt es auch einige „offene Baustellen" in der Budo-Pädagogik, Fragen, an deren Bearbeitung man erst am Anfang steht: Wie verhält sich das Schüler-Meister-Verhältnis mit aufgeklärter Pädagogik? Wie kann man das Gelernte (aus dem Schutzraum) in andere Bereiche der Lebenswelt übertragen? Wie kann man den „Weg" so gestalten, dass er auch für weniger motivierte Jugendliche zu bewältigen ist?

***Dennoch:*** Budo-Pädagogik steht erst am Anfang! Gemessen am positiven Verlauf der in der Zusatzausbildung dokumentierten Projekte bedarf dieser Ansatz einer weiteren Verbreiterung. Aufgrund der notwendig zu erlernenden Fähigkeiten geht dieser Prozess nur langsam vonstatten, bildet andererseits aber auch die Grundlage ihrer einzigartigen Qualität.

*Albert Fußmann*                                          *Gauting, im August 2008*
Leiter des Instituts für Jugendarbeit

# Vorwort

# Budo – Pädagogik – Budo-Pädagogik

Im Laufe des letzten Jahrzehnts setzt sich zunehmend in der sozialpädagogischen Praxis eine neue, vielleicht alternative oder „andersgelagerte" Form der „Erlebnis"-Pädagogik durch, eine spezielle Art von Sozialpädagogik, Sportpädagogik und Sozialer Sporttherapie, von Körper- und Bewegungserziehung: die Budo-Pädagogik.

### Gesammelte Theorie und Praxis

Durch das vorliegende Buch soll die neue Disziplin der Budo-Pädagogik in ihrer Theorie und Praxis beschrieben, reflektiert und diskutiert sowie die bisher einzigartige Aus- und Weiterbildung als Professionalisierung einer neuen Methode dargestellt werden. Es ist der erste Sammelband zum Thema, der nun – dankenswerterweise – ganz passend im Zielverlag erscheint.

### Große Bandbreite

Budo-Pädagogik basiert auf dem professionellen und zielgerichteten Einsatz fernöstlicher Kampf- und Bewegungskünste (Budo) in der sozialen, pädagogischen und therapeutischen Arbeit zur systematischen Förderung der Persönlichkeit und des Sozialverhaltens mit Sondergruppen wie z.B. gewalttätigen Kindern und Jugendlichen, Geistig- und Körperbehinderten, Straftätern, Missbrauchsopfern oder Drogenabhängigen.

Ihre höchst unterschiedliche und spannende Tätigkeit im Bereich ambulanter und offener Jugendhilfeangebote, stationärer Heimerziehung, des Jugendstraf- oder Maßregelvollzugs, der Kinder- und Jugendpsychiatrie oder im Coaching von Erzieher- und Lehrerteams dokumentiert die große Bandbreite der praktischen Arbeit von Budo-Pädagogen.

Hier kommen nun neben den „Vätern" der Budo-Pädagogik und Ausbildungsleitern sowie an der Weiterbildung mitwirkenden Fachreferenten auch Teilnehmer und Teilnehmerinnen mit ihren Beiträgen der Bearbeitung exemplarischer Themenstellungen zu Wort. Sie zeigen die vielfältigen Ansätze und Anwendungsmöglichkeiten auf. Wiederholungen wesentlicher Theorie- oder Praxisbausteine bleiben bei gesammelten Aufsätzen innerhalb eines Fachgebietes nicht aus und so mag den verschiedenen Autorinnen und Autoren nachgesehen werden, dass sie das für sie Wichtige, in je individuellem Schreibstil, einmal mehr unterstreichen – dem geneigten Leser mögen die wiederholten Essentials daher auch besonders im Gedächtnis bleiben.

*Jörg-Michael Wolters*
Fachlicher Leiter der Weiterbildung
z. Budo-Pädagogen/Budo-Pädagogin

*Stade, im August 2008*

武道教育学

# Budo-Pädagogik

## Einführung

武道
教育学

Jörg-Michael Wolters

# Budo-Pädagogik: Vom Wesen und Wirken der Kampfkunst in Pädagogik und Therapie

Budo-Pädagogik ist eine noch recht junge, um nicht zu sagen „neue" erziehungswissen-schaftlich fundierte Methode im Kontext von Pädagogik, Therapie und Coaching.

Vor der Darstellung ihres Wesens und Wirkens, ihrer Theorie und Praxis soll ihre Ent-wicklung zunächst als eigene Fachdisziplin und Ausbildungsrichtung hier (anhand der durch die diesbezüglichen Publikationen des Verfassers als eben auch Begründers der Budo-Pädagogik dokumentierenden Historie) aufgezeigt werden:

## Geschichte

Die Budo-Pädagogik entwickelte sich seit Ende der 1980er-, Anfang der 1990er-Jahre als Fachgebiet innerhalb der Sozialpädagogik im Zuge der beginnenden Diskussion und Erforschung erfolgreicher Praxisprojekte, in denen gezielt Kampfsport/Kampfkunst (Budo) als „erlebnis- und sportorientierter Ansatz" (Wolters 1990a, 1990b) bzw. pädagogisch-therapeutische Maßnahme (Wolters 1990c) als Anti-Aggressivitäts-Training (Wolters 1991) eingesetzt wurde. Die ausgewiesene Effektivität von „Kampfkunst als Therapie" (Wolters 1992, 1992a) bei der Behandlung hochgradig aggressiver Gewaltstraftäter im Jugendvoll-zug warf nach langer Abstinenz des Themas in der Fachliteratur die Fragen auf, inwieweit Gewaltprävention und -therapie durch Sport – und hier nun ausgerechnet auch noch Kampfsport/Kampfkunst (Wolters 1992b) – so wichtige Prozesse Sozialen Lernens ermög-lichen kann (Wolters 1992c).

Es entstand auf dem Boden der Rieder'schen „sozialen Sporttherapie" (Rieder 1977) und in Anlehnung an die zunehmend in der Jugend- und Jugendsozialarbeit Bedeutung ge-winnenden Erlebnispädagogik das Konzept Kampfkunst-orientierter Sporttherapie (Wolters 1993), vor allem mit gewaltbereiten und gewalttätigen Jugendlichen (Wolters 1993a, 1993b). Speziell das empirisch nachgewiesen sehr erfolgreich als Vorreiter des Ganzen zur Anwendung gekommene traditionelle Karate-Do der (seltenen) Stilrichtung „Shoto-Kempo-

Ryu" entwickelte sich quasi zum Modell für andere Budo-Disziplinen (Wolters 1993c, 1993d), auch im Kontext erlebnispädagogischer Arbeit (Wolters 1994).

Erste Fortbildungen zu diesem Thema wurden am Institut für Jugendarbeit in Gauting (München) für pädagogisch interessierte Vertreter der Sportverbände, vorrangig Trainer und Übungsleiter der Dachverbände für die verbreiteten Kampfsportarten Karate, Judo und Aikido, unter dem Motto „Budo und Soziales Lernen" durchgeführt (Wolters 1995). Diese neuntägigen Fortbildungsreihen, stilübergreifend für etwa jeweils 30 bis 40 Teilnehmer (die quasi die Geburtsstunde der Budo-Pädagogik und der am Hause später, 1999, angebotenen berufsqualifizierenden Ausbildung begründen), wurden von den Verbänden für ihren jeweils internen Lizenzerwerb (Trainerschein) oder zur Linzenzverlängerung anerkannt und erfreuten sich in den Jahren von 1994 bis 1999 reger und wachsender Nachfrage und großer Beliebtheit.

Gleichzeitig wuchs sich der tatsächliche (und potenziell mögliche) Adressatenkreis von anfangs in erster Linie dissozialer, straffälliger, gewalttätiger zu kinder- und jugendpsychiatrisch kranker und behandlungsbedürftiger Klientel aus (Wolters 1997, 1999a, 1999b). Erlebnis – Erfahrung – Erkenntnis: Dies waren die Bausteine systematischer Persönlichkeitsbildung der neuen ganzheitlichen „Körper-Seele-Geist"-Therapie (Wolters 1998) auf der Grundlage von Budo-Kampfkunst. Auch in der Sozialtherapie wurde der Ansatz als Behandlungsgrundlage für das „Therapeutisches Intensivprogramm" (TIGA) eingeführt (Wolters 1998a, 1998b).

Der „Kampfkunst-Weg zum Friedvollen Krieger", der Budo-„Weg vom Schläger zum Ritter" (Wolters 1998c, 1998d, 1999c) war nun endlich begründet und erprobt – und somit gefunden. Die sozialpädagogische Gewaltdiskussion blieb davon nicht unberührt (Wolters 2000a, 2000b), auch im Kontext aktuell debattierter „Konfrontativer Sozialpädagogik" (Wolters 2001c, 2004d) und vor allem geschlechtsspezifischer Jungen-Arbeit (Wolters 2001d, 2002b). Das Thema „Budo in Pädagogik und Therapie" gelangt, nun auch explizit als solches benannt und dezidiert vorgestellt, in den Blick der (Fach-) Öffentlichkeit und Literatur (Wolters 2001a, 2001c, 2002c, 2003a, 2003c, 2004a, 2004b, 2004c, 2005a, 2005b, 2005c, 2005d, 2005e, 2006, 2007c, 2207d).

Seit 1999 also laufen regelmäßig die berufsqualifizierenden Weiterbildungen zur Budo-Pädagogin/zum Budo-Pädagogen am Institut für Jugendarbeit Gauting in Kooperation mit dem Institut für Budo-Pädagogik (das aus der 1990 gegründeten „Internationalen Interessen- und Arbeitsgemeinschaft ‚Budo in Pädagogik und Therapie' (BPT)" hervorgegangen ist) mit ausgewählten Kandidaten über einen Zeitraum von eineinhalb Jahren mit neun Moduleinheiten (an 32 Tagen) und insgesamt 400 Ausbildungs- bzw. Arbeitsstunden. Doch dazu später mehr.

Zunächst interessiert die Frage, wieso gerade Budo eine „eigene" Pädagogik inhaltlich wie methodisch definieren kann, und warum sie ebenso sinnvoll wie, offenbar, erfolgreich ist:

## Budo

Warum ist dieser Ansatz, gezielt mittels asiatischer Kampfkünste pädagogisch zu arbeiten, so effektiv? Und warum dann neu?

Nun neu ist er, weil bis Mitte der 1980er-Jahre keine einzige Veröffentlichung über das erzieherische Wesen der Kampfkünste publiziert war, die über althergebrachte Postulate und unhinterfragte Plattitüden (Budo sei Charakterschulung, eine Schule fürs Leben) hinausgehen (ansatzweise Grundmann 1988). Keine einzige deutschsprachige echte wissenschaftliche Forschung auf dem Gebiet, wenig Fremdsprachiges. Obwohl Judo schon längst Eingang gefunden hatte in die sonder- und heilpädagogische (psychomotorische) Arbeit (Bonfranchi 1979), ohne jedoch hinreichend rezipiert worden zu sein, waren die anderen Disziplinen im Bereich der Pädagogik über vereinzelte Projekte engagierter Einzelkämpfer (und Exoten) hinaus nicht wirklich zu finden; eine erziehungstheoretische Begründung oder gar Analyse praktischer Umsetzung gab es nicht. Im Gegenteil: Erst sehr langsam traten die vorurteilsbelasteten Kampfsportarten aus ihrem „Sumpf" und dem schlechten Gewalt- und Schmudedel-Image, dem Dunstkreis verrohter Vertreter und verrohender Praxis heraus. Die oben erwähnten Publikationen und diesbezügliche Öffentlichkeitsarbeit hatten nicht geringen Anteil daran, die negativen Klischees abzubauen.

Der hartnäckige Vorwurf von Gewaltverherrlichung wundert (wenn man die blödsinnige Darstellung der Kampfkünste durch die Kung-Fu-Filmindustrie beiseite lässt), heißt doch Bu-Dô auf Japanisch nämlich schon: „Der Weg, den Kampf zu stoppen."

**_Bu_** (Militär, Krieger):
- Speer/Schwert & Stopp
- Kampf beenden

**_Dô_** (Weg):
- Methode, Prozess
- Einstellung, Ideologie

Damit hat allein vom Wort her „Budo" schon explizit einen sozialerzieherischen, ja konkret friedenspädagogischen Anspruch formuliert:

*Budo:*

- **ist der Weg**
  - die Methode
  - die Idee
  - das Bestreben
  - die Einstellung
  - die Übung
- **den Kampf**
  - den Konflikt
  - die Gewalt
- **zu vermeiden**
  - zu überwinden
  - aufzugeben

Das ist auch der Grund, warum hier „Budo" als Oberbegriff und Terminus technicus für alle fernöstlichen Kampf- und Bewegungskünste, also auch nicht-japanische (chinesische, koreanische, vietnamesische, phillippinische usw.) gewählt wurde, sofern in ihnen dieses Prinzip berücksichtigt wird.

Selbstverständlich muss hier nun grundsätzlich unterschieden werden zwischen Kampf-Sport und Kampf-*Kunst,* denn die wettkampf- oder auch nur breitensportliche Ausrichtung ist eine ganz moderne (westliche) Abart – nämlich „Bu-Jutsu" („Jutsu" = technische Kunstfertigkeit) – und nicht die originäre, vor allem das „geistige" Wesen betonende Form des Bu-Do.

Das durch die fernöstlichen Philosophien wie Taoismus, Buddhismus, Konfuzianismus, Shintoismus, vor allem aber den Zen-Buddhismus geprägte Budo[1] (s. ausführlich Dolin 1988) ist gerade ein über die reine Technik (Sport) hinausgehender, ja spiritueller, yogischer Weg der Selbst-Erfahrung, Selbst-Erkenntnis und Selbst-Verwirklichung; man kann auch sagen: der Selbst-Erziehung. Auch Selbstbehauptung und Selbstverteidigung sind nur (minderwertige) Teilaspekte, quasi Nebenprodukte, die bei jahrelangem Üben einer Kampfkunst „abfallen", aber nicht das Ziel des Unterrichts, der Lehre, des Weges sind – und sein dürfen. Entscheidend im Budo ist das Üben allein der Übung willen (s. ausführlich Bollnow 1978), der Prozess, die „Arbeit und Auseinandersetzung mit sich selbst", die durch erfolgreiche individuelle physische und psychische Grenzerweiterung erarbeitete persönliche

Weiterentwicklung. Körperbeherrschung stellt sich durch Training (mit Partnern – nicht Gegnern) ebenso ein wie psycho-emotionale Selbstbeherrschung; lernt man doch, dass nur der ruhige, absichtslose (!) Geist frei von Wahrnehmung trübender Erregung ist und – auch im Kampf – die Souveränität und eigentliche „Meisterschaft" im Budo begründet.

Man lernt Kämpfen, lernt, wie konstruktive Aggressionen und destruktive Aggressivität, wie Gefühle wie Wut und Angst entstehen und lernt, sie zu kontrollieren, lernt, dass Ausweichen, Nachgeben, ja Weglaufen (die nur vermeintliche Niederlage) erfolgreicher und richtiger sind, als „sich gehen zu lassen" oder hinreißen zu lassen zu Gewalt und Gegengewalt, lernt, dass Friedfertigkeit keine Feigheit und Schwäche, sondern herausragende Stärke, nämlich die Kompetenz des in Wahrheit ja (auch kämpferisch) überlegenen, aber zum Sanftmut fähigen und zum Gewaltverzicht entschlossenen „Kriegers" (Kampfkünstlers), des „Friedvollen Kriegers"[2], ist!

*Somit folgt:*

---

### Kampf- KUNST ist die Kunst...

durch Kämpfen-Lernen...

das Kämpfen-wollen...

oder -Meinen-zu-müssen...

durch Erfahrung zu transzendieren...

und den Nicht-Kampf zu verwirklichen!

---

Das muss gewusst werden, verstanden sein. Das muss im Unterricht gelehrt, immer wieder praktisch geübt werden, um am Ende gekonnt zu sein. Dazu bedarf es keiner „Trainer", sondern versierter Budo-Lehrmeister (jap.: Sensei/chin.: Sifu), die ihrerseits immer noch, wenn auch sehr erfahren und somit vorbildlich, selbst auf dem Weg sind und die das Wesen der Kampfkunst als im weiteren Sinne „Bewegungs-Meditation" (Draeger 1973, Habersetzer 2005) wie „Psycho-Training" (Tiwald 1978) verstanden haben und als Autorität entsprechend ebenso sensibel wie nachdrücklich vermitteln, gar vorleben können. Das Lehren von Budo ist auch etwas ganz anderes als das Leiten von Trainings in Sportverband oder -verein und eine eigene „Kunst" (Wolters 2202a, 2002c).

Das Wesen des Budo, das traditionelle Kampfkunst definiert und sie über den Sport/Kampfsport und sein ureigenes Interesse an physikalisch messbaren, objektiv wertbaren, zählbar zu machenden und in Konkurrenz zu anderen erbrachten Leistungen (Handlexikon Sportwissenschaft) hinaushebt, ist der „geistige", der „innere" Aspekt – jenseits vordergründig ähnlicher oder gar gleicher Techniken (Waza) und rein äußerlicher Bewegungsformen (wie beispielsweise das Kata des sportlichen Karate oder traditionellen Karate-Do). Das Geistige, die Spiritualität, Zen und die Meditation (Zazen) sind aber nicht die einzigen Kriterien, die im Budo als von entscheidender Bedeutung sind.

*Die sechs entscheidenden Wesenselemente des Budo sind:*

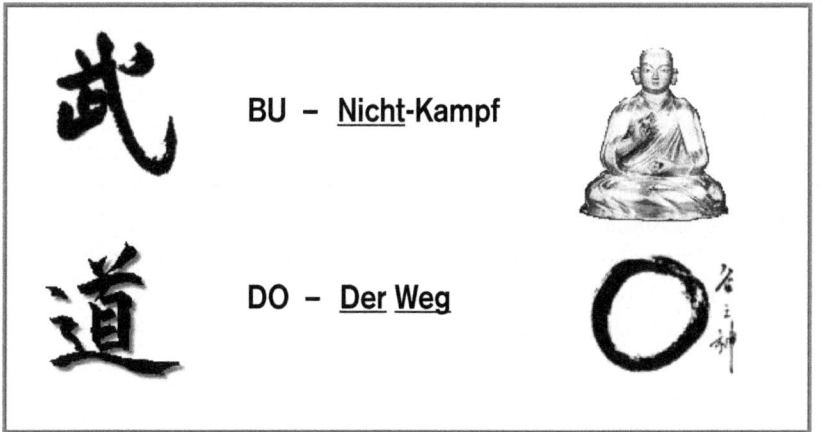

BU – <u>Nicht</u>-Kampf

DO – <u>Der</u> <u>Weg</u>

Zum Thema **„Bu"** ist bereits gesagt, dass das technische Handwerkszeug (die Kampftechniken und -strategien) darauf basieren, zu lernen, wie man auch gegen stärkere und mehrere Angreifer siegreich ist und mit zunehmender Kampferfahrung und -kompetenz auch die Fähigkeit wächst, auf eine kämpferische Auseinandersetzung zu verzichten. Als mutmaßlicher Sieger muss man sich niemandem mehr beweisen …

Der Weg, **„Do",** betont den Prozess, das „auf dem Weg sein" anstelle irgendeines Zieles. Der Weg ist das Ziel – ihn zu gehen ist allein Wert genug. Das Bemühen zählt auch mehr als das Können und die Beständigkeit des Übens und Ringens um persönliches Wachstum mehr als Leistung und darin fest gemachter Erfolg. Das eigene Tun und Werden ist einem höheren Ideal gewidmet, eingebettet in Jahrtausende der Erfahrung und Weisheit.

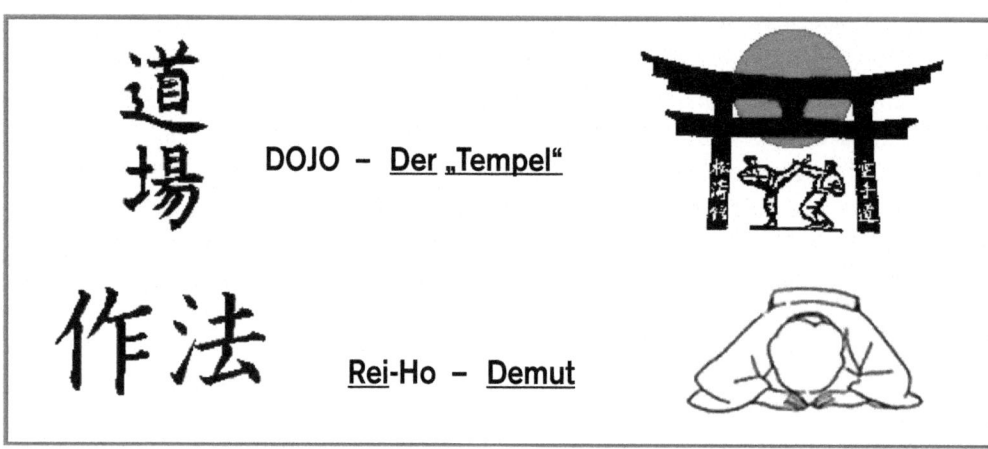

DOJO – Der „Tempel"

Rei-Ho – Demut

**„Dojo",** der (schon wie ein Tempel fast sakrale, auf jeden Fall besondere und besonders ausgestaltete) Ort, an dem der Weg geübt wird, ist auch Synonym für die dortige Gemein- schaft Gleichgesinnter, die einander hilfreiche Partner und keine konkurrierenden Gegner sind. Im Dojo werden der Alltag und seine Probleme ausgeblendet und sich allein der Übung in den Kampfkünsten, ob bewegungsintensiv-schwitzend im dynamischen Technik- training und Formenlaufen oder still und kontemplativ in der Meditation und Entspannung, zugewendet.

Die im Dojo praktizierte Budo-Etikette, **„Rei-Ho"** (auch Rei-Gi oder Rei-Shiki), basierend auf speziell kultiviertem Ehrenkodex und bestehend aus traditionellen Zeremonien, Ritualen und verbindlichen Regeln des höflichen Umgangs miteinander, ist ein Verhaltensgerüst aller Budoka, um Disziplin zu schulen und gegenseitige Achtung und Respekt sowie Wertschät- zung allen Lebens sowie der Ordnung der Welt auszudrücken (ausführlich Wolters 2001b und 2001b2). Die Etikette bettet Anfang, Verlauf und Ende jeder Übung und alles Verhalten im Dojo in Demutsbezeugungen und Anerkennung höherer Ideale, die hinter allem stehen, ein und ist so durchgängige Hilfe, sowohl zurechtzukommen als auch sich weiterzuentwi- ckeln (auch Velte 2007). Zentrales Instrument des Einübens innerer und äußerer aufrechter (aufrichtiger) Haltung ist die rechte Verneigung (nicht etwa Verbeugung) zur Entwicklung und zum Ausdruck von Würde und Würdigung …

ZEN – Der „Geist"

SHITEI – Lehrer & Schüler

**„Zen"** als Oberbegriff für die geistigen Inhalte und Aspekte des Budo wurde bereits erörtert. Die Zen-Haltung der Unvoreingenommenheit, der Wahrnehmungsschulung und des Bewusstseinstrainings prägt alle Übungen und hebt sie aus der Oberflächlichkeit heraus. Die Potenz des Zen, durch reinen Geist zu sich selbst (auch zu Perfektion im Tun) zu finden, dem Bemühen eine positive Richtung zu geben, führt zur Entfaltung der Persönlichkeit (wie sich eine Blüte öffnend entfaltet) und besonderen Ästhetik der Kampf-„Kunst".

Die besondere Lehrer-Schüler-Beziehung zwischen Budo-Schüler und Meister, **„Shitei",** beruht auf der Lehrmethode „Ishin – Denshin": von Herz – zu Herz (oder auch von Geist – zu Geist). Sie ist ganz dem gegenseitigen Vertrauen und der Bereitschaft zu folgen verpflichtet, sehr persönlich und beinahe intim. Oft wird diese verglichen mit einer Beziehung zwischen Vater und Sohn oder zumindest zum väterlichem Freund (Sensei, Sifu). Diese Beziehung zum Lehrmeister ist erforderlich, um ihn als „Erzieher" und zuweilen auch „Therapeuten" (der dem Schüler oft Opfer und völlige Bereitschaft zu Grenzerfahrungen abverlangt) anzuerkennen, als die Autorität des Weges, der man zuliebe, natürlich im Vertrauen darauf, dass es zum eigenen Besten ist, alles, wenigstens viel, eben das Bestmögliche zu geben fähig, bereit und willens ist.

Diese sechs Wesenselemente des Budo als besonders erzieherisch wirksame Bestandteile eines Budo-Pädagogik-Angebots hinreichend zu berücksichtigen, ihnen in der praktischen Übungsstunde – egal bei welcher Zielgruppe und allenfalls unterschiedlicher Gewichtung – angemessene Geltung zu verschaffen, ist Aufgabe der Budo-Pädagogen. Das ausgeübte Techniksystem, ob nun aus der schlagenden Fraktion (Karate, Taekwondo) oder der werfend-hebelnden Fraktion (Judo, Aikido), der eher tänzerischen (Taekkyon, Capoeira) akrobatischen (Hapkido) oder „soften" (Taiji), ist eher zweitrangig, denn diese Budo-Prinzipien sind überall anzuwenden, soll es sich um Budo-Pädagogik handeln. Sie geben der Lehre, dem Lehren und Lernen den besonderen Wert.

### Die Berufsqualifizierung zur Budo-Pädagogin/zum Budo-Pädagogen

Da, wie wir gesehen haben, im Budo der ehemals kriegerische Aspekt (Bu-Jutsu) zugunsten der psycho-physischen Persönlichkeitsförderung und spirituellen Selbstentwicklung (Do) aufgegeben wurde und heute auch zunehmend als ganzheitliches Übungssystem zur Erlangung psycho-physischer und psycho-emotionaler Selbstbeherrschung erkannt und anerkannt ist, gewinnt auch das Angebot von Kampfkunst in der Pädagogik als neues Medium immer mehr an Bedeutung und wird in den letzten Jahren auch verstärkt als eine körper-, bewegungs-, haltungs- und ausdrucksorientierte und somit besonders erlebnisintensive Methode einer aktiven wie aktivierenden Pädagogik gesehen, deren Weg und Ziel in erster Linie selbstbewusstes und partnerschaftliches, prosozial-friedliches Verhalten ist.

Ausgehend von den oben beschrieben Erfahrungen des Pilotprojekts „Karate-Do als Anti-Gewalt-Training" (1986–1992) und der erziehungswissenschaftlichen Studien „Kampfkunst als Therapie" (1992) steht die sozialpädagogische Relevanz der asiatischen Kampfsportarten nunmehr außer Frage, und Judo, Karatedo, Aikido, Kung-Fu und Taekwondo werden zunehmend äußerst erfolgreich in der Jugendarbeit oder auch in der sozialpädagogischen und therapeutischen Arbeit mit besonders schwierigen Zielgruppen eingesetzt. Derzeit profitieren neben ambulanten Maßnahmen (z.B. nach dem KJHG oder JGG) auch Jugendstrafvollzugs- und Maßregelvollzugsanstalten, Drogentherapie-Einrichtungen, Kinder- und Jugendheime wie auch psychiatrische Krankenhäuser vom Einsatz spezieller Budo-Angebote. Die Palette der in diesem Band abgedruckten Beiträge zeigt das ja eindrucksvoll auf.

Doch natürlich gehen derartige Ansätze, die Budo-Projekte gezielt anwenden, inhaltlich und methodisch stets über ein „normales" Budo-Training im Sportverein hinaus. So sinnvoll Budo für Kinder und Jugendliche ist und deren Sozialisation sicher positiv unterstützen wird, so wenig kann aber das übliche („normale") Budo-Training, dass keinen „speziellen" Erziehungsauftrag verfolgt, sondern eine allgemeine Palette unterschiedlichster Übungen und Lernaufgaben bereithält, ein notwendigerweise gezieltes Angebot für „besondere" Kinder und Jugendliche sein. Budo im Verein oder in der Schule (Dojo, Dojang) mag quasi „general-präventiv" dazu beitragen, partnerschaftliches Verhalten, Fairness, Rücksichtnahme usw. bei den Aktiven zu entwickeln, die dort Mitglied sind, also als „normale" Zielgruppe ihrem Hobby nachgehen. Aber eine besondere Klientel bedarf eines besonderen Vorgehens. Diese Kinder und Jugendlichen sind ja – aus speziellen Gründen – nicht im Verein oder Klub; und als „Schwierige", beispielsweise Verhaltensauffällige, profitieren sie nur von einem konzeptionell auf die Schwierigkeiten, die sie haben oder machen, bezogenem sowie systematisch auf die erzieherischen und therapeutischen Aspekte bestimmter Übungen des Budo basierendem Vorgehen.

Aber was ist die spezielle Pädagogik des Budo, was ist ihre Methode, was unterscheidet einen „Lehrer" vom „Trainer" und wie transportiert man *im* Budo und *über* Budo die wichtigsten Lehr- und Lerninhalte? Welcher Ansatz, welche Übung ist für welche Zielgruppe erzieherisch besonders sinnvoll, und warum und wie plane ich Budo-Projekte und führe sie erfolgreich durch?

Die Nachfrage an Aus-, Fort- und Weiterbildung zum Thema „Budo und Pädagogik" wuchs und wächst auch im Bereich der beruflich in der erzieherischen und sozialen Arbeit Tätigen stetig. Sowohl Erzieher, Lehrer, Sozialpädagogen oder Psychologen, die ihrerseits Budoka, also aktive Kampfkünstler oder gar Kampfkunst-Lehrer waren, zum einen, als auch Budo-Meister zum anderen, die im Nebenberuf, als Übungsleiter oder Ehrenamtlicher über jahrelange Erfahrung in der Leitung von Kinder- und Jugendtrainings verfügten, hatten und haben Bedarf, die beiden bis dato nebeneinander stehenden Qualifikationen fruchtbar zu einem methodisch kompletten Ganzen zu vereinen.

Als eine erforderliche Reaktion auf die seinerzeit unbefriedigende Situation mangelnder bzw. nicht vorhandener Professionalisierung geeigneter Anwender wurde unter Beteiligung namhafter Experten, die z.T. schon als Referenten an den „Budo und Soziales Lernen"-Reihen mitgewirkt hatten, Praktiker, Wissenschaftler, Kampfkunstlehrer etc. schließlich unter Federführung des neu entstandenen Instituts für Budo-Pädagogik die erste offizielle Weiterbildung zur Budo-Pädagogin/zum Budo-Pädagogen konzipiert. 1999 wurde die Weiterbildung erstmals, auch bundesweit, an dem mittlerweile mit dem Thema „Budo und Pädagogik" renommierten Institut für Jugendarbeit Gauting als innovative Antwort auf die aus der Praxis entstandene und seit Jahren gestiegene Nachfrage angeboten.

Die neu entstandene eineinhalbjährige und berufsbegleitende Weiterbildung zur Budo-Pädagogin/zum Budo-Pädagogen ist ein bundesweit nach wie vor einmaliges Pilotprojekt zur besonderen pädagogischen Qualifizierung von ausgesuchten Interessenten (Budoka in erzieherischen Berufen und Erzieher mit Budo-Erfahrung), die über den zielgerichteten Einsatz fernöstlicher Kampf- und Bewegungskünste des Budo systematische Lehr-, Lern- und ggf. auch Therapieprogramme entwickeln, betreuen oder durchführen wollen.

Die somit neu entstandene Fachdisziplin der Budo-Pädagogik ist demnach die spezielle

- Pädagogik *des* Budo (Welche Methodik und Didaktik kommt im Budo zur Anwendung, was bewirkt sie?)
- *im* Budo (Worauf basiert das originär persönliche Lehrer-Schüler-Verhältnis in den klassischen Do-Künsten?) und
- *durch* Budo (Konzeptionierung zielgerichteter Effektivität, d.h.: Was lehrt man wen wie und warum?)

und somit Wissenschaft und konkrete Praxis einer auf erziehungs- und sportwissenschaftlichen Grundlagen basierenden Sonder-Pädagogik.

Dabei wird die Theorie und Praxis des Budo als ein gewachsenes, eigenständiges und fest umrissenes Lehrsystem mit der Theorie und Praxis der westlichen Pädagogik, insbesondere Sozial-, Sport- und Sonder- (z.B. Behinderten-) Pädagogik verbunden, um zu allgemeinen, grundlegenden und spezifischen Konzepten in der erzieherischen wie therapeutischen Arbeit mit Kindern und Jugendlichen zu gelangen. Eines der Ziele und die „Spezialität" der Budo-Pädagogik ist es, durch, um im Bild zu bleiben, spezielle ((Kursiv Ende)) Budo-pädagogische Angebote bei *speziellen* Zielgruppen *spezifische* Effekte zu erreichen. Insofern ist Budo-Pädagogik eine systematische, planbare und überprüfbare eigenständige Methode.

Die Weiterbildung wendet sich in erster Linie an im erzieherischen, sozialen und thera-peutischen Feldern professionell Tätige, also Erzieher, Sozialarbeiter, Heil-, Sonder- und Sozialpädagogen, Lehrer, Pädagogen aber auch Sportlehrer, Sozialwissenschaftler sowie Psychologen, Psycho- und Physiotherapeuten, Ärzte und berufsverwandte Professionen mit ausreichendem Budo-Hintergrund (Praxiserfahrung, Graduierung, Trainerlizenz). Gleichzei-tig wendet sich die Weiterbildung aber auch an erfahrene und höhergraduierte Budo-Trai-ner/-Lehrer besonders im Kinder- und Jugendbereich oder an im Sportbereich Verantwort-liche (Referenten) mit Interesse an grundlegender pädagogischer Qualifikation.

Die Lehr- und Lerninhalte der Weiterbildung umfassen anhand eines umfassenden themen-spezifischen Curriculums, das (während der eineinhalb Jahre an insgesamt 33 Tagen) abgearbeitet wird, als grundlegende Themen u.a.

- die allgemeinen erziehungswissenschaftlichen Grundlagen der Pädagogik, Sonder- und Sozialpädagogik und ihrer neueren Ansätze (z.B. Erlebnispädagogik), die Grundlagen der Psychologie (vor allem Entwicklungspsychologie), Psycho- und Körpertherapie, der (Kinder- und Jugend-) Psychiatrie, der Soziologie und der östlichen wie westlichen Philosophie,
- die Grundlagen der Sportwissenschaften, besonders der Sportpädagogik und Sport-therapie,
- die Grundlagen der allgemeinen Sportart- wie Budo-spezifischen Bewegungs- und Trainingslehre,
- die Grundlagen der allgemeinen wie speziellen (disziplin-abhängigen) Budo-Theorie, der Geschichte der Kampfkünste, ihrer speziellen Ethik (Philosophie, Spiritualität) sowie der originären Pädagogik und Psychologie des Budo und natürlich
- die Grundlagen der rechten Budo-Praxis (unter Berücksichtigung der Methodik und Didaktik des Budo-Unterrichts, der Meditation und praktisch-übenden Trainings).

Neben theoretischer, über 300 Unterrichtsstunden (und mindestens einhundert Stunden Literaturstudium) umfassender Auseinandersetzung mit dem Themenkomplex Budo-Päda-gogik wird in den insgesamt neun Kurseinheiten der Weiterbildung immer auch praktisch gearbeitet, z.B. hinsichtlich der Durchführung exemplarischer Trainings- und Unterrichtseinheiten und traditioneller Budo-Seminare. Auch sind praktische Hospitationen in verschiedenen Arbeitsfeldern ausgesuchter Institutionen und Organisationen vorgesehen, die dem zukünftigen Berufsbild einer/eines Budo-Pädagogin/Budo-Pädagogen entsprechen oder eine solche Tätigkeit in den Einrichtungen oder andernorts vorbereiten können.

Zu allen Seminarteilen sind renommierte Experten als Referenten geladen, die Spezialthemen beleuchten oder aus unterschiedlichen Fachbereichen berichten und Arbeitsgruppen leiten. Dies sind hochrangige Budo-Lehrer, erfahrene Projektleiter, Wissenschaftler, Professoren oder bereits tätige Budo-Pädagogen, die aus ihrer Praxis berichten. sowie politische Vertreter des Berufsverbandes der Deutschen und Schweizer Budo-Pädagogen (BvBP).

Die erstmals in diesem Schwerpunkt ausgebildeten Fachleute werden in die Lage versetzt, in besonders kompetenter Weise Budo gezielt (sozial-) erzieherisch und therapeutisch einzusetzen bzw. derartige Konzepte zu begründen und leitend zu verantworten. Der erfolgreiche Absolvent der Weiterbildung zum Budo-Pädagogen ist nicht nur kompetenter Budoka und kompetenter Pädagoge, sondern – durch die fruchtbare Verbindung beider Qualifikationen – eben auch kompetenter, fachlich ausgebildeter und durch Diplom zertifizierter Budo-Pädagoge. Die innovative Weiterbildung qualifiziert sowohl im Bereich des Budo (Budo-„Lehrer"-Ausbildung) als auch im Bereich der Pädagogik in besonderem Maße zur fach- und sachgerechten Durchführung, Evaluation und Betreuung von pädagogischen und therapeutischen Budo-Angeboten in der Kinder- und Jugendarbeit.

Aber man muss klarstellen: Ein Budo-Pädagoge ist mehr bzw. auch etwas anderes als ein Budo-Lehrer im eigentlichen Sinne, denn seine Zielgruppe ist ja, wie man nicht müde werden kann, immer wieder zu sagen, nicht die „normale" Schülerschaft in Verein, Dojo oder Verband, sondern eine spezielle Klientel, die ansonsten niemals in den Kontakt mit Budo käme. Ziel ist auch nicht, den klassischen Weg (Do als solches) zu vermitteln, sondern via Budo-Pädagogik ein ganz bestimmtes pädagogisches Ziel wie z.B. positives Sozialverhalten o. Ä. zu erreichen. Diesen nunmehr neuen Adressaten aber auch die Förderungsmöglichkeit ihrer Person und Persönlichkeit angedeihen zu lassen, die dem Budo innewohnt, scheint eine sinnvolle und lohnende Aufgabe, die übrigens nicht nur den besonderen Zielgruppen, sondern auch dem Budo allgemein zugute kommt.

## Fazit

Mittlerweile (Stand 2008) geht die Weiterbildung in Kürze in ihre sechste Studienreihe. Bei den Absolventen zeigte sich, dass diese sich recht erfolgreich auf dem Arbeitsmarkt durchsetzen konnten oder in freiberuflicher Tätigkeit innovative Budo-pädagogische Arbeit leisten. Es bleibt spannend, Budo und Budo-Pädagogik „in die Welt zu tragen" – es scheint sich auch zu lohnen …

1   Die Entwicklung der fernöstlichen Kampkünste vom indischen Yoga über das chinesische Shaolin-Chuanfa (das legendäre Kung-Fu der Shaolin-Mönche) und japanische Ritterwesen des Samurai-Bushido zum schließlich nicht-kriegerischen Budo hat eine jahrtausendealte Geschichte und ist im Ursprung und eigentlichen Wesen nach eine „Praktische Philosophie", weniger pathetisch: praktizierte Theorie. Budo greift dieses zentrale und ja originäre Anliegen nach zwischenzeitlich pervertierter Anwendung der Künste zu Kampf- und Kriegszwecken durch die Inspiration mit Zen-Buddhismus wieder auf.

2   Der systematische Abbau gewalttätigen Verhaltens (hier auch des taktischen Kämpfens) durch Budo wird im Shoto-Kempo-Ryu Karatedo (www.shoto-kempo-kai.de) und innerhalb der AIDOKAN-Union Friedvoller Krieger (www.budo-paedagogik.de/aidointro.html) durch ein neunstufiges Lehr- und Lernsystem vermittelt, der den Fortschritt in diese Richtung – vom Zuvorkommen, Kontern und Fixieren über das Blocken, Umlenken und Ausweichen bis zum Verlassen, Vermeiden und Verhindern – auch garantiert (siehe das dazu Wolters: „Budo. Der Weg des Friedvollen Kriegers", erscheint voraussichtlich 2009)

**Manfred Huber**

# Erlebnispädagogik als Nachbardisziplin der Budo-Pädagogik

Die Gemeinsamkeit von Budo- und Erlebnispädagogik basiert auf dem Grundmodell des handlungsorientierten Lernens. Während sich die Erlebnispädagogik als Begriff in der pädagogischen Praxis und Theorie in Europa mittlerweile fest etabliert hat, ist die Budo-Pädagogik in der westlichen Welt trotz der jahrhundertelangen asiatischen Tradition der Kampfkünste noch relativ unbekannt.

Die Suche nach Parallelen und Unterschieden zwischen Budo- und Erlebnispägagogik könnte sich im Hinblick auf die Profilierung beider pädagogischen Richtungen als bereichernd erweisen.

Als Experte für die Erlebnispädagogik und interessierter Laie in Sachen Budo-Pädagogik möchte ich zunächst den erlebnispädagogischen Ansatz darstellen und von dort immer wieder Parallelen zur Budo-Pädagogik ziehen.

## Erlebnispädagogik

Der erlebnispädagogische Ansatz hat sich – wie bereits angedeutet – mittlerweile fest in Kanon der pädagogischen Methoden etabliert. In einigen Bereichen ist er aus der pädagogischen Praxis nicht mehr wegzudenken und wird oft genug von den Beteiligten, Einrichtungen oder Auftraggebern gefordert. Bei der intensiven sozialpädagogischen Einzelbetreuung nach § 35 Kinder- und Jugendhilferecht (KJHG) ist der erlebnispädagogische Ansatz eine der wichtigsten angewendeten Methoden und wird in den ausführenden Kommentaren zum KJHG explizit beschrieben.[1]

Allerdings wird der Begriff Erlebnispädagogik auch heute noch bisweilen mit einer gehörigen Portion Skepsis betrachtet. Dies mag unter Umständen mit der Bezeichnung zusammenhängen, die oft als nicht präzise genug erscheint. Der Begriff „Erlebnispädagogik" ist jedoch das Resultat der Übersetzung des englischen Begriffes „experiental learning" ins Deutsche. „Experience" kann dabei mit Erlebnis übersetzt werden, aber ebenso mit Erfahrung oder praktischen Handeln. Der Begriff des „handlungsorientierten Lernens" käme demnach dem englischen Ursprung sicher am nächsten. Etabliert hat sich jedoch der Begriff „Erlebnispädagogik", der Begriff der „Abenteuerpädagogik" konnte sich hingegen nicht durchsetzen.

Aber auch der Begriff der „Erlebnispädagogik" hat seine Stärken. Er wird bestimmt von der substantivierten Form des starken und bedeutungsschönen Verbs „erleben". Dieses Verb wiederum setzt sich zusammen aus dem Präfix „er-" und dem Verb „leben". Das Präfix „er-" macht das Verb „leben" zu einem „Vorgangsverb". Damit wird „eine Veränderung bezeichnet, die sich am Subjekt selber vollzieht, ein Prozess, ein Vorgang, ein Ablauf, den das Subjekt an sich selbst erfährt"[2]. Um die Auseinandersetzung mit Veränderungen geht es aber im Kern bei Lernprozessen generell: sich selbst verändern, sich bewegen, neue Blickwinkel, neue Handlungsoptionen gewinnen.

Das Präfix „er-" bewirkt noch etwas. Es wird eine Handlungsorientierung ausgedrückt, ein Involviertsein. Dieses Präfix lässt keine distanzierte Sichtweise zu. Die zu beschreibende Situation findet im Spiegel der eigenen Empfindungen statt: mit-ansehen, mit-fühlen, mit-machen, Erfahrungen sammeln. All dies steckt in dem Wort „er-leben". Ein Erlebnis ist somit ein miterlebtes Ereignis, das einen starken Eindruck hinterlässt und eben dadurch Fragen für die eigene Existenz aufwirft, es ist ein „affektives Gewahrwerden der eigenen Wirklichkeit"[3].

Die Erlebnispädagogik als pädagogischer Handlungsansatz ist auf diese Ereignisse angewiesen. Sie sucht sie deshalb dort, wo sie häufig vorkommen: in der Natur, bei den Natursportarten. Diese Aktivitäten zeichnen sich durch eine hohe Erlebniswahrscheinlichkeit aus und sie beinhalten eben dadurch zahlreiche Lernchancen. Daneben bergen Natursportarten einen hohen Anteil von Elementen, die normalerweise dem Begriff des Abenteuers[4] zugeschrieben werden: Eine Aufgabe, eine Herausforderung ist zu lösen, aufgrund derer der Mensch aufbrechen muss, der er sich stellen muss, für die er kämpfen und sehr viel Ungewissheiten in Kauf nehmen muss, nach deren Lösung und Überwindung er aber bereichert zurückkehrt. Doch bei allen Unwägbarkeiten, die Abenteuern und Natursportaktivitäten nun einmal innewohnen: Man kann und muss sich rüsten, vorbereiten; man kann und muss planen, und dennoch bleiben strukturell immer einige Unsicherheiten, die sich jeglicher Planbarkeit entziehen. Doch genau dies bereichert die pädagogische Situation: Ungewissheiten in einem pädagogischen Kontext zu erleben, im wahrsten Sinn des Wortes zu er-leben, als Teilnehmer genauso wie als Leiter. Das macht auch die Faszination und die Wirksamkeit der Erlebnispädagogik aus. Diese nicht-planbaren Ereignisse erfordern situative Kompetenzen und eben authentisches Verhalten von Leitern und Teilnehmern. Dadurch, dass sie es erfordern, fördern sie die Auseinandersetzung mit Authentizität.

Abseits von Begrifflichkeiten geht es bei der Erlebnispädagogik im Kern jedoch darum, wie aus „Erlebnissen" wertvolle Lebenserfahrungen werden können. Darauf deutet der zweite Teil des Wortes „Erlebnispädagogik" hin.

Wörtlich übersetzt bedeutet „Pädagogik" Knabenführer. Im antiken Griechenland hatten Sklaven die Aufgabe, die Knaben zu den Philosophenschulen zu führen. Aus den „Wegbegleitern" wurde im Laufe der Zeit und aufgrund des täglichen Zusammenseins ein Lebens(abschnitt)begleiter. Und da es sich meistens um gebildete Sklaven handelte, denen die Oberschicht ihre Kinder anvertraute, wurden sie selbst zu Lehrern. Auf einer antiken Vase ist der „Pädagoge" mit dem Wanderstab abgebildet, zugleich unterrichtet er den Knaben mit Leier und Leserolle.

Auch im heutigen Berufsbild des Pädagogen spiegelt sich diese Doppelfunktion wider: Zum einen ist da der Lehrer-Pädagoge in unterrichtender Funktion (beispielsweise in der Schule), und zum anderen der Wegbegleiter-Pädagoge als wichtige Bezugsperson (beispielsweise während eines Lebensabschnitts). Oder er ist beides in einem. Die Kunst der Pädagogik ist es also, sowohl Themen aufzubereiten, als auch mit Menschen umzugehen. „Sachen klären, Menschen stärken", wie es der Pädagoge Hartmut von Hentig nannte. Die Erlebnispädagogik hat nun, und das ist ein sehr seltenes Phänomen, bei der Begleitung dem übertragenen Wortsinn den ursprünglichen wieder hinzugefügt: Bei Bergwanderungen, Höhlen- und Kanutouren ist der Pädagoge nun wieder als ganz praktischer Wegbegleiter dabei, als ein Berg-, Höhlen- oder Kanuführer. Er muss, neben allen anderen Funktionen, auch und zuerst die physische Sicherheit der ihm Anvertrauten gewährleisten. Insofern bezieht sich die Erlebnispädagogik immer auf die Bereiche Sicherheit, Pädagogik und, da es ja überwiegend in der Natur stattfindet, auf die Ökologie. Daran muss sich die Erlebnispädagogik messen lassen.

Fassen wir zusammen: Der Begriff des Erlebens ist stark handlungsorientiert und subjektiv geprägt; er fordert und fördert authentisches Verhalten. Der Begriff der Pädagogik umfasst gerade in der Erlebnispädagogik beide Bereiche des ursprünglichen Sinns: erzieherische Wegbegleitung und Gewährleistung der Sicherheit. Die Erlebnispädagogik sucht Situationen mit hohem Erlebnisgehalt, vorwiegend in Natursportarten, auf und reflektiert diese im Hinblick auf das soziale Lernen und die Persönlichkeitsentwicklung.

Auch die Budo-Pädagogik ist handlungsorientiert. Auch ihr Ziel ist soziales Lernen und Persönlichkeitsentwicklung mit Hilfe eines Betätigungsfeldes, in diesem Fall mit Hilfe des Kampfsportes, zu ermöglichen. Authentisches Verhalten und Situationen der Echtheit spielen auch hier, wie in der Erlebnispädagogik, eine große Rolle. Der Begriff des Abenteuers tritt dagegen im Vergleich zur Erlebnispädagogik eher in den Hintergrund.

### Die Erlebnisgesellschaft heute und die Entwicklung der erlebnis-
### pädagogischen Theorie

Natürlich erleben und lernen wir auch in nicht-pädagogischen Zusammenhängen viel, ohne dass dies explizit ein pädagogischer Prozess ist und als solcher benannt wird. Wir würden uns zu Recht gegen diese Pädagogisierung des Alltags wehren. Dennoch hat der Begriff des Erlebnisses seit Anfang der 1980er-Jahre Hochkonjunktur, ja wir scheinen zu einer Art „Erlebnisgesellschaft"[5] geworden zu sein. Wichtiger als die Nützlichkeit und die Funktion von Ereignissen und Dingen ist deren Erlebniswert geworden. „Erlebe Dein Leben", heißt die moderne Variante des „Carpe diem" und es greift damit wiederum ein schon in der Antike geprägtes Motto auf. Soziale Gruppen definieren sich zunehmend über die gemeinsame Erlebnisorientierung (Bergsteiger, Theaterbesucher, Genießer).

Kein Wunder, dass die Werbung mit ihrem geradezu seismologischen Gespür diesen Begriff seit geraumer Zeit gebetsmühlenartig präsentiert und damit beiträgt, ihn zu inflationieren. Auch Einrichtungen des täglichen Lebens kommen offensichtlich ohne eine Erlebnisorientierung nicht mehr aus. Ein Schwimmbad wird zwangsweise zu einem „Erlebnisschwimmbad", ein Kaufhaus zu einem „Erlebniskaufhaus", ein „Das müssen Sie sehen" zu einem „Das müssen Sie erleben". Damit geht, und auch dies ist in der Werbung zu verfolgen, ein neues Körper-Bewusstsein einher: Sport und gesunde Ernährung haben eine enorme gesellschaftliche Aufwertung erfahren. Dies alles hat die Popularität des erlebnispädagogischen Ansatzes befördert (und wird womöglich die der Budo-Pädagogik noch befördern). Dennoch ist die Erlebnispädagogik mehr als nur eine bloße Zeiterscheinung. Vielmehr war dieses „handlungsorientierte Lernen", ohne dass es so benannt worden wäre, bereits über die Jahrhunderte hinweg immer wieder Gegenstand von pädagogischen Überlegungen und Theorien.[6]

Plato hat versucht, mit der Figur des umhergehenden und umherfragenden Sokrates den Bereich des subjektiv Erfahrbaren ins Wort zu fassen. Lernen sollte eben nicht durch Belehrung, sondern durch Fragen und das gemeinsame Gespräch geschehen. Das Mittelalter dagegen war ganz dem Seelenheil, der Mystik und der religiösen Doktrinierung gewidmet. So ist es nicht verwunderlich, dass nach Renaissance (mit dem Wiederaufgreifen antiker Gedanken), Aufklärung (Hinwendung zu Vernunft und Ethik) und Romantik (Entdeckung der Natur) der ganzheitliche Ansatz im Mittelpunkt stand: Körper, Geist und Seele wurden als eine zusammengehörige Einheit erkannt und spiegeln sich somit auch in der Pädagogik als solche wider. Spätestens mit der Reformpädagogik Anfang des 20. Jahrhunderts hält die Ganzheitlichkeit Einzug in die Erziehungswissenschaften: mit „Herz, Hirn und Hand", wie es griffig hieß.

Bis dahin gab es einige wichtige Stationen. Sie gingen

- über Jean-Jacques Rousseau, der in seinem Erziehungsroman „Emile" die Natur als größte Lehrmeisterin beschrieb und den Gedanken des Pädagogen als Wegbegleiter übernahm,
- über Henry David Thoreau und John Dewey als Vertreter des amerikanischen Pragmatismus und als Begründer der politischen, auf das Gemeinwesen hin orientierten Pädagogik und über
- die Jugendbewegung und die Reformpädagogik. Hier war es vor allem Kurt Hahn, der die verschiedenen Ansätze zusammenfasste und damit die Methode „Erlebnispädagogik" begründete.

Trotzdem sollte es noch 50 Jahre dauern, bis die Erlebnispädagogik in der Fachwelt Anerkennung fand. Dies lag daran, dass die Nationalsozialisten die Wirksamkeit dieser handlungsorientierten Methode sofort erkannten und für ihre menschenverachtende rassistische „Erziehung" verwendeten. Deswegen dauerte es nach dem Krieg noch bis Anfang der 1980er-Jahre, bis die Erlebnispädagogik sich von den Assoziationen einer faschistischen Erziehungsmethode befreien und in der pädagogischen Praxis und Theorie etablieren konnte.

## Grundmodell Erlebnispädagogik

Wie aus der Wortbedeutung und aus der Geschichte des Begriffs deutlich wurde, setzt sich Erlebnispädagogik aus mehreren Elementen zusammen: Natursportarten/Abenteuer, Gemeinschaft und Erlebnis. Aber auch Freizeitaktivitäten oder Fahrten, die ohne pädagogische Absicht unternommen werden, sind durch diese Komponenten bedingt. Sie haben oft ähnlich gemeinschafts-stärkende und persönlichkeits-erhellende Wirkungen. Was also ist der Unterschied zur Erlebnispädagogik?

Von Erlebnispädagogik spricht man erst dann, wenn diese natursportlichen Tätigkeiten sich nicht selbst genügen, sondern pädagogisch zielgerichtet initiiert und gestaltet werden. „Wir sprechen dann von der Methode Erlebnispädagogik, wenn die Elemente Natur, Gemeinschaft und Erlebnis im Rahmen von Natursportarten pädagogisch zielgerichtet miteinander verbunden werden."[7]

Die gleiche Unterscheidung kann und muss man auch bei dem Begriff der Kampfkünste und der Budo-Pädagogik treffen. Erst dann, wenn der pädagogische Prozess im Vordergrund steht und das Handeln begründet, erst dann kann man von Budo-Pädagogik sprechen.

In der pädagogischen Praxis lässt sich nun aus dieser Definition in ein praktisches Handlungsmodell entwickeln. Die Begriffe Gemeinschaft und Erlebnis deuten bereits auf die zwei Dimensionen der Beziehungsebene hin, nämlich auf das Individuum (ICH) und die Gemeinschaft (WIR). Für unser pädagogisches Wirken bildet dieses Begriffspaar eine ebenso wichtige wie solide Basis.

Damit ist die erste und aus pädagogischer Sicht wichtigste Ebene konfiguriert: die Beziehungsebene. Dies ist sozusagen die Arbeitsebene des Pädagogen.

Bei der Erlebnispädagogik wird nun über dieser bekannten „Beziehungsbasis" eine zweite Ebene errichtet. Es handelt sich hierbei um die „Sachebene". Sie beinhaltet eine gemeinsame Tätigkeit, ein gemeinsames Tun.

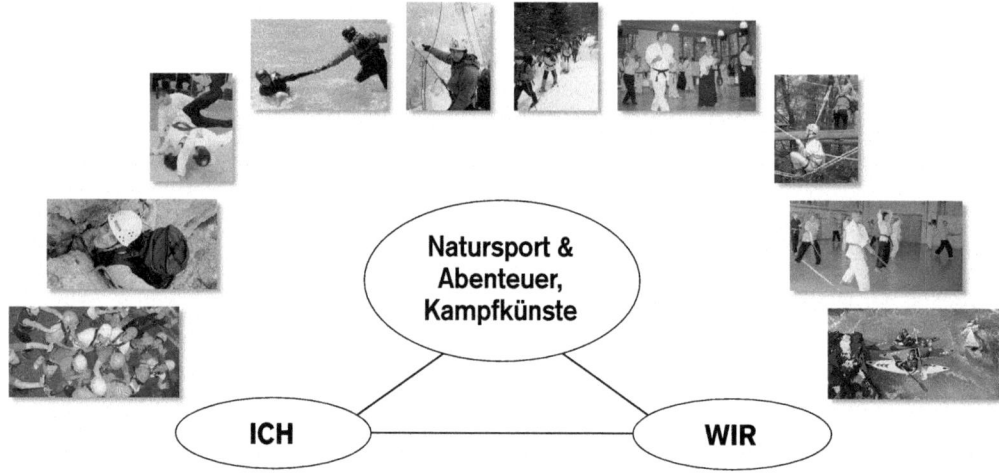

Bertold Brecht nannte dies in einem Gedicht das „Lob der Dritten Sache"[8]. Und in der Tat, es ist das gemeinsam Tun, das uns in dieser Ebene verbindet. Nur von Beziehung allein kann es auf Dauer keine Gemeinschaft geben.

Die „Dritte Sache", Natursport und Abenteuer mit Herausforderungscharakter, stellt die Handlungsebene dar. In der Erlebnispädagogik sind damit die Handlungsfelder gemeint. Handlungsfelder sind etwa Bergwandern, Klettern, Kanufahren, Höhlenbefahrungen, Mountainbiketouren und vieles mehr. Bei der Budo-Pädagogik wären die Handlungsfelder die verschiedenen Arten der Kampfkunst. Bei der Erlebnispädagogik gibt es auch einige Handlungsfelder, die nicht im engeren Sinne Natursportarten sind. Sie können aufgrund wegen ihrer Nähe zu dieser Definition und ihres Herausforderungs- bzw. Aufforderungscharakters gute Möglichkeiten bieten, und damit zur Erlebnispädagogik im weiteren Sinn eingereiht werden. Ein Beispiel hierfür ist „City Bound" (Erlebnispädagogik in der Stadt). Bei diesem Handlungsfeld müssen Einzelne oder Gruppen Aufgaben im „Großstadtdschungel" bewältigen.

Wir haben somit folgende Ausgangsposition für unser erlebnispädagogisches Handeln:

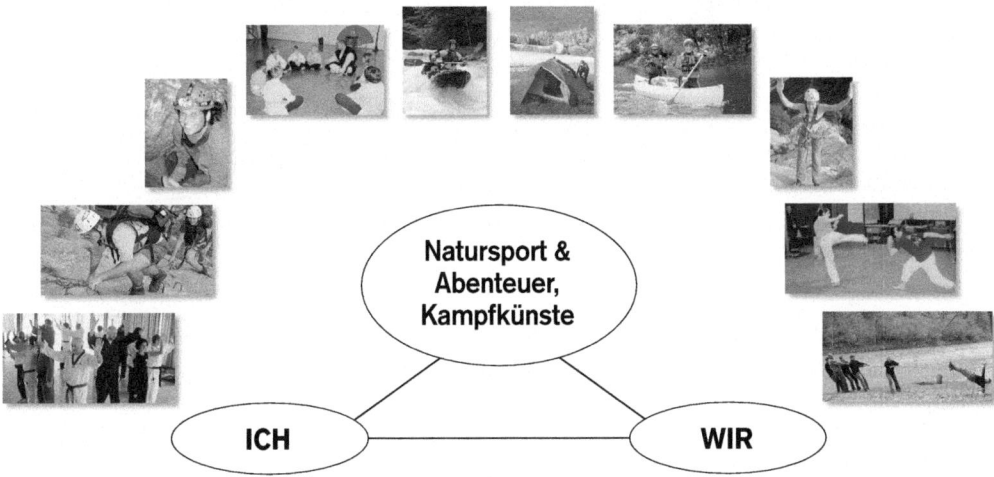

Unschwer lässt sich aus dieser schematischen Darstellung der Ansatz der Themenzentrierten Interaktion (TZI) nach Ruth Cohn ableiten: Alle drei Pole sind für das Gruppengeschehen bedeutend, wirken auf das Gruppengeschehen und stehen abwechselnd und in unterschiedlicher Intensität im Fokus der Geschehens.

Es ist dies für das Grundverständnis erlebnispädagogischen/Budo-pädagogischen Arbeitens eine wichtige Unterscheidung: Der Pädagoge arbeitet – denn das ist sein Auftrag – auf „Etage 1": Er klärt Beziehungen, arrangiert Lernchancen für persönliches Wachstum und fördert Teams.

„Etage 2", sozusagen die fachsportliche Ebene, dient dabei als Medium für das Soziale Lernen. Genau dieser Auftrag und die damit verbundene Zielsetzung unterscheidet aber erlebnispädagogische Aktivitäten von Maßnahmen der Freizeitgestaltung und Budo-pädagogische Aktivitäten von der bloßen Ausübung von Kampfkünsten: Das Tun geschieht nicht um seiner selbst willen, sondern „um zu". Es sind die Ziele, die mithilfe der Handlungsfelder und mithilfe pädagogischer Interventionen verfolgt und erreicht werden sollen. Diese Ziele werden mit den Teilnehmern oder mit den Auftraggebern (bzw. um der Transparenz willen mit beiden) verhandelt und vereinbart. Die Ziele weisen in erster Linie auf einen Zuwachs von sozialen Kompetenzen und dienen somit dem persönlichen Wachstum in seinen vielfältigen Ausprägungen. Somit kann die Grundkonstellation für erlebnispädagogisches/Budo-pädagogisches Handeln wie folgt schematisch dargestellt werden:

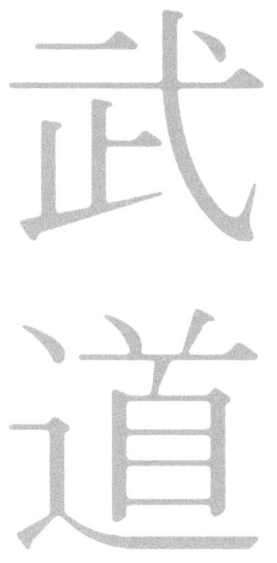

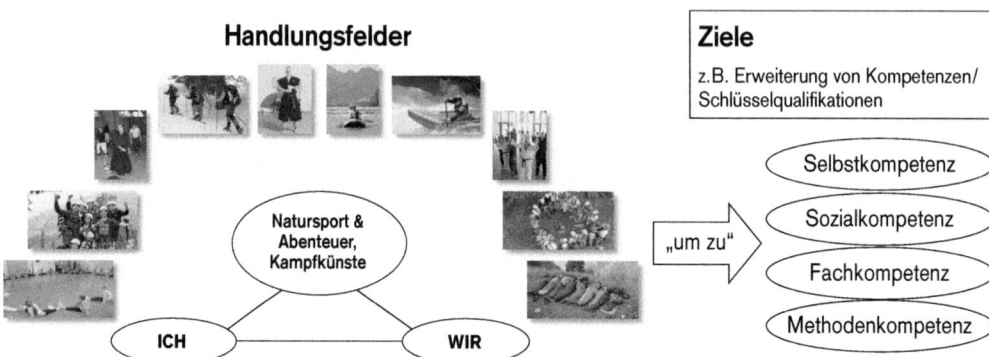

**Handlungsfelder**

**Ziele**
z.B. Erweiterung von Kompetenzen/ Schlüsselqualifikationen

Natursport & Abenteuer, Kampfkünste

ICH        WIR

„um zu"

Selbstkompetenz

Sozialkompetenz

Fachkompetenz

Methodenkompetenz

Dabei ist die Untergliederung in Selbstkompetenz, Sozialkompetenz, Fachkompetenz und Methodenkompetenz eine von vielen Möglichkeiten, den Begriff der Kompetenz zu differenzieren.

### Herausforderung durch Abenteuer

Wir dürfen jedoch nicht vergessen, dass das Medium in aller Regel die Natursportarten sind. Das beinhaltet zum einen, dass damit die Wahrscheinlichkeit sehr hoch ist, dass Erlebnisse stattfinden. Wir bewegen uns nämlich, wie bereits erwähnt, in dem Bereich des Abenteuers. Es gehört geradezu zum Wesen des Abenteuers, dass man sich zwar gut darauf vorbereiten kann und muss, dass es sich aber im Kern jeder Planbarkeit entzieht. Die Aufgabe des Pädagogen hierbei ist es, den Einstieg in das Abenteuer herbeizuführen und zu moderieren. Das heißt, Aktivitäten anzubieten, auf Gefahren und Abläufe hinweisen, Projekte vorzuschlagen, die die Gruppe fordern, aber nicht überfordern. Während der Aktion muss der Pädagoge die Sicherheit der Teilnehmer gewährleisten, notfalls durch kräftige Interventionen wie Abbruch oder Änderung des Ziels. Seine wichtigste Aufgabe ist es jedoch, den Lernprozess zu begleiten und zu moderieren.

Um Missverständnissen vorzubeugen: der Pädagoge kann weder Erlebnisse versprechen, noch sie eintreten lassen, denn es ist immer dem einzelnen Individuum vorbehalten, ein Abenteuer zu erleben oder eben auch nicht zu erleben. Aber er kann dazu beitragen und motivieren, dass die Erlebnisse zum Ausgangspunkt von Gedanken und Reflexionen werden. Diese wiederum können dazu führen, dass die Erlebnisse zu Erfahrungen verdichtet werden. Erfahrungen, die auf Tour gemacht werden und die in einem weiteren Prozess in die komplexe Alltagswirklichkeit transferiert werden müssen, um daraus einen Erkenntnisgewinn zu gewinnen. Gerade diese Abfolge von Erlebnis, Erfahrung und Erkenntnis, das Oszillieren von Aktion und Reflexion, von wahrgenommenen Eindrücken und ins Wort gefassten Ausdrücken befördern den Lern- und Bildungsprozess und gelten als große Stärken der Erlebnispädagogik.

Genau diese Struktur aber findet sich in der Budo-Pädagogik ebenfalls. Dr. Werner Michl spricht in diesem Zusammenhang von der „E-Kette".

**Die „E-Kette"**

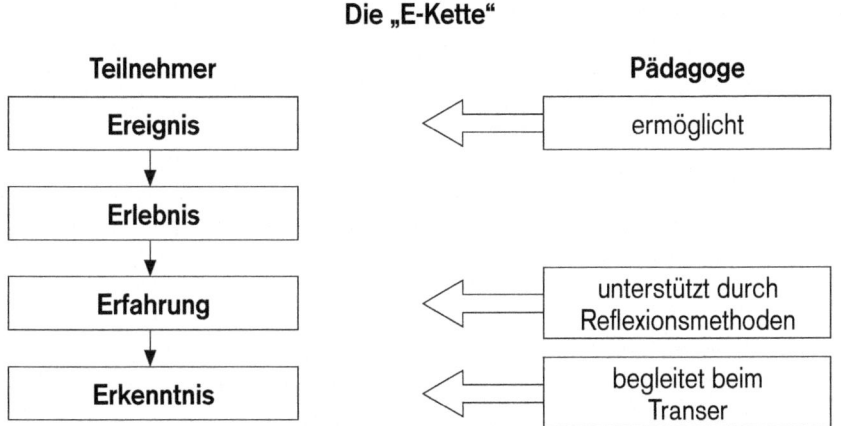

Diese E-Kette wird dann mit hoher Wahrscheinlichkeit ausgelöst, wenn die Gruppe unter der Anleitung/Moderation/Führung des Pädagogen mit den Handlungsfeldern von Natursportarten sich Herausforderungen stellt, die soziale Kompetenzen erfordern und damit auch gleichzeitig fördern. Nur dann, wenn das Team gut zusammenarbeitet, wenn Probleme angesprochen, Konflikte befriedigend geklärt und alle Ressourcen in der Gruppe genützt werden, nur dann kann die „Expedition" erfolgreich sein. In allen anderen Fällen würden die auftretenden Störungen in der Gruppe verhindern, dass das (natursportliche) Ziel erreicht wird; vorausgesetzt, das Ziel wurde so gewählt, dass die Schwierigkeit weder zu hoch noch zu niedrig war. In eben diesem Fall wäre die Gruppe zurückgeworfen auf die Frage, warum sie das sich selbst gestellte oder zumindest akzeptierte Ziel verfehlt hat. Und allein diese Frage beinhaltet eine Reflexion der Gruppensituationen: Welche Optionen, welche Ressourcen hätte ich, hätten wir als Gruppe gehabt und warum haben wir sie nicht ge- oder benützt? Warum waren wir als Gruppe, warum war ich als Person in der oder jener Hinsicht nicht erfolgreich?

Aber wie genau funktioniert dieses Lernen, das mithilfe der Methode Erlebnispädagogik bewerkstelligt werden soll? Hierzu ist es hilfreich, sich verschiedene Lernmodelle anzuschauen.

### Erlebnispädagogische Lernmodelle

Unsere Vorstellung davon, wie Erlebnispädagogik, wie Lernen funktioniert, hat natürlich großen Einfluss auf die Gestaltung von Lernprozessen. Werfen wir deshalb einen Blick auf verschiedene Lernmodelle in der Erlebnispädagogik. Diese Lernmodelle sind so zu verstehen, dass sie auch, je nach Situation und Gruppe, nebeneinander angewendet werden können. Sie sind also nicht einander ausschließend zu verstehen.

### Historisches Modell („The mountains speak for themselves")

Diesem Modell liegt die Annahme zugrunde, dass Lernen in der Natur quasi von allein stattfindet und keine pädagogische Initiierung braucht. Die Natur selbst ist die große Lehrmeisterin (nach Rousseau).

Die Anwendung dieses Modells empfiehlt sich, wenn oft unmittelbar nach persönlich sehr starken Erlebnissen die Zeit noch nicht reif ist für eine Reflexionsrunde, oder aber, wenn die Gruppe erste Zeichen von Widerstand gegen „das dauernde Nachbesprechen" zeigt. Auf keinen Fall sollte dieses Lernmodell als Begründung für dauerhaftes passives Leiterverhalten dienen. Auch verliert der pädagogische Gehalt sehr schnell an Gewicht, wenn dieses Modell zu oft oder gar ausschließlich angewendet wird.

### Klassisches erlebnispädagogisches Modell

Das klassische Modell geht davon aus, dass der Leiter von erlebnispädagogischen Maßnahmen die Lernprozesse strukturiert. Er ermöglicht Erlebnisse durch eine sorgfältige Planung und moderiert dann den Reflexionsprozess, in dem die Erlebnisse zu Erfahrungen verdichtet werden. Am Ende sorgt der Leiter außerdem für den Transfer des Gelernten in den Alltag.

### Metaphorisches Handlungslernen

Manche Lernsituationen bieten Metaphern (Bilder, Gleichnisse) an, mit deren Hilfe bestimmte Sachverhalte auf Situationen im Alltag übertragen werden können. Beispielsweise sitzen bei einer Bootsfahrt alle sprichwörtlich „in einem Boot", sind voneinander abhängig, müssen als Team zusammenarbeiten. Es kann keiner „aussteigen". Das metaphorische Lernen macht sich die Kraft solcher Bilder zu eigen, um allgemeine zwischenmenschliche Phänomene und Interaktionen beschreiben zu können. Und daran lernen zu können. Die Erfahrungen, die aus dem extremen „Aufeinanderangewiesensein" beispielsweise auf einer Raftingtour gewonnen werden, können nutzbringend für den Alltag sein: Auch in einem Arbeitsteam beispielsweise ist jeder auf jeden angewiesen, um erfolgreich zu sein. Und um in dieser Schicksalsgemeinschaft zu bestehen, zum Gelingen beitragen zu können, gibt es einige wichtige Erkenntnisse zu gewinnen und in die eigene Persönlichkeit zu integrieren.

Es werden also bestimmte Lernerfahrungen mit Bildern verknüpft. Diese Erfahrungen werden dann zusammen mit den daran gekoppelten Bildern in den Alltag transferiert und erleichtern dadurch das Abrufen dieser Erfahrungen.

Im Bereich der Teamentwicklung wird oft der umgekehrte Weg angewendet: Bestimmte Problemstellungen werden mittels dieser Bilder in den Lernkontext geholt, um Themen bearbeiten zu können. Im bereits erwähnten Beispiel mit dem Boot könnte der Leiter bewusst das Medium Boot ausgewählt haben, weil er das Thema Kooperation thematisieren und bearbeiten will.

### Archetypisches Lernen

Der Ansatz des archetypischen Lernens geht davon aus, dass es Plätze, Situationen und Bilder gibt, die ganz tief im „kollektiven Unterbewusstsein" eines jeden Menschen gespeichert sind. Erfahren diese archetypischen Bilder in einer Lernsituation eine Entsprechung, dann finden tiefgreifende Lernprozesse statt.

Als Beispiel sei hier eine Höhlenbefahrung genannt, die eine Rückbesinnung auf das bisherige Leben in besonderem Maße aktiviert, da bei uns allen die Höhle als besonders mythischer Archetypus gespeichert ist.

### Reflexion und Transfer

Die persönliche Reflexion der Erlebnisse kann zu Erfahrungen führen, die Menschen in ihrem Alltagsleben dazu befähigen, besser oder angemessener auf Situationen reagieren zu können, seien sie unerwartet oder antizipierbar. Dies wäre dann im Idealfall der viel beschworene Erfahrungsschatz, die Erweiterung der benötigten sozialen Kompetenzen, das Auswählenkönnen aus verschiedenen Handlungsoptionen. „Erfahrungen muss jeder selbst machen", heißt ein zentraler Satz der Alltagspädagogik. Dahinter steht die Erkenntnis, dass es tatsächlich nicht wirksam oder gar möglich ist, Erfahrungen verbal weitergeben zu wollen. Erfahrungen wollen selbst gemacht sein. Aber man kann diesen Prozess unterstützen, indem man Erlebnisse möglich macht (wie beschrieben) und reflektiert. Es gibt hierfür eine Reihe von Möglichkeiten, diese Reflexionen zu gestalten. Hier einige davon:
- klassische, moderierte Gesprächsrunden
- das Standogramm, das „stumme Blitzlicht": Auf Reflexionsfragen des Leiters hin stellen sich die Teilnehmer auf einem Kontinuum von „+" (stimme dieser Aussage zu) bis „–" (ich stimme dieser Aussage nicht zu) und beantworten damit die Frage.
- künstlerische Ausdruckformen wie Zeichnen oder das Legen von Naturmaterialien, um Analogien zu schaffen.
- Partnerarbeit, Kleingruppenarbeit, etc.

Wichtig dabei ist es, den richtigen Zeitpunkt für die Reflexion zu finden (möglichst zeitnah, jedoch ohne den Rhythmus der Übung zu stören) und die Reflexion angemessen, vor allem hinsichtlich ihrer Dauer, zu gestalten. Alles Weitere bleibt der Prozesskompetenz des Leiters/Moderators vorbehalten.

Wenn es dann noch möglich ist, die auf Tour gemachten Erfahrungen in das Alltagsleben zu transferieren, dann ist neben dem Erfahrungsgewinn auch noch die praktische Anwendbarkeit gewährleistet. Die bei einer langen Bergtour erworbene Gewissheit des eigenen Durchhaltevermögens könnte eine wichtige Voraussetzung dafür sein, auch die lange Zeit der Lehre erfolgreich zu durchstehen.

Abschließend noch ein Wort zur Persönlichkeit des Erlebnispädagogen:
Wie bei allen anderen pädagogischen Richtungen ist die Persönlichkeit des Leiters natürlich eines der entscheidenden Kriterien für einen erfolgreichen Lernprozess. Eine noch so ausgefeilte Methodik ist wirkungslos, wenn der Pädagoge nicht authentisch ist oder nur professionell agiert. Auf der anderen Seite nützt eine authentische und womöglich charismatische Persönlichkeit nichts, wenn der Leiter keinerlei Handwerkszeug hat, um Gruppenprozesse zu begleiten. Im Idealfall trifft also beides zusammen. Aber es muss in der Erlebnispädagogik und in der Budo-Pädagogik beides vorhanden sein.

## Budo-Pädagogik und Erlebnispädagogik: die Gemeinsamkeiten

Wie bereits anfangs beschrieben, sind beide pädagogischen Disziplinen durch die Handlungorientierung bestimmt: Ausgangspunkt ist zunächst eine sportliche Tätigkeit, Kampfkünste auf der einen Seite, Natursportarten auf der anderen. Dies ist für den ganzheitlichen Ansatz von Bedeutung, den beide Disziplinen gemeinsam haben: Sie werden mit Herz, Hirn und Hand ausgeübt. Mit Herz, Hirn und Hand meint, körperliche, seelische und gedankliche Aspekte als wichtig zu erachten, in den Blick zu nehmen, und zwar in eben dieser Untrennbarkeit.

### Hand

Die Hand meint pars pro toto den Körper. Dahinter steckt die Erkenntnis, dass der Körper uns am besten kennt. Wie ich mich bewege, das sagt etwas über meine Persönlichkeit aus, und indem ich mich mit meinem Körper beschäftige, beschäftige ich mich mit meiner Persönlichkeit, mit meiner Seele. Aber, und auch hier ist die Gemeinsamkeit nicht zu übersehen: Der Körper wird nicht isoliert betrachtet. Körperübungen sind nicht Selbstzweck, sie sind eingebunden in größere Zusammenhängen. Sie werden in Beziehung zum ganzen Menschen betrachtet und dienen als Kristallisationspunkte für Lernprozesse. Die Begegnung mit Anderen geschieht nicht körperlos. Anfassen, einander „be-greifen", sich gegenseitig berühren und berühren lassen, fördert das Verständnis, schafft Nähe. Ob beim gemeinsamen Üben auf der Matte oder beim Sichern am gemeinsamen Seil. Dadurch wird Interaktion begreifbar, erlebbar, erfahrbar.

### Hirn

Das Hirn steht für die Einsichten, Erkenntnisse, die gewonnen werden sollen, die gewonnen werden können. Es steht für den Geist.

Einsichten darüber, wie Kommunikation funktioniert, wie man sie verbessern kann, wo die Fallstricke der menschlichen Kommunikation lauern. Einsichten darüber, wie Kooperation gelingen kann, wie Konflikte fair ausgetragen werden können, wie sie deeskaliert werden können, ohne die eigenen Interessen zu verraten. Einsichten und Erkenntnisse nicht nur über allgemeine Prozesse des menschlichen Miteinanders, sondern auch über die eigene Persönlichkeit in der Begegnung mit anderen. Diese Erkenntnisse können nicht verbal vermittelt werden. Sie werden nur durch das eigene Erleben und Erfahren gewonnen; dadurch, dass man sich in ein gemeinsames Tun involvieren lässt.

### Herz

Die Seele. Das ist die Rückbindung an die Philosophie, an die Ethik, an die Religion, an größere Zusammenhänge. An den Glauben, dass der Friede möglich ist, gerade weil wir uns miteinander auseinandersetzen. Weil wir kämpfen können, brauchen wir nicht mehr kämpfen. Oder bei den Natursportarten: dass die Natur bewahrt werden kann, gerade weil wir sie betreten und sie dadurch kennen und schätzen lernen. Ohne das Herz, ohne die Seele gäbe es kein Warum und Wozu. Dahinter stehen Visionen von einem besseren, einem schöneren, einem gerechterem Leben, die Visionen von einer gelebten Werteorientierung. Indem der Mensch sich mit sich und den anderen beschäftigt, sich und die anderen kennenlernt, lernt er, mit sich und mit den anderen friedlich auszukommen. Kämpfen und friedlich sein ist eines der erstaunlichsten Paradoxe dieser Welt.

### Werte

Achtsamkeit, Beharrlichkeit, Verantwortungsübernahme, Initiative, Friedfertigkeit, Respekt vor der Würde der anderen. Diese und andere Werte werden sowohl bei der Erlebnispädagogik wie auch bei der Budo-Pädagogik zum Maßstab des Handelns, des Lernens, des Lebens. Sie sind anthropologisch, ethisch, philosophisch und humanistisch begründet. Sie sind die Legitimation des pädagogischen Handelns.

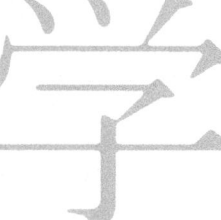

## Budo-Pädagogik und Erlebnispädagogik: die Unterschiede

### Leitungsverständnis

Im Umgang von Schülern und Lehrern spiegelt sich in der Budo-Pädagogik die östliche Philosophie wider. Ein Leitungsverständnis, das sich auf die Beziehung von Meister und Schüler gründet und darin die beste Möglichkeit sieht, zu lernen.

Bei der Erlebnispädagogik ist der Leitungsstil westlich geprägt. Die Leitung ist dabei eine demokratisch geregelte, begründete und legitimierte Dienstfunktion. Aber diese Unterscheidung gilt nur prinzipiell. Im Einzelfall muss der Leiter einer erlebnispädagogischen Maßnahme, etwa wenn die Sicherheit der Teilnehmer bei einem heranziehenden Gewitter bedroht ist, sehr undemokratisch autoritär leiten, um Gefahren abzuwenden. Und ein Meister begegnet seinem Schüler sehr partnerschaftlich vor dem Hintergrund seiner Meisterschaft. So sind beide Leitungsverständnisse im Prinzip unterschiedlichen Ursprungs und können sich doch in der Praxis ähnlich sein.

### Räume

Während Erlebnispädagogik meistens draußen in freier Natur stattfindet, findet die Budo-Pädagogik im Dojo statt. Aber auch hier gilt, ob nun Dojo oder Natur: Beide Male sind die Räume Erzieher, Lehrmeister. Sie wirken auf die Prozesse. Achtsamkeit und Aufmerksamkeit müssen sowohl dem Naturraum wie dem Dojo entgegengebracht werden. Der Raum unterstützt so den Prozess des Lernens und wird damit hier wie da äußerst wichtig für das Gelingen des pädagogischen Prozesses.

## Budo-Pädagogik und Erlebnispädagogik: ein Resümee

Die Gemeinsamkeiten in der Struktur, in der Herangehensweise und im Verständnis überwiegen. Beide Richtungen sind handlungsorientiert und ganzheitlich. Sie verfügen über ausgeprägte Werthaltungen und Philosophien, die ihr Tun begründen. Da es bisher nur wenige Berührungspunkte zwischen beiden pädagogischen Strömungen gab, bleibt abzuwarten, wie sie sich gegenseitig bereichern und befruchten können, und wo sie sich voneinander abgrenzen. Dies könnte auf beiden Seiten ein spannender Prozess werden.

1   Möller/Nix (Hg.), Kurzkommentar zum SGB VIII – Kinder- und Jugendhilfe, S. 166: „Erlebnispädagogische Projekte hatten und haben einen hohen Stellenwert in der intensiven sozialpädagogischen Einzelbetreuung. Diese Projekte wurden von Beginn an kritisch gesehen und unter dem Begriff „Segelschiffpädagogik" populistisch in eine unpädagogische Ecke gestellt. Die erlebnispädagogischen Ansätze und Handlungskonzepte, nach denen heute gearbeitet wird, zeigen durch ihre Erfolge ein deutlich positives Bild. Es gibt hier sowohl die Vorortprojekte als auch die Reiseprojekte. Welcher Ansatz für wen in Frage kommt, hängt vom Einzelfall und der fachlichen Beurteilung ab. Es kann für einige Jugendliche und junge Erwachsene erforderlich sein, Erfahrungen vom Alltag losgelöst und unter extremen Situationen zu sammeln. Entscheidend ist die Transferleistung in den Alltag. Es geht nicht um das Abenteuer, sondern um die Erfahrung mit sich selbst in der Gruppe und den besonderen Situationen und deren Übertragbarkeit. Die Reflexion hat einen zentralen Stellenwert und übernimmt die Funktion, die in den Aktivitäten erlebten Anteile (Blockaden, Ängste, Spannungen, Entspannungen, Spaß, Wohlbefinden, Geborgenheit, Anerkennung etc.) bewusst zu machen und im nächsten Schritt mit den Alltagserfahrungen/Mustern in Bezug zu setzen."

2   vgl. Duden Band 4, Die Grammatik, Mannheim 1973, S. 348

3   Prof. Schöndorf, FB Philosophie

4   vgl. die ursprüngliche Bedeutung: adventura, „was auf einen zukommt" vom lat. Ad-venire"

5   so der Titel einer soziologischen Untersuchung

6   Auch dies ist eine wichtige Parallele zur Budo-Pädagogik. Auch die Kampfkünste haben eine lange, und vor allem eine pädagogische Tradition.

7   Definition aus: Erleben und Lernen, Heckmeier und Michl, Reinhardt-Verlag 2004.

8   Lob der dritten Sache
Immerfort hört man, wie schnell
Die Mütter die Söhne verlieren, aber ich
Behielt meinen Sohn. Wie behielt ich ihn? Durch
Die dritte Sache.
Er und ich waren zwei, aber die dritte
Gemeinsame Sache, gemeinsam betrieben, war es, die
Uns einte …
(Bertold Brecht)

**Helmut Queckenstedt**

# Der spirituelle und meditative Aspekt des Budo

### Mein Bezug zum Thema

Als ich 1961 im Alter von 16 Jahren begann, mich für Selbstverteidigung zu interessieren, war mein Vater gerade tödlich im Straßenverkehr verunglückt. Ich fühlte mich in dieser Zeit ängstlich und schwach und ich hatte eine große Sehnsucht nach Stärke, Anerkennung und innerer Sicherheit. So begann ich neben meiner schulischen und beruflichen Ausbildung mit regelmäßigem Judotraining. Drei Jahre später lernte ich durch einen Pfadfinderfreund das damals noch recht unbekannte Karate kennen, und ich war sofort von dieser unglaublichen Art der Bewegung begeistert. Seit dieser Zeit verbrachte ich fast meine gesamte Freizeit mit intensivem Judo- und Karatetraining im Sportverein. Damals fiel mir auch das klassische Körperarbeitsbuch „Hara – die Erdmitte des Menschen" von Karlfried Graf Dürckheim in die Hände. Diese Lektüre war für mich wie eine Offenbarung und lenkte mein Interesse auf den geistigen Hintergrund der Kampfkünste. Leider fand ich in dieser Hinsicht kaum Verständnis oder gar praktische Anleitung bei meinen Vereinskameraden.

Immerhin, ermutigt durch die Schriften und Aussagen meines verehrten Budo-Vorbilds Albrecht Pflüger, beschloss ich der Sache auf den Grund zu gehen und pilgerte nach Japan ins gelobte Land der Kampfkunst. Dieser lange Auslandsaufenthalt sollte sich für mein Leben als prägend erweisen. Ich trainierte in dieser Zeit täglich Aikido und ganz besonders hart und ehrgeizig Karatedo. Dabei lernte ich viele wichtige Dinge, die Kampfkunst betreffend. Was mich allerdings am meisten beeindruckte und meinem Leben eine Wendung gab, war meine gewonnene Zuversicht in den Geist des Zen. Nicht überall, aber immer wieder spürte ich in der japanischen Kampfkunst-Szene diesen Zengeist, und ich fühlte mich staunend mitten in der Fremde wie zu Hause. Nach Deutschland zurückgekehrt, wurde mir sehr bald klar, dass der spirituelle Geist des Zen hier keine ernsthafte Beachtung fand. Kampfkünste wie Judo, Karatedo, ja selbst Aikido standen unter dem Einflussbereich der westlichen Sportideologie. Die Sportverbände drückten den alten zenbuddhistischen oder taoistischen Künsten ihren weltanschaulichen Stempel auf. Ein yogisches Phänomen wie Budo oder Kung Fu wurde damals vom Hauptstrom der deutschen Kultur nicht verstanden. Vom brisanten spirituellen Zengeist blieben in der Praxis nur folkloristische Reste übrig. Und dieser Trend hatte bereits in Japan begonnen. Doch meine persönliche Erfahrung sprach dagegen.

Ausgelöst durch den Einstig in intensive Taiji-Quan-Studien, setzte ich mich von der vom Sport dominierten Kampfkunstszene ab und gründete zusammen mit meinen Freunden Kampfkunst-Dojos, in denen der Budo-Geist eine echte Leitbildfunktion haben sollte. Wir suchten nach einer Kampfkunstpraxis, die weder Wettkampfsport noch „Straßenkampf" oder Fit- und Funsport in den Mittelpunkt stellt. Außerdem wollten wir die yogische Praxis des Budo auch nicht nur allein als ein Vehikel für bestimmte sozialpädagogische Ideen benutzen. Ich betreibe nun seit 40 Jahren Kampfkunst und bestreite meinen Lebensunterhalt als Karate-Lehrmeister. Mein berufliches Leben habe ich der Übertragung und Entwicklung einer west-östlichen innovativen Budo-Praxis gewidmet.

## Meine Auffassung vom Budo

Nicht alles, was gefährlich und ostasiatisch klingt, ist auch schon Budo. Und wie die Dinge liegen, bedeutet ein Weltmeistertitel im Karate oder ein Judo-Olympiasieg noch nicht, dass diese herausragenden Leistungen durch Budo-Praxis erreicht wurden. Natürlich bezieht sich Budo auf die Kampfkünste, die aus Ostasien zu uns gelangt sind und sich im Westen rasant ausbreiten und weiterentwickeln. Diese Szene ist inzwischen fast so vielfältig und kreativ wie die Musikszene. Ich finde das sehr erfreulich und wünsche mir auf keinen Fall die Monopolstellung einer Stilrichtung. Es sollte sich eine abwechslungsreiche Vielfalt der verschiedenen Künste darbieten. Die Kampfkünste sind Freizeitbeschäftigungen, die je nach Schwerpunkt mal als Selbstverteidigung, als Fitness- und Gesundheitssport, als Wettkampfsport, als Show- und Filmdarbietungen usw. betrieben werden. Trainingsplätze sind Sportvereine, Schulen, Klubs, Zentren für meditatives Wachstum u. Ä.

Was nun Budo betrifft, verstehe ich darunter eine ganz bestimmte Qualität, die Kampfkunst zu betreiben. Budo ist Persönlichkeitstraining und Selbstführung durch die Praxis der Kampfkunst. Budo ist eine Yoga-Praxis, die uns erschließt, wie wir uns selbst erforschen und führen können. Es ist ein „Weg", der uns über eine handwerkliche Kunst in die Tiefen und auf die Höhen unserer Persönlichkeit führen kann. Im Schutz und Herausforderungsklima eines Dojos und der kreativen Nähe eines/r Sensei und seiner/ihrer Wegkunst entdecken wir unsere individuelle Eigenart und unseren Charakter. Wir haben die Anleitung und den Freiraum, mit der Hilfe unserer Mentoren und Weggefährten neues Verhalten zu entwerfen, Fähigkeiten zu modellieren und uns bewusst nützliche Strategien anzueignen. Das Lernen im Dojo kann tief in die autopoietischen Steuerungsbereiche unseres Systems

einwirken und unsere Ressourcen freilegen. Wenn wir erfolgreich praktizieren, können wir unser Selbstbild und unsere Selbststory modifizieren und erneuern. Wir können wirksam auf unsere Werte und Überzeugungen Einfluss nehmen und unsere Glaubenssätze optimieren.

Wie Sie wissen, dringt Budo als Verhaltenstraining tief in unseren persönlichen und spirituellen transpersonalen Bereich vor. Auf diesem Wege entfesseln wir Lebensenergie und befreien unser menschliches Potenzial. Nach meinem Verständnis ist Budo untrennbar mit den Grundthemen von Gewalt, Missbrauch und menschlicher Missachtung verbunden. Und aufgrund desselben Zusammenhangs zielt die innere Struktur der Budo-Praxis auf die Entwicklung von Selbstachtung, Respekt und Hochachtung vor allen menschlichen Wesen. Budo setzt wirkungsvoll Werteschöpfungs- und Werteschutzprogramme in Kraft. Als Budoka sind wir unserer Selbstverantwortlichkeit und dem Schutz der „unantastbaren Menschenwürde" verpflichtet.

Budo unterstützt viele von uns, die Wucht des Drohweltglaubens zu brechen, und in der Vision einer freundlichen planetarischen Kultur zu leben. Durch erfolgreiche Budo-Praxis können wir zu einer stabilen Einstellung gegen Gewalt und zu echter Friedfertigkeit finden. Budo beschützt unsere grundlegende GUTHEIT. Die Verwirklichung dieser Vision, erfordert von uns eine ganz bewusste und selbstbestimmte Form der Lebensführung. Die Kraftquelle dieses Weges ist unser Kontakt zur Spiritualität.

*Im Dojo wird nicht nur
der Körper trainert.*

## Worum geht es bei Spiritualität und Meditation eigentlich?

Es geht dabei um die Entdeckung des GANZEN. Es geht um uns SELBST. Es geht um die WAHRHEIT. Es geht um die Würdigung des Mysteriums MENSCH und ALL.

Liebe Leserin, lieber Leser, lieber Budoka! Ahne ich richtig? Sagten Sie gerade, Sie hätten mit Spiritualität nicht das Geringste zu schaffen? Sie seien unreligiös und glaubten nur, was Sie sehen? Nun, dann müsste ich Ihnen leider widersprechen: Weit gefehlt, lieber Kampfkunstgefährte. Sie sehen hauptsächlich das, was Sie glauben zu sehen! In der heutigen postmodernen Zeit zu glauben, man erkenne und „wisse", was Realität sei, zeugt von rührender Naivität. Wenn Sie denken, Sie bräuchten nicht zu glauben, so hängen Sie einem Glauben an, der sich selbst in „Wissen" einsperrt. Zugegeben, den einen oder anderen Sinneseindruck haben Sie. Vielleicht! Aber Ihr Selbstbild bzw. Weltbild, durch das Ihr Erleben so „real" kreiert wird, daran glauben Sie! Können Sie mir folgen? Na gut … Vermutlich ist es das Schönste, wenn wir beide den Witz der Angelegenheit erkennen und herzlich lachen! Wahrscheinlich renne ich sowieso offene Türen bei Ihnen ein.

Es geht beim Thema Spiritualität um Ihr und um mein Erleben. Und es geht um unser gesamtes menschliches Projekt auf diesem blauen Planeten. Es geht um die Geschichte der Menschheit und um Ihre persönliche Geschichte. Wir beide, Sie und ich, könnten über den Tellerrand unseres privaten Lebens hinausschauen, und wir könnten in die tiefsten Tiefen des Kaninchenbaues vordringen und prüfen ob WIR ein Progamm in der MATRIX sind oder WAHRHEIT. Für mich zielt Spiritualität auf das innerste Wesen der Wirklichkeit: auf uns selbst, auf das Leben, auf die Welt und auf Transzendenz. Es geht mir hier um solche Fragen wie: Wer bin ich? Was ist der Sinn meines Lebens? In welcher Welt lebe ich? Woher komme ich und wo gehe ich hin? Was ist die Wirklichkeit? Wohin läuft das Human-Projekt? Was kann ich dazu tun? Angesichts von Altern und Krankheit, im Bewusstsein meines eigenen Todes und dem Verlust meiner Liebsten: Wie finde ich tragfähige und relevante Antworten auf solche Fragen?

Spiritualität deutet direkt auf den Grund des Menschen. Im Lichte der Auffassungen, die hier in Kraft sind, verweist Spiritualität auf eine grundstürzende Aufgabe, die jeder Mensch für sich selbst lösen könnte: Was ist Wahrheit für ihn? Wie zeigt sich Wahrheit? Was sind die Maßstäbe? Wie findet Wahrnehmung statt? Wie entfaltet sich die Wirk-lichkeit? Wie verfestigt sie sich? Und wie entspannt sie sich? Spiritualität ist das grundlegende Projekt der tiefen Selbstaufklärung! Sie erzeugt Selbst-ent-täuschung über allgemein behauptete Tatsachen und Wahrheiten über Gott, die Welt, die Menschen und uns selbst (von welcher Seite auch immer). Spiritualität will uns helfen, unsere wahre Beziehung zum ALL und zum NICHT zu erkennen. Spiritualität hilft uns, offen und aufnahmebereit zu sein für GNADE und LIEBE und WAHRHEIT.

Seit es möglich ist, diese wunderbare, strahlend blaue Kugel in der Schwärze des Raumes mit eigenen Augen zu sehen – und spätestens, seit wir Menschen unser Leben auf der Erde mit erstaunlicher kreativer Macht und viel zu grober Technik und einem gefährlichen Maß an Egoismus an den Rand der Katastrophe gebracht haben –, sollte es klar sein: Sie selbst, ich selbst und diese ächzende, leidende Menschenwelt hoffen auf einen BEWUSSTSEINSWANDEL, der einen echten Unterschied macht! Spiritualität lenkt unseren Blick in die Tiefe des Problems und in die Weite der Lösung. Sie leitet jenseits unserer Sprachen und Selbstbilder tief hinaus in den KONTEXT. Sie eröffnet GEIST und sie erschließt RAUM.

Nun zur Meditation. Viele kraftvolle Lebensweisen, die sich spirituell begründen, nutzen als praktisch Hilfe die Meditation. Und soweit mir bekannt ist, gibt es in allen Völkern und Religionen diese grundlegende Kulturtechnik. Einhergehend mit den vielen spirituellen Traditionen auf diesem Planeten gibt es auch eine Fülle der verschiedensten Meditationspraktiken. Es gibt Bildmeditation, Wortmeditation, Bewegungsmeditation … Wir finden Meditationen mithilfe von Atmung, von psychowirksamen Substanzen, von sexueller Aktivität und vielem anderen mehr. Und wie Sie, liebe/r Budoka, mit Recht vermuten, gibt es natürlich auch die Meditation des Kampftanzes und des rituellen Zweikampfes.

Ich verstehe den Begriff „Meditation" als eine allgemeine Bezeichnung für die direkte Arbeit mit dem eigenen Geist. Meditation setzt eine Umkehr unserer Blickrichtung von der äußeren Welt nach innen auf den eigenen Geist voraus. Im Zusammenhang einer spirituellen Lebensweise ist Meditation so etwas wie ein Labor mit Versuchsreihen zur Struktur und zum Prozess des eigenen Erlebens. Durch genau definierte Situationsbedingungen, die wir uns auferlegen, betreiben wir hier gewissermaßen Selbstversuche am lebenden Subjekt. Die Meditation eröffnet uns auf diese Weise einen direkten Zugang zur persönlichen Wahrnehmung, während diese in Kraft ist. Der Zweck einer bestimmten Meditationspraxis ist also keine nach außen gerichtete Fähigkeit, sondern die Einsicht in das Herz der individuell erlebten Wirklichkeit.

Um wirksam meditieren zu können, brauchen wir einerseits, wie auch im Budo, ein hohes Maß an Trainingsdisziplin. Auf der anderen Seite geben wir uns völlig hin und lassen alle willkürliche Kontrolle fahren. Meditation ist geradezu ein anderes Wort für Gelöstheit und Selbsthingabe an die Magie der Situation. Wenn wir auf die Herausforderung der Spiritualität antworten wollen, kommen wir nicht daran vorbei, uns selbst in Frage zu stellen. Wir können uns weder an unserem TOD, noch am Grauen, noch unseren teuflischen Schatten vorbei mogeln. Der WEG führt mitten durch große Angst, furchtbare Schmerzen und Enttäuschungen hinein in unser wunderbares menschliches HERZ. Meditation bringt uns dicht an den Abgrund und an die Quelle unseres Lebens heran.

Meditation hilft uns, dem Ehrfurcht gebietenden MYSTERIUM mit offenen Armen so weit wie möglich entgegen zu gehen. Diese urmenschliche Aufgabe kann uns auch niemand anderer abnehmen. Wir könnten diesen Weg aufrecht und selbstverantwortlich bis ans Ende gehen und uns vom Fluss der Meditation in das unbekannte Meer der WAHRHEIT treiben lassen.

### Budoka bewachen einen Schatz

Liebe/r Budoka, jeder Kampfkunstmeister der mit ganzem Herzen praktiziert und jede Meisterin dieses Frieden stiftenden Weges, bewahren im Herzen ihrer Kunst einen einzigartigen Schatz. Es ist ein Schatz, der der gesamten Menschheit gehört. Es ist ein Weltkulturerbe, ein Kleinod mitten im Herzen der rauen rituellen Kriegskunst: Es ist ZEN, der offene GEIST, der Zauber der Menschlichkeit. Mag sein, dass viele Budoka sich dieses Juwels in Ihrem Praxisherzen noch nicht bewusst sind. Mag sein, dass sie ihre Aufgabe, diesen Schatz zu bewahren, noch nicht erkannt haben. Aber ich bin mir sicher, Budo wird den ZEN-GEIST dabei unterstützen, mehr praktische Weisheit in das „Menschheit Projekt" einzubringen.

 In China, dem Land der Mitte, in der gepriesenen Tangzeit, als der Blütenstrauch der buddhistischen Weisheitlehre in den Mutterboden der taoistischen Spiritualität gepflanzt wurde, entstand der Chan (chin., jap.: Zen). Bodhidharma, der große buddhistische Lehrer aus Indien hatte um 500 n. Chr. den Anstoß gegeben. Und er war es auch, der die Tradition der spirituellen Kampfkunst begründete. Seit Bodhidarma gibt es die Idee und die Praxis einer spirituell motivierten Kampfkunst. Und bis auf den heutigen Tag hat diese Tradition trotz aller Widrigkeiten überlebt und ist wertvoll und vital, wie selten zuvor.

Lieber Kampfkunstgefährte, ZEN IST DAS MARK DES BUDO, und es wäre dumm und peinlich, wenn wir diesen wunderbaren Schatz in der Mitte unserer Kunst ignorierten und verschludern ließen. Budo ohne ZEN ist wie eine wunderschöne Blume ohne Duft, wie ein Rendezvous ohne Kuss. Warum sollten wir uns selbst kastrieren? ZEN ist da! Und wir könnten das Kleinod enthüllen, würdigen, beschützen und weitergeben an unsere Schüler/innen.

„Schön und gut", sagen Sie, „diese asiatische Philosophie und Religion versteht doch hier im Westen kaum ein Mensch. Wir haben selbst genug Religion bzw. eine eigene moderne materialistische Denkweise!" Ja, das stimmt. Und wir haben hier im Westen keine vom Hauptstrom der Kultur getragene yogische Tradition. Und uns trifft die volle Wucht der explosionsartigen technologischen Entwicklung und des postmodernen Werteverfalls. Wir alle, Westler und Ostler und die anderen Mitbewohner dieser Biosphäre, sitzen zusammen in einem Boot. Und dieses Boot gerät, durch uns selbst verursacht, in ganz gefährliche Fahrwasser. In dieser Situation können wir uns den Luxus der westlichen Ignoranz nicht mehr leisten. Wir müssen voneinander lernen. Um den menschlichen Karren nicht in den Abgrund zu fahren, brauchen wir alle kulturellen Ressourcen dieser Menschheit! Wir sind ohne wirksame globale Solidarität verloren. Nur der allgemeine Bewusstseinswandel durch eine mitfühlende metareligiöse Spiritualität kann uns retten.

Budo kann eine wirksame und tragfähige Brücke zur yogischen Kultur und zu den östlichen Weisheitslehren sein. Die Körperlichkeit, die Bioenergetik und das aktiv Kämpferische des Budo bieten einen auch für uns Handlungsmenschen gangbaren Weg in die höhere

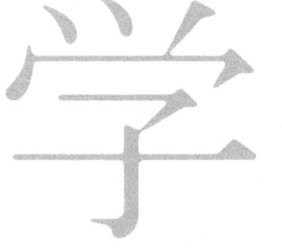

Geistigkeit an. Kampfkunst ohne Zen-Spiritualität hätte wohl kaum einen eigenen Wirkungsbereich neben der heute so dominierenden Sportkultur. Sie würde vollständig vom Sportbetrieb aufgesogen.

Auf der anderen Seite, außerhalb des Sportbereichs, drohen das Missverstehen und der Missbrauch der Kampfkunst als Spielwiese für Schläger, Psychopathen und paranoide Charaktere. Kampfkunst dient hier als Refugium für Machtfantasien, Anerkennungssucht und Selbstüberschätzung. Der Ich-Wahn und die Selbsttäuschung erschaffen ihr eigenes und sich selbst bestätigendes System. Zu schade! Für uns Budoka ist ZEN das stille Zentrum des Zyklons. Hier ist unsere Quelle für Würde, Wertschätzung und Mitgefühl. Von hier strömen Kraft, Furchtlosigkeit und Kreativität. Das Budo-Wirkfeld mit Weg-Halle, Schüler, Lehrmeister und Wegpraxis ist hervorragend geeignet, den ZEN-GEIST und die yogische Lebensführung zu vermitteln.

Also liebe Weggefährtin, lieber Weggefährte, kümmern Sie sich um ZEN im Rahmen Ihrer Budo-Praxis. Wenn Ihr ZEN-GEIST noch vergessen in einer geheimen Kampfkunstschublade schläft, so wecken Sie ihn. Kümmern Sie sich darum. Hilfen gibt es genug. Suchen Sie nach guten Büchern, nach einer Zengruppe mit Zenlehrer und nach Budogefährten mit Herz und Geist. Und das Wichtigste: Praktizieren Sie ZAZEN! Begnügen Sie sich nicht mit einer Rolle als Fitness- oder Kampfsporttrainer/in, sondern heben Sie den verborgenen Schatz in Ihrer Kampfkunst. Ich sage nicht, dass es leicht werden wird! Aber Sie können es tun. Warum? Weil Sie ein Mensch sind. Ein einzigartiges, erstaunliches, Ehrfurcht gebietendes Wesen; begabt mit Aufrechtheit und freien Händen, mit Herz und mit GEIST. Und bitte vergessen Sie nicht: Ihr kostbares Leben geht in Windeseile vorbei!

## Wie ZAZEN geht

Was können wir tun, um in der Tanz-Kampf-Kunst einen WEG der Selbst-Entwicklung zu entdecken und zu verwirklichen? Wie praktizieren wir unsere Kunst im Kontext von ZEN und DAO als echtes Budo? Um den spirituellen Aspekt Ihres Budo zu erschließen, empfehle ich Ihnen folgende zehn Punkte, die Sie in Angriff nehmen sollten:

### 1. Praktizieren Sie regelmäßig ZAZEN!

Dies ist mit Abstand Ihre wichtigste Aufgabe. Nur durch tägliches ZAZEN wird sich Ihre Kampfkunst und damit Ihr Leben wirklich verwandeln. ZAZEN ist der Schlüssel und der Hebel für alles weitere Handeln. ZAZEN ist der Zauberstab, der die Magie des ZEN in Gang setzt. Liefern Sie sich ZAZEN rückhaltlos aus und erwählen Sie es zur Herzübung Ihres persönlichen Budo. Es hat für den Budoka den gleichen Stellenwert wie der Wettkampf für den Leistungssportler. Ohne ZAZEN ist Budo flach, harmlos und bar ausreichender Tiefenwirkung.

### 2. Leiten Sie ihre persönliche Wende ein!

Ändern Sie Ihre Blickrichtung nach innen auf den eigenen Geist. Schauen Sie in den Spiegel auf sich SELBST. Schauen Sie auf das MYSTERIUM des DASEINS und in die Richtung Ihrer wahren WERTE. Sie könnten Ihre Intentionen und Absichten am ZENGEIST neu ausrichten. Wir Budoka können uns abkehren vom un-energetischen Materialismus und vom gefährlich wuchernden Egoismus des öffentlichen Zeitgeistes. Wir können Zuflucht nehmen zur VISION von Weisheit und Menschlichkeit. Besiegeln Sie Ihre UMKEHR zur Spiritualität und zur Eigenverantwortlichkeit durch eine feierliche Selbstverpflichtung.

### 3. Benutzen Sie Ihre Intelligenz!

Klären und erneuern Sie Ihre Motivation. Mit Anfängergeist und Forscherdrang gilt es die Wirk-lichkeiten der eigenen Person und der Wahrnehmung zu enthüllen. Es geht hier um die Revision Ihrer Werte, Glaubenssätze und Überzeugungen. Erforschen Sie Ihre Selbst- und Weltbilder und enthüllen sie Ihren Charakter. Wir haben die Möglichkeit, unsere Werte-Hoheit zu erlangen und unsere Persönlichkeit in Einklang mit sich selbst zu bringen. Denken Sie sorgfältig und tief nach. Ent-wickeln Sie die Muster und Programme Ihrer Persönlichkeit und beginnen Sie mit dem Verhaltenstraining und der Selbstführung. Ihre Budo-Praxis ist ein ideales Medium für diesen Prozess. Erzeugen Sie auf diese Weise eine hohe Praxis-Motivation (Weg-Herz).

### 4. Beschaffen Sie sich Informationen!

Es gibt inzwischen sehr gute Bücher über ZEN, Meditation, praktische Psychologie und Selbstmanagement. Nutzen Sie das Internet. Informieren Sie sich über Buddhismus, Daoismus und westliche Weisheitslehren. Schauen Sie sich Lehrvideos an, und vor allem, lesen Sie. Das Buch ist eine der unabhängigsten Kulturtechniken der Menschheit. Durch Tagebuch- und Traumaufzeichnungen sowie Nachforschungen bei Freunden und Verwandten könnten wir viel Informationen über uns selbst herausfinden. Gute Informationen und klare Rückmeldungen sind wesentlich für unseren persönlichen Lernprozess.

*Buchtipps:*
Suzuki, Shunryu: Zengeist – Anfängergeist; Berlin 1988
Smothermon, Ron: Drehbuch für Meisterschaft im Leben; Bielefeld 1992
Trungpa, Chögyam: Das Buch vom meditativen Leben; Reinbek b. Hamburg 1991

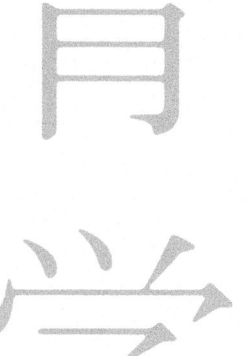

### 5. Nehmen Sie persönlichen Kontakt auf!

Es ist natürlich am einfachsten, Sie sind Mitglied in einem Kampfkunst-Dojo, unter der Leitung eines/r erfahrenen Budo-Lehrmeister/in. Sollten Sie in einer Gruppe ohne den entsprechenden geistigen Hintergrund praktizieren, so nehmen Sie Kontakt mit einem Zen-Kreis oder einem Zen-Lehrer auf. Für eine wirksame Budo-Praxis ist die enge persönliche Beziehung zu einem spirituellen Freund unerlässlich. Es gibt kein Budo ohne treue, vertrauenswürdige Gefährten auf dem WEG. Führen Sie viele Gespräche im Rahmen Ihrer Kampfkunst. Tauschen Sie sich offen und ehrlich aus und erlangen so Verständnis. Budo ist die Entwurzelung von Gleichgültigkeit und Feindseligkeit und die Eröffnung von Freundschaft.

### 6. Nutzen Sie die Weg-Halle als ZEN-FELD!

Das Dojo ist ein Schutzraum und ein Experimentierfeld für Ihre spirituelle Praxis. Die Schulung unseres GEISTKÖRPERS braucht einen Ort der Begegnung, Herausforderung und Festigung. Die Kampfkunst als praktisches Handwerk ist dafür hervorragend geeignet. Dabei ist die Dojo-Umgangsform (Etikette) ein zentrales Trainingsgerät. Seien Sie mutig und öffnen Sie Ihr Herz und Ihre Seele. Bleiben Sie verletzlich und voller Anfängergeist. Lösen Sie sich von der Sicherheit Ihrer Routinen. Kontakt mit ZEN erzeugt Verwirrung und Gleichgewichtsverlust. Durch die Zen-Praxis erwacht unvermittelt Ihr Staunen, und die Wiederverzauberung Ihres Daseins kann sich ausbreiten.

### 7. Etablieren Sie Ihre Heimpraxis!

Gründen Sie zu Hause Ihren privaten ALL-EIN-RAUM. Es genügt eine ruhige Ecke in einem freundlichen Zimmer. Sinnvoll ist ein kleiner Altar mit den Symbolen Ihrer Vision bzw. Ihrer höchsten Werte. Hier schlägt das Herz Ihrer Budo- und ALLTAGS-Praxis. Hier lösen Sie sich von leidhaften Vergangen-heiten und säen heilsame Zukünfte. Bitte setzen Sie sorgfältig und bewusst Ihre persönliche Wertschöpfungsenergie in Kraft. Tägliches ZAZEN ist das stille, machtleere Zentrum Ihres Budo. Als Zubehör sind folgende Dinge nützlich: Sitzkissen, weiche Sitzunterlage, Timer, Trainingstexte, Tagebuch, Notizkalender, Glocke, Spiegel, Bodenfläche für kleine Formen, Schlagpolster, Schwert u.Ä.

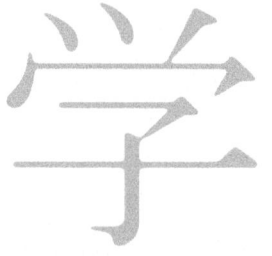

### 8. Besuchen sie Intensiv-Seminare!

Tägliches Training ist für Budo selbstverständlich. Nur so erlangen wir die nötige Dichte und Sicherheit unserer Handlungen. Und es reicht nicht! Ohne mindesten zwei mehrtägige Lehrgänge pro Jahr erstarren wir in Routine und festen Verhaltensmustern. Diese Workshops

und Retreats brechen unsere Gewohnheiten auf und schenken Tiefe und Erneuerung. Sie stärken Innovation und Lebendigkeit in unserer Selbstführung. Neben Formen- und Kampfseminaren sollten Sie regelmäßig Meditations- (Sesshin) und Wachstumsgruppen besuchen. Auch Budo ist lebenslanges Lernen.

### 9. Würdigen Sie das MYSTERIUM des Daseins!

Nehmen Sie die Herausforderung an, ein MENSCH zu sein. Stellen Sie sich der unglaublichen Brisanz und Ehrfurcht gebietenden Situation dieser Welt. Erkennen Sie Ihren TOD als die Tiefe Ihrer Existenz an. Lassen Sie sich von den unzähligen LEIDEN der fühlenden Wesen dieser Erde berühren. Wir könnten uns dem LICHT und der LIEBE in den Augen der Menschen öffnen. Wir könnten uns ausliefern an die GNADE und GEBORGENHEIT unseres WAHREN WESENS. Wenn alle ERSCHEINUNG markiert ist von LEERHEIT, wo findet uns dann das GLÜCK?

### 10. Gehen Sie aufrecht!

Unsere Aufrichtigkeit und unsere Würde ist die wahre Stärke unseres Kampfes.

Ohne Selbstrespekt und Integrität hat das Schwert des Geistes auch mit schnellen Muskeln und scharf geschliffener Technik keinen Halt. Übernehmen Sie für das Erleben Ihrer Wirklichkeit die Verantwortung. Stehen Sie für Ihre Gedanken, Gefühle und Taten in Vergangenheit, Gegenwart und Zukunft ein. Geben Sie Ihr Armuts -und Opferbewusstsein auf und unterlassen Sie Schuldzuweisungen. Beenden Sie Ihre Rechtfertigungen und handeln Sie analog. Erheben Sie Anspruch auf Regentschaft in Ihrem Leben und halten Sie Ihre Vereinbarungen ein. Sie sind die Lichtung des GEISTES; Kronschatz der Wirklichkeit. ICH BIN ist das Leuchten der Dinge. Die Würde der fühlenden Wesen ist unantastbar!

## ZAZEN – die Rahmenbedingungen

**Sitzhaltung:** Beine verschränkt, Körper aufrecht und entspannt, Hände auf den Schenkeln oder im Schoß, Augen leicht geöffnet, Atem normal und unkontrolliert, keine willkürlichen Bewegungen, Schweigen

**Ort:** Fest eingerichteter Sitzplatz im Haus an ruhiger Stelle. Im Dojo auf dem Kissen, im Alltag auf einem Stuhl

**Zubehör:** gutes, individuell passendes Sitzkissen, dicke, weiche Bodenunterlage (1 m²), Glocke, Minutenwecker, Trainingstexte, Tagebuch, evtl. Altar, Blumen, Kerze, Räucherwerk, spezielle Sitzjacke

**Zeit:**
a) Hauptsitzung – einmal täglich 20 bis 40 Minuten, am Besten morgens nach dem Erwachen
b) Ankersitzung 1–2-mal täglich 5 Minuten im Dojo und/oder am Arbeitsplatz

**Umfang:** einmal pro Tag eine Hauptsitzung, sowie eine oder zwei Ankersitzungen. Einmal pro Woche eine Hauptsitzung im Dojo mit der Gruppe. Ein-zweimal im Jahr eine intensive Wochend-Sitzperiode. Immer mal wieder ein Wochen-Sitzseminar mit der Gruppe, (SESSHIN) und/oder eine Wochen-Rückziehung alleine

**Rahmen:** Verneigungspraxis (REI, GASSHO) zur persönlichen Erschaffung von Wert, Respekt, Ermutigung und Glauben.
1. Verneigung vor dem eigenen kostbaren Wesen
2. Verneigung vor den anderen kostbaren Wesen
3. Verneigung vor dem kostbaren Wesen der Wirklichkeit

---

| WEISHEIT | MITGEFÜHL | ENERGIE |
| --- | --- | --- |

---

## Die Erlösung der Wahrnehmung

Fünf Aspekte zur Vertiefung der Sitzpraxis:
1. Das Einnehmen der aufrechten Haltung
2. Die Entspannung von Körper und Sinne
3. Das rechte Zulassen der Gedanken und Gefühle
4. Die Sammlung und Vertiefung des Bewusstseins
5. Das offene Gewahrsein des Geistes

---

**ALLE ERSCHEINUNG IST MARKIERT VON LEERHEIT.**

---

## ZAZEN-Praxis

### 1. Haltung:

*Ich nehme die Sitzhaltung ein. Ich richte mich auf. Ich schweige.*

Als erstes löse ich die Vereinbarung mit mir selbst ein, täglich ZAZEN zu praktizieren. Ich setze mich mit gekreuzten Beinen völlig aufgerichtet auf mein Kissen und lasse ab von willkürlichen Bewegungen. Nun mache ich mir die Ehrfurcht gebietende Kostbarkeit meines eigenen Wesens klar. Ich übernehme jetzt bewusst die Verantwortung für mein Denken, Fühlen und Handeln. Ich bin aufrichtig mir selbst gegenüber und erhebe Anspruch auf meine geistige und körperliche Freiheit und Würde. Anschließend richte ich die Aufmerksamkeit auf meine Körperhaltung.

### 2. Entspannung:

*Mein Körper entspannt sich. Ich lasse mich nieder. Ich spüre.*

Indem ich meine Aufmerksamkeit durch die einzelnen Körperregionen leite, genieße ich es, wie meine Arme und Beinen, meine Muskeln und Organe sowie meine Körperzentren und Zellen sich lösen und entspannen. Gleichzeitig gebe ich alle Sinnesreize wie Farben, Klänge, Düfte und Körperempfindungen frei und erlaube meiner Sinnlichkeit, sich zu entfalten. Auf diese Weise lasse ich mich mit meiner ganzen empfindenden Körperlichkeit aufrecht und gelöst auf Kissen und Erde sinken. Ich erlaube nun allen Körperempfindungen einfach da zu sein und mein Erleben zu gestalten.

### 3. Gelassenheit:

*Ich öffne mein Herz. Ich traue mir selbst. Ich lasse es zu.*

Voller Anteilnahme wende ich mich nun meiner emotionalen bzw. inneren Befindlichkeit zu. Ich erlaube mir, mich ganz den Mitteilungen meiner Gefühle gegenüber zu öffnen. Mitfühlend, schaue ich auf die Zartheit bzw. das Grauen in meinem Herzen, und lausche nach Innen. Ich höre auf meine Stimmungen und Emotionen: auf meine Angst, meinen Hass, meine Trauer genauso, wie auf meinen Widerwillen, meine Langeweile, meinen Stolz und meine Freude. So erscheint GELASSENHEIT. Als wohlwollende/r Erleber/in öffne ich mich ganz meinen inneren Bildern und Stimmen und nehme ihre Botschaften zur Kenntnis. Ich vertraue mir selbst und meiner unmittelbaren Wahrnehmung und Intuition.

### 4. Sammlung:

***Ich löse mich vom Denken. Ich entfalte Gewahrsein im Atem.***

Jetzt richte ich das Zentrum der Aufmerksamkeit auf die Empfindung des Ausatmens und lasse dabei Geräusche und Gedanken vorbeiziehen, ohne sie zu vergleichen. Bin ich in Nachdenken abgeschweift und werde mir dessen bewusst, so löse ich mich mit dem Trennwort „DENKEN" aus der Trance meiner Gedanken und inneren Filme, und komme wieder hierher zum ATEMSPÜREN. Dieses Erwachen und Aufscheinen von Bewusstheit sammle ich geduldig mit Sanftheit über die Dauer der Sitzung. So entsteht ganz unwillkürlich Gewahrsein und Klarheit des Geistes und tiefe Stille kann erscheinen. Dies ist der kostbare Samen von Disziplin Hingabe und Einsicht. Die De-Hypnotechnik kann mit Hilfe der Atemzählung (jeweils zehn Atemereignisse) noch unterstützt werden.

### 5. Bewusstheit:

***Einfach Sitzen. Raum-Gewahr-Dasein.***

Während unkorrigiertes, offenes GEWAHRSEIN aufscheint, lasse ich mich selbst und die Welt nun völlig in Ruhe. Schaue auf die „Oberfläche des Spiegels", statt auf seine Bilder. Die Achtsamkeit ruht jetzt in ERSCHEINUNG selbst und tiefes SCHWEIGEN lässt alles gemeinsam gegeben sein. Das Selbst- und Objektbewusstsein entspannt sich und entlässt Geistestätigkeit aus seiner allzu engen Selbstbegrenzung hinaus in die Offenheit von

**R A U M.**

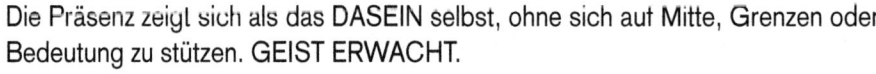

Die Präsenz zeigt sich als das DASEIN selbst, ohne sich auf Mitte, Grenzen oder Bedeutung zu stützen. GEIST ERWACHT.

OM
GATE GATE
PARA GATE
PARA SAM GATE
BODHI
SVAHA

(Zu Risiken und Nebenwirkungen fragen Sie Ihren Zen-Meister oder Budo-Lehrer)

武道

# Budo-pädagogische Modelle in Theorie und Praxis

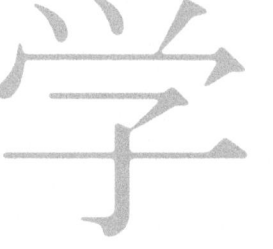

**Reiner Heil**

# Budo-Pädagogik als Schlüssel zur Entwicklung der emotionalen, sozialen und körperlichen Kompetenz

**Philosophie und integrative Praxis ausgewählter fernöstlicher Kampf-, Bewegungs- und Entspannungssysteme für erwachsene Menschen mit kognitiver Behinderung**

Die Budo-Pädagogik ist eine besondere Form der handlungsorientierten Pädagogik. Ihr Anwendungsspektrum umfasst sowohl erzieherische und soziale als auch therapeutische Felder. Budo hat als „pädagogischen Kern" die körpersprachliche (Inter-)Aktion (auch in Form des Kampfes) während der (Partner-)Übungen auf Grundlage der Philosophie, der festgelegten Rituale und der Regeln des Budo. Diese körperliche Interaktion (Kampf) dient somit als Medium zur Entwicklung der körperlichen, geistigen, seelischen und sozial-integrativen Fähigkeiten.

Nachfolgend werden die wesentlichen Ansätze der auf Budo basierenden pädagogisch orientierten Arbeit aufgezeigt. Dargestellt werden auch Parallelen zur derzeitigen fachlichen Ausrichtung der Assistenz für Menschen mit Behinderung unter Berücksichtigung ihrer Wünsche und Bedürfnisse und Mobilisierung der vorhandenen Talente und Ressourcen. Die geschieht, soweit möglich, in Form einer ganzheitlichen Betrachtung der Persönlichkeit. Die Nutzung von Kampfkunst als Medium zur Entwicklung der Persönlichkeit nimmt Bezug auf diesen ganzheitlichen Ansatz und geht damit über rein körperbezogene Angebote oder kognitive Förderung hinaus.

Für die Zielgruppe der Erwachsenen fließen auch Erkenntnisse aus der Andragogik (Wissenschaft von der Bildung Erwachsener) mit ein. Diese stellt das selbst gesteuerte Lernen in den Vordergrund. Dieses dient als Grundlage, um die vorhandenen Ressourcen bei erwachsenen Menschen mit kognitiver Behinderung zu mobilisieren. Um dies geplant erreichen zu können, werden Ziele festgelegt und praktisch verfügbar gemacht. Die Umsetzung erfolgt durch die Auswahl geeigneter Übungen aus den Budo-Systemen des Aikido, Judo, QiGong und Shiatsu. In diesem Zusammenhang wird auch die positive gesundheitliche

Wirkung durch die Berücksichtigung der Anamnese sichergestellt. Es folgt ein Wirksamkeitsnachweis bezüglich der anvisierten Ziele in Form einer zyklischen Evaluation/Beurteilung und die kontinuierliche Weiterentwicklung der Angebotsstruktur und seiner Inhalte.

Damit hat das Budo auch einen wesentlichen pädagogischen Kern. Dieser besteht u.a. darin, dass der Übende seine mit einem Partner ausgeführten Übungen (körpersprachlichen Handlungen) reflektiert. Den äußeren Rahmen dazu bilden die Philosophie, die festgelegten Rituale und Regeln des Budo. Dieser wird durch die Gruppe der Teilnehmer und den Lehrer mit Leben gefüllt. Medium der Pädagogik und zugleich Ausdruck des Budo ist die taoistische Körperarbeit des Ausgleichs, die sich mit konfuzianistischem Verhaltenskodex, shintoistischer Ethik und buddhistischer Spiritualität zu einem ganzheitlichen Ansatz der Unterweisung (Budo-Pädagogik) verbindet.

Der Kampfkünstler nutzt die im Kämpfen angelegten Fertigkeiten und Emotionen, um im Dialog mit seinem Partner neue Fähigkeiten zu entwickeln und Handlungsalternativen kennenzulernen. Es handelt sich um eine Form des partizipativen Lernens, das vorwiegend auf der körperlichen Ebene stattfindet. Die Übenden fassen sich an und lenken sich gegenseitig in die vorgesehene Position – sie spüren wechselseitig Richtung, Zug, Druck und Energie der Bewegung. Es handelt sich also um ein „sinnhaftes" Lernen durch „bewegt sein" und ein „in Form gebrachtes Erlebnis". Damit wird die Kampfkunst vornehmlich zur Beziehungsarbeit – sie findet ihren Ausdruck im äußeren Erscheinungsbild der körperlichen Interaktion und der damit verbundenen Emotionen.

## Humanität als Grundlage der Ressourcenentwicklung bei Menschen mit kognitiver Behinderung durch Budo

Abb. 1: Das „Bild" vom erwachsenen Menschen
        mit kognitiver Behinderung (MmB)

*Jeder Mensch hat seine individuelle Persönlichkeit:*
*„Es ist normal, verschieden zu sein."*

Das Ideal des edlen Menschentums schließt die Achtung des Individuums, Toleranz, Herkunft, Weltanschauung, Lebensstil, Alter, Geschlecht und Behinderung mit ein. Behinderung ist nicht anormal, sondern lediglich eine Andersartigkeit durch eine funktionelle Beeinträchtigung. Jeder Mensch hat seine individuelle Persönlichkeit. Und diese Persönlichkeit ist ein Ganzes, das nicht auf einzelne Teilbereiche wie z.B. Behinderung reduziert werden darf. Menschen mit kognitiver Behinderung sind bildungs- und entwicklungsfähig; und sie verstehen sich selbstverständlich als vollwertige Mitglieder unserer Gesellschaft. So sind sie auch für ihr Tun oder Unterlassen verantwortlich, soweit sie sich dessen bewusst sind.

Das Selbstbild des Menschen mit kognitiver Behinderung und sein Erscheinungsbild in der Gesellschaft kann durch Angebote weiterentwickelt werden, die den ganzen Menschen im Blickfeld haben. Durch diese werden Erfahrungs- und Ergebnishorizonte erweitert und gleichzeitig Fremdbilder und Berührungsängste abgebaut.

Angebote, die eine intensive Verbindung zwischen Körper und Geist ermöglichen, dienen auch zur Bewältigung von Behinderungen. Dies geschieht durch eine verbesserte Wahrnehmung der eigenen psychosomatischen Einheit und der dadurch möglichen Erweiterung der Handlungskompetenz. So ergeben sich positive Auswirkungen auf das Selbstbewusstsein, die Selbstbestimmung und die Autonomie des Menschen mit Behinderung.

### (Bewusstseins-) Haltung

Bezogen auf das oben genannte Menschenbild gilt es, den von einer kognitiven Behinderung betroffenen Menschen als Persönlichkeit in seiner Gesamtheit wahrzunehmen und zu akzeptieren. Diese Orientierung an der Person erfordert im Zusammenleben zunächst eine Haltung, die die Vielfalt und Verschiedenartigkeit der Menschen vorbehaltlos bejaht: „Es ist normal, verschieden zu sein" (Leitspruch der Organisation Lebenshilfe für Menschen mit geistiger Behinderung). Orientierung an der Person erfordert dann die individuelle Auseinandersetzung mit jedem einzelnen Menschen mit Behinderung, mit seinen persönlichen Stärken und Ressourcen wie auch mit seinem individuellen Bedarf an Unterstützung und Assistenz. Wichtig dabei ist, dass dieser Dialog auf „Augenhöhe" stattfindet und die Sprache gesprochen wird, die der Mensch mit Behinderung versteht. Menschen mit kognitiver Behinderung haben oft eine gut ausgebildete Sinneswahrnehmung für nonverbale Kommunikationsinhalte. Sie vermögen wesentliche Informationen aus Gestik, Mimik, Tonfall und Stimmung aufzunehmen und zu verstehen.

### Kognitive Behinderung und ihre Erscheinungsformen

Behinderung definiert sich als eine dauerhafte Einschränkung in der Teilhabe am Leben in der Gesellschaft.

„Menschen mit kognitiver Behinderung haben oft mehrere Handicaps. Beispielsweise treten psychosoziale Auffälligkeiten bei ihnen häufiger als beim Bevölkerungsdurchschnitt auf. Ein Grund dafür sind organische (dispositionelle) und psychosoziale Faktoren, die zu einer erhöhten Verletzlichkeit des Individuums führen.

Aus ihrer psychischen Entwicklung ergibt sich für diese Menschen häufig eine eingeschränkte Ich-Funktion und eine allgemeine Entwicklungsverzögerung in Verbindung mit einer Verzerrung der Dialogfähigkeit. Diese leitet sich häufig aus der frühkindlichen Erfahrung mit der primären Bezugsperson und den spezifischen Interaktionserfahrungen ab, die durch die innerfamiliäre Dynamik mit einem behinderten Kind geprägt sind.

Hinzu kommt, dass der behinderte Mensch schon vom frühen Lebensalter an das Unvermögen eigener Initiative und Autonomie erfährt. Als eine Folge davon gilt hier insbesondere die Depression als ein besonderes Risiko für Menschen mit einer kognitiven Behinderung, die sich oftmals als innerer Rückzug (stilles Selbst) oder „selbstverletzendes Verhalten äußert" (Mattner: Behinderte Menschen in der Gesellschaft, Stuttgart 2000).

## Körperschema und Wandlung der Persönlichkeit

Die Persönlichkeitsmitte des Menschen liegt in der fernöstlichen Weltanschauungen im *Hara.* In unserer westlichen Gesellschaft kennen wir eine oberflächliche Analogie – das „Bauchgefühl". Das Hara liegt etwa drei Zentimeter unterhalb des Bauchnabels am oberen Rand der Beckenschale und breitet sich von dort kreisförmig im Bauchraum aus. Hier bildet es das Energiezentrum im Leib des Menschen.

Es sollte immer der ganze Mensch sein (eingebunden in seine geistige und körperliche Haltung), der sich bewegt. Das Hara und damit die „rechte Mitte des Menschen" nimmt in vielen Bewegungsabläufen über Arme und Hände Kontakt mit dem Partner auf, d.h., er wird vorwiegend über diese körperliche (und geistige) Mitte und nicht rein körperlich über die Muskelkraft der an der Bewegung beteiligten Extremitäten geführt.

Aus dem Hara heraus bestimmt der Mensch auch seinen Standpunkt in der Welt (Körperschema) und gestaltet von hier aus „erdverbunden" die Entwicklung zur Vervollkommnung seines Wesens. In dieser psychosomatischen Einheit sind alle Widersprüche zwischen Intellekt und Sinnlichkeit, Geist und Natur, Vernunft und Unvernunft aufgehoben.

Körperhaltung und Bewegung sind Ausdruck der Persönlichkeit. In seiner Bewegungssphäre ähnelt der Mensch der Form einer Kugel, deren Mittelpunkt im Hara liegt. Von hier aus erschließt er sich die Welt und erkennt deren Möglichkeiten – aber auch deren Grenzen. Dadurch entsteht sein Körperbewusstsein und ein Bild des eigenen Daseins. Mit jeder Erweiterung der Perspektive, des Bewegungs- und Handlungsspielraums wächst sein Selbstbewusstsein und der bisher eingeschränkte Dialog mit seiner Umwelt wird damit Schritt für Schritt „entzerrt".

## Budo-Pädagogik

### Entwicklungsmöglichkeiten für Menschen mit Behinderung – Handlungsansatz der Budo-Pädagogik

Menschen mit Behinderung sollen dabei unterstützt und befähigt werden, ihre Stärken, Fähigkeiten, Selbstgestaltungskräfte und Rechte wahrzunehmen und zu entwickeln, um die eigenen Lebensumstände eigenständig und selbstverantwortlich und in sozialer Bezogenheit zu gestalten.

Dabei wird die „ressourcenorientierte Assistenz" (Empowerment) in den Vordergrund gestellt. Wichtig ist das Anregen von Prozessen, die es den Betroffenen ermöglichen, mehr Kontroll-, Entscheidungs- und Wahlmöglichkeiten über ihre Lebenswelt zu erlangen. In diesem Zusammenhang wird die Selbstorganisation und Eigeninitiative gestärkt – der betroffene Mensch wird damit selbst zum Experten seiner Angelegenheiten.

Selbstbestimmung heißt für die Betroffenen im Alltag im Wesentlichen
- Wahlmöglichkeiten zu haben und Entscheidungen (alleine oder mit geringstmöglicher Unterstützung) zu treffen,
- Verantwortung für die eigenen Entscheidungen zu übernehmen und
- Interessen zu äußern und diese auch zu vertreten.

Menschen mit Behinderung sollen umfassend und aktiv bei der Entwicklung und Veränderung von Angeboten beteiligt werden, die sie maßgeblich betreffen.

Die Budo-Pädagogik ist auch eine werteorientierte Pädagogik. Sie beinhaltet eine liebevolle Zuwendung der Beteiligten in Verbindung mit dem Einfordern von Anstrengung (auch über längere „Durststrecken") und Disziplin. Wichtig als charakterliche Eigenschaften sind Respekt vor sich und den anderen, Verlässlichkeit und Hilfsbereitschaft. Erreicht werden können u.a.
- das Gefühl des Stolzes nach einer gemeisterten Anstrengung,
- ein Glückserlebnis beim Erreichen einer neuen Fähigkeit oder
- die Geborgenheit in einer stabilen Gemeinschaft.

### Ganzheitlicher Ansatz der Budo-Pädagogik (das Wesen des Budo)

Der ganzheitliche Ansatz ist ein wichtiges Grundprinzip in der Budo-Pädagogik. Der Mensch wird als ganze Person auf seiner seelischen, geistigen und körperlichen Ebene betrachtet (vgl. Heckmayer/Michl: 1998, S. 257; Hufenus: 1993, S. 86). Das unmittelbare Lernen auf kognitiver, emotionaler, sozial-affektiver und praktisch anwendbarer Ebene bildet die Grundlage erzieherischer und auf praktische Umsetzung ausgerichteter Überlegungen, die auf eine positive Beeinflussung des Charakters und Persönlichkeit hinzielen.

Budo-pädagogisches Handeln ist durch körperbezogene, emotionale, soziale und physisch erfahrbare Situationen gekennzeichnet. Ähnlich wie in der Erlebnispädagogik, bildet hier das Lernen mit

Herz  Mitgefühl entwickeln, keinem Anderen schaden zufügen

Hand  Erleben und Beherrschen des eigenen Körpers durch das Erlernen der geeigneten Technik

Verstand  Wahrnehmung durch kinästhetisches Lernen (Lernen durch eigenes körperliches Tun) verbessern

eine wichtige Leitmaxime.

**Übergreifende Zieles sind:**

↘ Gesellschaftliche Integration

↘ Entwicklung der Persönlichkeit

↘ Erhalt der Gesundheit

**Geplante Ergebnisse sind:**

→ Gleichgewichts- und Koordinationsvermögen erhöhen
→ Ausgleich von Bewegungsmangel
→ Erhalt der körperlichen Leistungsfähigkeit

→ Verbesserung der Körperwahrnehmung
→ Gefühlsregulation/Entspannung
→ Bereitschaft zur regelmäßigen Teilnahme verbessern

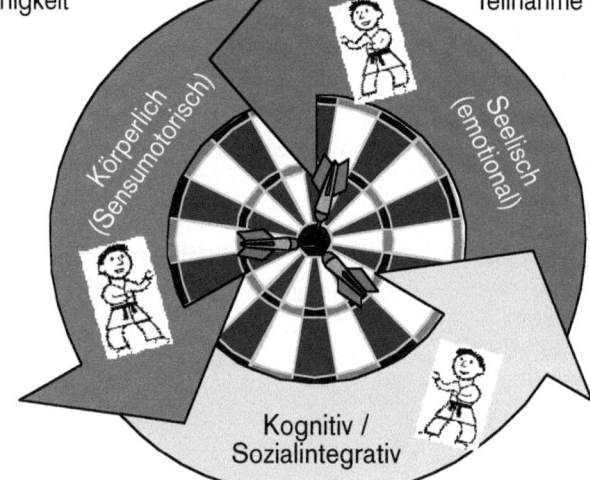

→ Gegenseitige Akzeptanz und Wertschätzung der Persönlichkeit
→ Erleben von Geborgenheit/eines Wir-Gefühls
→ Erkennen und Akzeptieren von Grenzen
→ Übernehmen von Mitverantwortung gegenüber Schwächeren
→ Entwickeln von Beziehungen
→ Kooperatives Verhalten
→ Transfer des Erlernten in andere Lebensbereiche

*Abb. 2*

## Methodische Grundsätze

1. Beim Üben lernen anstatt Übungen zu lernen
2. Betonter Einsatz der Körpersprache (Haltung und Gestik)
3. Nicht alles zeigen und erklären, um so Raum für eigene Entwicklungen zu lassen, die wiederum als Positivbeispiele aufgegriffen werden können
4. „Begreifen" durch „Anleiten" (Lernen durch Lehren)
5. Regelmäßigkeit führt zu Nachhaltigkeit
6. „Wandlung" der Rollensituation: Die Angriffsenergie (Aggression des Angreifers) wird in der Interaktion durch den Verteidiger genutzt und durch geschickte Richtungsänderung erlangt dieser die Kontrolle über den Angreifer.

7. Unmittelbare und direkte Rückkoppelung: Jede Aktion löst eine angemessene Reaktion (Prinzip: Aktion – Reaktion) aus. Beispielhaft sind dies:
   a) Bewusstes Ignorieren von Aktionen, die der selbstbezogenen Aufmerksamkeit dienen,
   b) Konsequentes Unterbinden von regelwidrigem Verhalten,
   c) Bestätigung oder Korrektur durch Anpassung oder Widerstand. Eine in der Richtung und Intensität zweckmäßige Bewegung wird zugelassen. Dagegen wird die unsachgemäße Bewegung im Verlauf korrigiert, oder wenn dies notwendig erscheint, beendet.

Diese methodischen Grundsätze werden durch folgende Leitprinzipien unterstützt:
1. ZENtrieren und Entfalten (Sensibilisierung der Achtsamkeit – innere Klärung und Stabilität – erkennen/erspüren von Möglichkeiten – klare und konzentrierte Wirkung nach außen)
2. Gute Aufnahme und Lenkung der vorhandenen Energie (Sei Ryoku Zen Yo)
3. Gemeinsames Gedeihen (Ji Ta Kyo Ei)
4. Unterstützung der Entscheidungsfindung und Erweiterung der Handlungskompetenz durch Zurückhaltung in der Lenkung des Geschehens (Wu wei)

Wichtig ist auch das Prinzip der Beidseitigkeit (Verbesserung des Körperschemas) – i.d. R. ist der Mensch nur mit einer Körperhälfte (seiner „Schokoladenseite") in der Lage, für sich koordinatorisch zufriedenstellende Leistungen zu erbringen. Die Auseinandersetzung mit der „schwachen Seite" ist ein wichtiger Ansatz, diese Ungleichheit in Richtung einer ganzheitlichen Körpererfahrung zu verändern. In einem „verzerrten" Körperschema fällt die eigene körperliche Orientierung und, davon ausgehend, die Orientierung in der Umwelt schwer. Die in den Systemen des Aikido, Judo, Qigong und Shiatsu enthaltenen Übungen tragen dazu bei, die einzelnen Körperteile durch die bewusste Wahrnehmung von Zug, Druck, Drehung und Widerstand zu spüren und unbewusst einem Gesamtbild zuzuordnen.

Die Berücksichtigung der Bedürfnisse und Begabungen von Menschen mit Behinderung und die daraus eingeleitete Entwicklung ihrer Kompetenzen erfordert gezielte pädagogische Maßnahmen und eine zielgruppenorientierte, auf die einzelne Person hin abgestimmte Vorgehensweise. Grundlagen sind hier die Budo-spezifischen Wesenselemente und die Erkenntnisse der westlichen Pädagogik, über die unter anderem erwünschte prosoziale Verhaltensweisen erprobt und gefestigt werden können. Ein auf dem Budo basierendes Angebot ermöglicht vielseitige Erlebnis- und Erfahrungsangebote zur Unterstützung der Entscheidungsfähigkeit. Erfolg und Zufriedenheit beruhen auch auf der Möglichkeit eigene Entscheidungen treffen zu können und zu dürfen.

Die Angebote im Budo versuchen immer, Geist, Seele und Körper („mit Kopf, Herz und Hand") gleichzeitig anzusprechen.

## Handlungsmodell

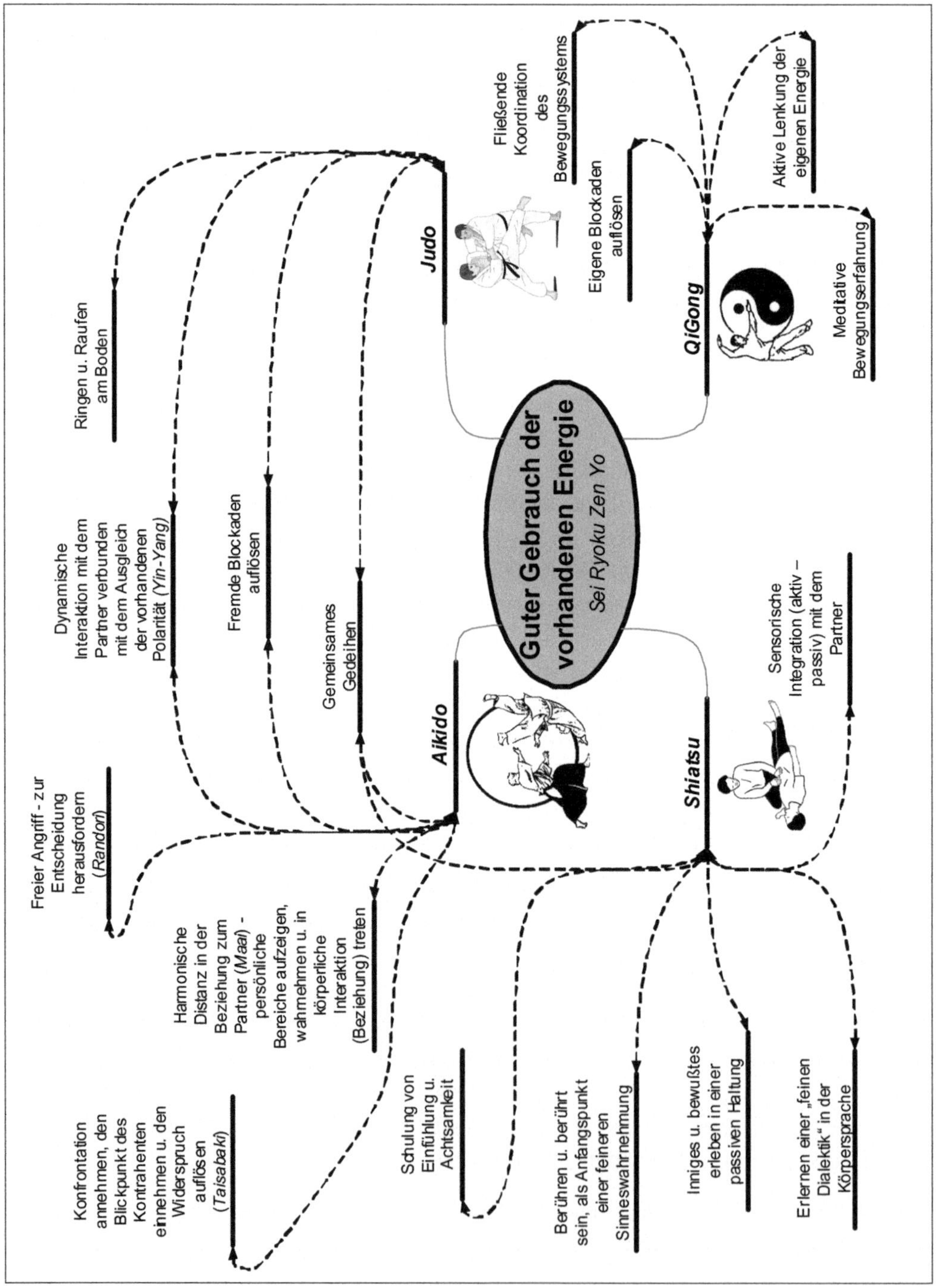

Ringen u. Raufen am Boden

Dynamische Interaktion mit dem Partner verbunden mit dem Ausgleich der vorhandenen Polarität (Yin-Yang)

Fremde Blockaden auflösen

Gemeinsames Gedeihen

Freier Angriff - zur Entscheidung herausfordern (Randori)

Harmonische Distanz in der Beziehung zum Partner (Maai) - persönliche Bereiche aufzeigen, wahrnehmen u. in körperliche Interaktion (Beziehung) treten

Konfrontation annehmen, den Blickpunkt des Kontrahenten einnehmen u. den Widerspruch auflösen (Taisabaki)

Schulung von Einfühlung u. Achtsamkeit

Berühren u. berührt sein, als Anfangspunkt einer feineren Sinneswahrnehmung

Inniges u. bewußtes erleben in einer passiven Haltung

Erlernen einer „feinen Dialektik" in der Körpersprache

**Judo**

**QiGong**

Fließende Koordination des Bewegungssystems

Eigene Blockaden auflösen

Aktive Lenkung der eigenen Energie

Meditative Bewegungserfahrung

**Guter Gebrauch der vorhandenen Energie**
*Sei Ryoku Zen Yo*

**Aikido**

**Shiatsu**

Sensorische Integration (aktiv – passiv) mit dem Partner

*Abb. 3: Systemspezifische Ressourcen*

## Anwendung der Handlungsprinzipien

Stehen beim Aikido und Judo vorwiegend die Interaktion zwischen „Angreifer" und seinem Partner im Vordergrund, der eine angemessene, aggressionsfreie Antwort auf diesen Impuls sucht, so wird beim Qigong und beim Shiatsu die Wahrnehmung des eigenen Körpers intensiver angesprochen. Qigong beinhaltet einfache, auch von Menschen mit kognitiver Behinderung nachvollziehbare und doch körperintensiv wirkenden Bewegungsabläufe. Diesen leicht zu erlernenden Übungen liegt das Prinzip der Meridianarbeit zugrunde. Nach der Theorie der Traditionellen Chinesischen Medizin (TCM) ist die Basis allen Lebens die Lebensenergie Qi (jap. Ki), die im Körper in Leitbahnen, den so genannten Meridianen, fließt.

Ziel der Übungen ist es, diese Energie durch das Dehnen der Meridiane, An- und Entspannen, Heben und Senken des Körpers in einen besseren Fluss zu bringen. Wesentlich ist die auf die Übung abgestimmte Atmung. Anspannung und Entspannung werden im Atemfluss erlebt. Die Spannung erhöht sich beim Einatmen, um mit dem Ausatmen wieder abzuklingen.

Die auf der körperlichen Ebene gemachten Erfahrungen sind grundlegend für weitere Erkenntnisse im kognitiven Bereich.

## Stundenverlauf und -inhalt (Gesamtdauer 120 Minuten)

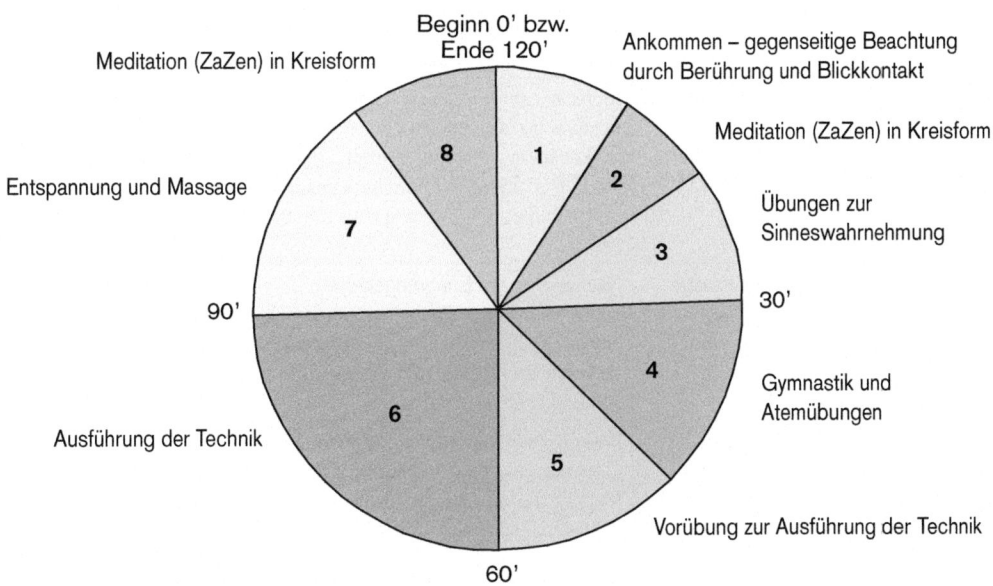

*Abb. 4*

| Nr. | Aktivität | Inhalt | Emotion bzw. Energie |
|---|---|---|---|
| 1 R*) | Ankommen, alle Teilnehmer begrüßen sich paarweise, ein Ritual mit Handgruß und Verneigung (Geste der Wertschätzung) und Raumgewöhnung | Gegenseitige Beachtung durch Berührung und Blickkontakt. Bezeugung von Respekt und Demut durch verneigen (Zuneigung). Der Lehrer erhält eine Information über die Befindlichkeit jedes Schülers. | Noch von äußeren Einflüssen bestimmt |
| 2 R*) | Meditation (Zazen) in Kreisform | Seinen Platz in der Runde finden. Sich mit Unterstützung der Gruppe konzentrieren und beruhigen (den Atem bewusst in den Bauch lenken und beobachten). | Ruhe (Element Wasser) |
| 3 V*) | Sinneserfahrung | Sich mit der Situation vertraut machen, mit dem Partner in Kontakt (Beziehung) treten. Den eigenen Körper bewusst wahrnehmen. | Entfaltung von eigener Energie (Übergangsphase) |
| 4 V*) | Gymnastik und Atemübung | Sich zentrieren und sein Körperschema als Wirkraum erfahren. Sich mit Übungsteilen einbringen können. Anspannung und Entspannung mit der Lenkung des Atems verbinden. Körpergefühl steigern. | Energetisches Wachstum (Element Holz) |
| 5 V*) | Vorbereitung der Technikausführung | Standsicherheit in Bewegung übertragen. Achtsamkeit für sein Umfeld entwickeln, das Gleichgewicht bewusst aufgeben (sich fallen lassen) und die damit verbundenen Ängste abbauen. | Vom statischen zum dynamischen Zustand (Übergangsphase) |
| 6 V*) | Ausführung der Übungen (4 Felder = 4 x X Möglichkeiten) | Möglichkeiten zur Übungsauswahl entsprechend der momentanen Befindlichkeit haben. Anregung (Konfrontation) zur Entscheidung mit gezielter Lenkung (Eingriff) durch Aktivierung bzw. Zurücknahme. | Einsatz der vorhandenen Energie (Element Feuer) |
| 7 V*) | Entspannung und Massage | Nachspüren der Erfahrungen und taktile Stimulation. Zeit haben um in sich hineinzuspüren. Intensive Wahrnehmung des eigenen Körpers und rückmelden von Gefühlen. | Wechsel von Aktivität auf Passivität (Element Erde) |
| 8 R*) | Rückmeldung und Austausch (Mondo) und Meditation (Zazen) in Kreisform | Reflexion der Veränderung, Beobachtungen, Hinweise auf Befindlichkeit, Mitteilung von (Un-)Zufriedenheit und Wünschen, Rückkehr zur Ruhe. | Ruhe (Element Wasser) |

*R = Ritual, V = in der Ausführung variabel – Durchführung: 1x pro Woche, Freitagabend von 18 – 20 Uhr*

### Was ist zu berücksichtigen (Anamnese)

Die Teilnehmer erhalten von ihrem Arzt eine Verordnung für Rehabilitationssport. Diese enthält Angaben über

1. Diagnose, ggf. Nebendiagnosen,
2. Funktions-/Belastungseinschränkungen,
3. Aktivitätseinschränkungen,
4. Ziel des Rehabilitationssports.

Die Angaben werden in einem Instrument zur Ermittlung der Kompetenzen von Menschen mit kognitiver Behinderung aufgenommen. Diese werden besonders bei der individuellen Planung und Umsetzung der Übungsinhalte berücksichtigt.

### Evaluation

Die Evaluation dient der Überprüfung, ob die Entwicklung im Sinne der Zielsetzungen erfolgreich verlaufen ist. Deshalb erfolgt zum Ende jeder Übungseinheit eine kurze Reflexion zwischen Lehrer und den Teilnehmern über besondere Erlebnisse, Fortschritte, Schwierigkeiten oder Wünsche. Wesentliche Entwicklungen werden in eine Verlaufdokumentation eingetragen.

## Faktoren zur Überprüfung

In den Verbesserungsprozess werden folgende Aspekte mit einbezogen

1. Richtlinien der Sozialgesetzgebung (SGB V/SGB IX),
2. Mensch (Berücksichtigung von Wünschen, Bedürfnissen und Begabungen),
3. Messung (Wirksamkeit und Zufriedenheit),
4. Methode (Zielplanung, Verlaufsdokumentation und Fragebogen),
5. Milieu/soziales Umfeld (Informationsaustausch und Kooperation).

### Bildnachweis:

Abb. 1: Eigene Bildquelle – „Balance & Bewegung"
Abb. 2: Lehrgangsabschnitt 6 im Budo-Pädagogik Kurs IV, 2005 – 2007
Abb. 3 und 4: Eigener Entwurf
Abb. 5 und 6: Microsoft Clipart
Sämtliche andere Tabellen und Diagramme wurden vom Autor erstellt

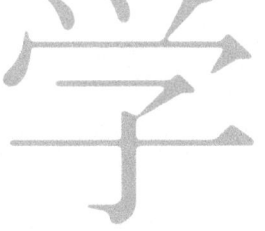

### Glossar

### Aikido

Weg zur Harmonisierung der Energie: Kampfkunst, die wie das Judo im vorigen Jahrhundert aus dem Jujutsu entwickelt wurde. Beim Aikido weicht man dem Angriffen des Gegners durch fließende, kreisförmige Bewegungen aus und nutzt dessen Impuls, um ihn aus dem Gleichgewicht zu bringen, ihn zu Boden zu werfen und mit Hebelgriffen festzuhalten. Aikido ist neben Tai Chi Chuan die sanfteste Kampfkunst. Im Aikido gibt es keine Wettkämpfe und damit auch keine Sieger und Verlierer.

### Autonomie/Selbstbestimmung

Bezieht sich auf alle Fähigkeiten und Kenntnisse, die notwendig sind, um an den Angeboten teilnehmen zu können. Die Abhängigkeit von fremder Hilfe wird damit schrittweise reduziert. Das Selbstwertgefühl entsteht durch die Fähigkeit des Erlebens eigener Kompetenz und durch das Umsetzen sozialer Kompetenzen gegenüber anderen. Selbstbestimmung ist stets im Spannungsverhältnis zu Fremdbestimmung zu verstehen. Mindestens zwei Aspekte sind involviert: Zum einen meint Selbstbestimmung als Person etwas zu bestimmen, Entscheidungen für sich zu treffen (z.B. wann sie ins Bett geht, was sie anzieht), zum anderen sich als Person zu bestimmen, d.h., als Person zu erkennen und zu entscheiden, was und wer die Person sein will und sein kann. Der Mensch mit Behinderung wird in die Entscheidungsfindung einbezogen und beeinflusst die Umsetzung der Angebote mit. Einschränkungen ergeben sich über die festgelegte Etikette, Regeln, Normen, Werte, sowie Notwendigkeiten zur Gefahrenabwehr, Sicherstellung der Gesundheit und Hygiene (http://bidok.uibk.ac.at/Library/ziemen-gleichstellung.html).

### Bu

Den Speer abwehren, den Kampf beenden

### Dojokun

Die Regeln des Budo

### Empowerment

bedeutet so viel wie Selbst-Ermächtigung. Betroffene sind „Experten in eigener Sache" und wenden sich gegen Diskriminierung, Aussonderung, Verdinglichung, mit dem Ziel, ihr Leben zu gestalten und sich selbst zu bestimmen (http://bidok.uibk.ac.at/Library/ziemen-gleichstellung.html).

### Fähigkeiten und Fertigkeiten

werden durch eine Kombination von Bildung, Übung, Ausdauer und Fleiß, Interesse oder durch Intuition erworben. Fähigkeiten bezeichnen auch „schon vorhandenes Können", wie die Fähigkeit zu sehen, hören, schmecken, fühlen oder die Motorik, usw. (http:/wikipedia).

### Handlung (als Einstellung und Haltung)
Im äußeren Sinn als Zweck und im inneren Sinn als Art und Weise wie sie vollzogen wird (Dürkheim, K. Grad: Erlebnis und Wandlung; Bern/München/Wien 1992).

### Harmonie (griech. Harmonia = (Zusammen-) Fügung)
Die Gegensätze in einem Ganzen aufheben. Wichtiges Prinzip im Aikido, Judo, Qigong, Shiatsu, das sich aus der Lehre des Tao (Yin und Yang) ergibt. Harmonie in der Pädagogik bedeutet eine allseits gut entwickelte Persönlichkeit.

### Humanismus
Philosophie und Weltanschauung, die sich an den Interessen, den Werten und der Würde des einzelnen Menschen orientiert. Toleranz, Gewaltfreiheit und Gewissensfreiheit gelten als wichtige Prinzipien menschlichen Zusammenlebens (http:/wikipedia).

### Integration
Eingliederung behinderter Menschen in die bestehende Gesellschaft.

### Hara
Wörtlich Bauch – entspricht in der Position genau dem Körperschwerpunkt (etwa drei Zentimeter unterhalb des Nabels). Der Bauch ist nach japanischem Verständnis das energetische Zentrum des Menschen. In ihm sind Kraft, Ausdauer, Integrität und Feinfühligkeit angesiedelt. Das Hara wird auch das Meer des Ki genannt. In den japanischen Bewegungskünsten beginnt jede Aktivität „aus dem Hara" heraus. Diese ist erfüllt von einer lebendigen Kombination aus Energie, Entspannung und Konzentration (Beresford-Cooke, C.: Shiatsu. Grundlagen und Praxis, München 2001).

### Judo
Der „sanfte Weg": Kampfkunst, die 1882 von dem japanischen Pädagogen Dr. Jigoro Kano aus dem Jujutsu entwickelt wurde. Beim Judo wird der Gegner unter Nutzung seiner Angriffskräfte aus dem Gleichgewicht gebracht und durch Hebel-/Haltetechniken oder Würfe zur Aufgabe des Kampfes bewegt.

## Ki

Ki ist das japanische Äquivalent zum chinesischen Qi. Die Lebensenergie Ki manifestiert sich im menschlichen Organismus auf körperlicher, seelischer und geistiger Ebene. Ki ist das Prinzip, das uns Energie bereitstellt, wärmt und vor äußeren Einflüssen schützt, da es auf der körperlichen Ebene Vermittler von Bewegung und Umwandlung ist. Ungehindert fließendes Ki befähigt uns auf der psychischen Ebene gleichermaßen zur Veränderung unserer Stimmungslage und zum Wechsel zwischen verschiedenen Emotionen (Beresford-Cooke, C.: Shiatsu. Grundlagen und Praxis, München 2001).

## kinästhetisch

Über die Bewegung und Muskelempfindung wahrgenommen. Kinästhetisch ausgerichtete Menschen lernen leichter, wenn Bewegungen in den Lernprozess miteinbezogen werden (http:/wikipedia).

## Kognitiv

Auf das Wissen, Verstehen, Denken der Person bezogen. Kognitive Lernziele beschreiben alles, was mit dem Verstand erfasst wird, sowohl Faktenwissen, als auch kreative Anwendung von Wissen und das Lösen von Problemen (http:/wikipedia).

## Können

Bezeichnet die praktischen Fertigkeiten, die ein Mensch beherrscht oder vollbringen kann bzw. die Summe seiner Erfahrungen (http:/wikipedia).

## Meridiane

Energiebahnen, in denen die Lebensenergie Ki durch den ganzen Körper fließt. Auf diesen Bahnen liegen auch die Akupunkturpunkte.

## Mondo

Lehrgespräch

## Normalisierung

Menschen mit geistiger Behinderung sollen an den in der Gesellschaft vorhandenen Möglichkeiten ohne Einschränkungen teilhaben können (SGB IX). D.h. dass die Reduzierung von Barrieren Vorrang vor zielgruppenspezifische Sonderformen hat. Diese sind nur in Fällen notwendig, wo der Mensch mit Behinderung diese zu einer besonderen Entfaltung seiner Möglichkeiten benötigt.

### Persönlichkeitsentwicklung

Die körperorientierten Angebote und die differenzierte Förderung sind Teil der Weiterentwicklung der Gesamtpersönlichkeit des Menschen mit Behinderung. Dies beinhaltet die Selbstwahrnehmung, das Selbstwertgefühl und die Akzeptanz von Grenzen.

### Qigong

Qi (jap. Ki) steht für Lebensenergie und Gong für beständiges Üben. Qigong ist eine altchinesische Bewegungslehre, die auf eine Harmonisierung gegensätzlicher Kräfte im Körper zielt und den gesamten Organismus kräftigt. Sie eignet sich besonders zum Abbau von Spannungen und zu einer Verbesserung des Körpergefühls.

### Reflexion (Pädagogik)

Nachdenken über eine vergangene pädagogische Situation gemeint, die damit noch einmal von allen Seiten beleuchtet und untersucht wird, um sie besser zu verstehen und bewusst zu lernen (http:/wikipedia).

### Reigi

Etikette ist Ritus und Ordnungsrahmen mit folgenden Zwecken:
1. Ermöglichung von guter Orientierung und Sicherheit
2. Erhöhung der Aufmerksamkeit und Konzentration
3. Forderung eines respektvollen Miteinanders
4. Förderung von Gemeinschaftsgefühl und Gruppenidentität

### Ritual

Geregelter, in bestimmten Zusammenhang wiederkehrender Vorgang. Rituale im Budo dienen der Wertschätzung, Orientierung und Ordnung

### Shiatsu

Japanische „Finger-Druck". Shiatsu ist eine Form der energetischen Körperarbeit. Bei der Ausführung werden die Fingerkuppen, Fingernägel, Handballen, Ellenbogen, Knie und Füße eingesetzt. Durch Berührung, Druck, Dehnung, Rotationen sowie Lockerungstechniken wird der Körper sensorisch stimmuliert und der Spannungszustand (Kyo – Jitsu) ausgeglichen.

### TCM (Traditionelle chinesische Medizin)

Die Grundlage der TCM ist der Taoismus, eine philosophische Betrachtungsweise des Lebens, die die gesamte innere Gesetzmäßigkeit der Natur beschreibt. TCM gründet sich auf fünf Säulen der Behandlung: Akupunktur, Massage, Wärmebehandlung, Ernährung und aktive Bewegungslehre (Qigong).

### Üben

Leibesentwicklung zur Sinnes- und Welterfahrung durch sinnhaftes Zusammenfügen von Bewegungsfolgen (Bollnow, O. F.: Vom Geist des Übens; Stäfa (Schweiz) 1991)

### Übung

Ausbildung von Fähigkeiten ohne festgelegtes Ergebnis (prozess-/wegorientiert). Wesentlich ist der subjektiv empfundene Zuwachs an Können.

### Wandlungsphasen

In der traditionellen chinesischen Medizin gibt es 5 Wandlungsphasen, die sich einander begünstigen oder schwächen: Holz, Feuer, Erde, Metall und Wasser.

*Abb. 5*

### Yin und Yang

Ist ein Gegensatzpaar aus der chinesisch taoistischen Philosophie. Bei Yang handelt es sich um das Prinzip Himmel (Tai), bei Yin um das Prinzip Erde (Ji). Der Übergang von Yin zu Yang ist dabei fließend – das Eine bedingt das Andere. Die Beziehung von Yin und Yang orientiert sich an den acht Leitkriterien, wobei auch das Yin und das Yang als Leitkriterium gilt:

*Abb. 6*

| **Yang:** Himmel (Tai) | **Yin:** Erde (Ji) |
| --- | --- |
| Außen (Biao) | Innen (Li) |
| Fülle (Shi) | Leere (Xu) |
| Hitze (Re) | Kälte (Han) |

Beim Ausüben von *Aikido, Judo, Qigong* und *Shiatsu* spielen diese Leitkriterien eine elementare Rolle. Die Partner nehmen z.B. in der Interaktion des „Zweikampfes" eine wechselnde Aktive und Passive Rolle ein.

### Zazen

Za = Sitzen; Zen = Methode zur Selbsterkenntnis in Form von Meditation, Eins-sein mit dem Ursprung. Za-Zen bedeutet Meditation im Sitzen

### Zen

Versenkung, Meditation, spiritueller Weg

Stefan Brüning

# Budo-pädagogischer Stockkampf als Konzept zur ganzheitlichen Förderung von adipösen Jugendlichen

## Philippinische Kampfkünste für ein positives Körpergefühl

### Einleitung

Dieser Artikel beschreibt mein Konzept für ein Budo-pädagogisches Projekt gleichen Namens. Dabei wird die zu erwartende Zielgruppe analysiert, eine auf die Bedürfnisse der Zielgruppe passende Konzeptidee vorgestellt sowie die Besonderheiten der philippinischen Kampfkünste, die schwerpunktmäßig herangezogen werden, beschrieben. Abschließend wird eine exemplarische Übungseinheit vorgestellt. Die Idee entstand auf dem zweiten internationalen Filipino Martial Arts Festival 2004 in Dortmund, als ich viele sehr beleibte Dan-Träger sah, die unglaublich gut waren. Den Abschluss dieser Arbeit bildet ein Resümee in dem die wichtigen Punkte noch einmal zusammengefasst werden.

### Die Budo-pädagogische Konzeptidee

Die Idee: Durchführung eines Budo-pädagogisches Stockkampfprojekts mit adipösen Jugendlichen im Rahmen des Bewegungsprogramms einer Diätklinik. Die Jugendlichen müssen in dieser Kurklinik neben therapeutischen und ernährungswissenschaftlichen Einheiten auch regelmäßig Sport ausüben. Der Budo-pädagogische Stockkampfkurs ist als ganzheitliche Alternative zu dem eher unattraktiven Ausdauersport angelegt. Idealerweise sind die Kurse altersmäßig strukturiert, so dass möglichst gleichaltrige Jugendliche zusammen in den einzelnen Gruppen sind. Die Gruppengröße sollte auf alle Fälle gerade sein, ideal wären zwölf Teilnehmer.

Neben dem grundlegenden Ziel der Bewegung und Aktivierung der Jugendlichen, wie es aber auch der „normale" Sport leistet, soll mit den Jugendlichen ganzheitlich gearbeitet werden. Die Stoffwechselaktivierung und das Verbrennen von Kalorien ist das primäre Ziel von Seiten der Klinikleitung. Andere „Nebenprodukte", die mit dem Budo-pädagogischen Projekt zusätzlich erreicht werden, sind allerdings willkommen. Pädagogisch sollen die Jugendlichen ihr im Regelfall sehr negatives Körperempfinden durch den Reiz, den die Kampfkünste auf Jugendliche haben, und durch schnelle Erfolgserlebnisse den Spaß an der Bewegung und ein positives Körpergefühl wiederentdecken. Ziel ist es, durch einfache Übungen Erfolgserlebnisse zu schaffen, die das Selbstwertgefühl der Teilnehmer so weit stärken, dass sie auch über das kurzfristige, „kur-begleitende" Projekt hinaus die Freude an den Kampfkünsten behalten.

Das Konzept basiert auf zehn aufeinander aufbauende Einheiten. Das bedeutet, dass den Teilnehmern in jeder Einheit zu lösende Aufgaben gestellt werden, die bereits Vorfreude auf die nächste, kommende Einheit bewirken sollen. Die Art der Aufgaben muss die Teilnehmer fordern, darf sie aufgrund der geringen Frustrationstoleranz aber nicht überfordern. Im diesem Entwicklungsprozess ist ein situatives Auswählen von vorbereiteten Übungen je nach Situation erforderlich. Grundsätzlich gelten die Richtlinien „vom Einfachen zum Schweren" bzw. „vom Bekannten zum Unbekannten". Einfache Übungen können durch kleine Veränderungen schon eine neue Herausforderung darstellen, aber auch die Kombination zweier oder mehrerer einfacher Übungen.

Ein Schwerpunkt ist besonders in der Partnerarbeit zu sehen. Einführend werden Übungen zuerst allein gemacht und anschließend eben als Partnerübungen. Die Auseinandersetzung mit dem Partner in einem festen Rahmen unterstützt ein positives Selbstwertgefühl, fördert aber auch ein sichereres (da durch den Stock getrennt) Inkontaktkommen mit dem Gegenüber.[1]

Durch das gemeinsame Erlernen von etwas Neuen besteht die Möglichkeit des Aufbaus eines Gruppengefühls über die Gemeinsamkeit des „dick seins" hinaus.

Die Frage ob koedukativ (mit Jungen und Mädchen gemeinsam) oder geschlechtsspezifisch (dann als Projekt in der Jungenarbeit) gearbeitet werden soll, lässt sich bisher nicht vollständig beantworten. Dies ist strukturell von der Belegung der Klinik abhängig. Darüber hinaus kann es Sinn machen, die sich in der Pubertät befindenden Jugendlichen zu trennen, da es durch die Adipositas unter anderem auch zu deutlichen Entwicklungsverschiebungen während der Hormonumstellung der Jugendlichen kommen kann.

Eine erfolgreiche Arbeit kann zu einer merklichen Kostenreduzierung im Gesundheitswesen führen, da die Folgeerkrankungen der Adipositas erhebliche Kosten verschlingen.

Die Weltgesundheitsorganisation (WHO) bezeichnete schon vor beinhae zehn Jahren die Adipositas als „globale Epidemie" und beschreibt eine Besorgnis erregende Entwicklung weltweit[2]. Auch in Deutschland hat die Zahl der übergewichtigen bzw. adipösen Kinder und Jugendlichen ein großes Ausmaß angenommen. Die vorliegenden Zahlen zur Häufigkeit sind jedoch uneinheitlich, da ihnen unterschiedliche Messmethoden und Definitionen zu Grunde liegen. Nach Schätzungen sind 5 bis 17 Prozent aller Kinder und Jugendlichen in Deutschland übergewichtig und 1 bis 8 Prozent sind adipös. Laut KiGGS[3] sind die Prävalenzzahlen für Übergewicht um 50 Prozent gestiegen (auf Basis der Referenzdaten von 1985–1999). Die Häufigkeit von Adipositas hat sich sogar verdoppelt (auf Basis der Referenzdaten von 1985–1999). Als Folge von Übergewicht und Adipositas kann es zu einer Reihe von Erkrankungen kommen, die nicht nur die Gesundheit der Betroffenen beeinträchtigen, sondern auch das Gesundheitssystem mit hohen Kosten belasten. Folgen von Übergewicht und Adipositas können sowohl bei Kindern und Jugendlichen, wie auch bei Erwachsenen zu cardiovaskulären[4], orthopädischen und psychischen Erkrankungen führen. Übergewicht und Adipositas sind also nicht nur ein „Gewichtsproblem", sondern stellen bereits im Kindes- und Jugendalter eine ernstzunehmende Gesundheitsstörungen dar.

## Zielgruppenalalyse

Adipositas ist ein Zustand, der durch eine übermäßige Ansammlung von Fettgewebe im Körper gekennzeichnet ist. Adipositas wird heute als eine chronische Gesundheitsstörung verstanden. Sie geht mit einer hohen Begleit- und Folgemorbidität einher und erfordert ein langfristiges Behandlungs- und Betreuungskonzept. Übergewicht und Adipositas sind in der Bevölkerung weit verbreitet. Etwa jeder dritte erwachsene Bundesbürger ist deutlich übergewichtig und sollte aus medizinischen Gründen Gewicht abnehmen. Längst ist unbestritten, dass Übergewicht und Adipositas hohe Kosten für das Gesundheitssystem verursachen. Knapp fünf Prozent aller Gesundheitsausgaben in den Industrieländern werden für die Behandlung der Adipositas und ihrer Folgen aufgewendet. Zur Beurteilung des Gewichts (Unter-, Übergewicht bzw. Adipositas) hat sich seit den 1990er-Jahren weltweit der Body-Mass-Index (BMI) durchgesetzt.

$$BMI \quad = \quad \frac{\text{Körpergewicht (in kg)}}{\text{Körpergröße (in m)}^2}$$

Durch das Wachstum und die Pubertätsentwicklung und den damit verbundenen Änderungen der Körperzusammensetzung unterliegt der BMI typischen alters- und geschlechtsspezifischen Veränderungen. Im Wachstumsalter sollte die Bestimmung von Übergewicht und Adipositas deshalb anhand des altersbezogenen BMI – in Form von populationsspezifischen BMI-Perzentilen für Jungen und Mädchen – erfolgen.

Mithilfe von Referenzwerten (alters- und geschlechtsspezifischen Perzentilen) für das Kindes- und Jugendalter kann der individuelle BMI-Wert bewertet werden. Kinder, die die 90. alters- und geschlechtsspezifische Perzentile überschreiten (deren BMI also höher ist als bei 90 Prozent aller Kinder ihres Alters und Geschlechts), gelten als übergewichtig. Liegt der BMI über der 97. Perzentile, spricht man von „Adipositas". Eine Überschreitung der 99,5. Perzentile wird als „extreme Adipositas" bezeichnet.

Derartige BMI-Perzentile wurden für Kinder und Jugendliche in Deutschland erstellt und deren Benutzung zur Feststellung von Übergewicht und Adipositas empfohlen. Seit 2001 gibt es diese bevölkerungsspezifischen Referenzwerte auch für deutsche Kinder[5]. Auf Grundlage dieses einheitlichen Bewertungsschemas können in Deutschland erhobene Daten in Zukunft besser miteinander verglichen werden.

Die Adipositas ist bereits im Kindes- und Jugendalter mit einer Vielzahl von Folgeerkrankungen verknüpft. Dabei kann man zwischen medizinischen und psychiatrischen Folgeerkrankungen unterscheiden. Diese Folgeerkrankungen bestimmen die hohen Gesundheitskosten der Adipositas und führen zu einer erhöhten Sterblichkeit.

**Folgeerkrankungen der Adipositas im Kindes- und Jugendalter**

**Psychosozial**
Geringes Selbstwertgefühl
Depression
Essverhaltensstörung

**Neurologisch**
Pseudotumor cerebri

**Pulmonal**
Asthma
Schlaf-Apnoe-Syndrom

**Cardiovasculär**
Fettstoffwechselstörung
Bluthochdruck
Chronische Entzündung

**Gastrointestinal**
Gallensteine
Fettleber

**Niere**
Glomerulosclerosis

**Muskuloskeletal**
Femurkopfepiphyseolsis
Plattfuß

**Endokrinologisch**
Typ 2 Diabetes
Pubertas praecox (Mädchen)
Pubertas tarda (Jungen)
Polyzystisches Ovarsyndrom

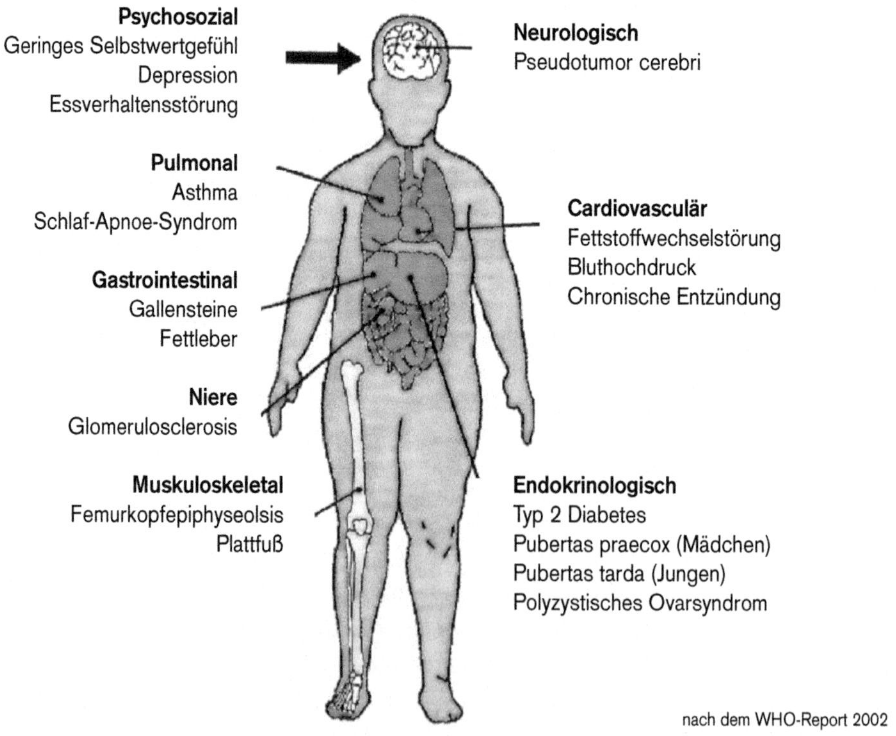

nach dem WHO-Report 2002

Die Ursachen für die Entwicklung von Übergewicht und Adipositas bei Kindern und Jugendlichen sind komplex. Neben genetischen Faktoren werden insbesondere soziale und soziokulturelle Faktoren diskutiert, die einen starken Einfluss auf das Ess- und Bewegungsverhalten in der Familie ausüben. Eine familiäre Belastung[6], eine bestimmte ethnische Zugehörigkeit und ein niedriger sozialer Status[7] sind Risikofaktoren für die Entstehung einer Adipositas im Kindes- und Jugendalter. Menschen aus sozial benachteiligten Bevölkerungsgruppen haben eine geringere Lebenserwartung und eine höhere Krankheitshäufigkeit als Menschen aus höheren Bevölkerungsgruppen. Sie alle führen zur ungünstigen Ernährungsweise und mangelnder körperlicher Bewegung. Kommt es zu einem Missverhältnis von aufgenommener Energie zu verbrauchter Energie, mündet dies langfristig in einer vermehrten Ansammlung von Körperfett.

Um diese Entwicklung zu beeinflussen, werden seit Jahren von unterschiedlichsten Seiten Maßnahmen für übergewichtige und adipöse Kinder und Jugendliche angeboten. Die Zahl dieser Angebote nimmt weiter zu. Nach evidenz-basierten Kriterien ist jedoch die langfristige und nachhaltige Wirksamkeit dieser Maßnahmen noch nicht nachgewiesen. Es gibt weder einen ausreichenden Überblick über die zurzeit in Deutschland angebotenen Interventionen, noch gibt es aussagekräftige und vergleichbare Studien zur Wirksamkeit von präventiven und therapeutischen Programmen. Diese Situation erschwert auch eine entsprechende Regelung durch die Kostenträger.

## Besonderheiten der philippinischen Kampfkünste

Wenn man beginnt sich mit den philippinischen Kampfkünsten auseinanderzusetzen, tauchen drei Begriffe (Arnis, Eskrima und Kali) auf, die im Nachfolgenden, für eine Übersicht erläutert werden. Arnis, Eskrima und Kali sind im Ursprung nach drei verschiedene Wörter aus verschiedenen Quellen, die die philippinischen Kampfkünste beschreiben.

**Arnis** stammt aus dem Spanischen (arnés = Schutz, Rüstung[8]) und kam mit den Conquistadores auf die Philippinen.

**Eskrima** oder Escrima entstammt ebenfalls dem Spanischen und bedeutet so viel wie „Fechten", „Fechtkunst" oder auch „Auseinandersetzung".

Der Ursprung des Begriffes **Kali** ist im Gegensatz zu den beiden Vorhergehenden nicht so eindeutig zu belegen. Ein Erklärungsversuch behauptet, der Begriff Kali würde sich von der indischen Kriegsgöttin ableiten, als während des hinduistischen Imperiums recht rege Handelsbeziehungen bestanden. Eine andere Erklärung sieht den Ursprung des Wortes in einer Verschmelzung der beiden südphilippinischen Worte „**Ka**mot" (Hand) und „**li**hog" (Bewegung). Aber gerade auf Mindanao[9] ist Kali auch der Name des gebogenen

muslimischen Dolches. Die Begriffe Kali, Eskrima und Arnis werden auf den Philippinen häufig synonym benutzt, allerdings kann man grobe regionale Unterschiede ausmachen. So werden in den nördlichen Bereichen die Stile eher mit Arnis, im mittleren Bereich eher Eskrima und im Süden eher Kali genannt.

### Alte Stile – neue Systeme

Die philippinischen Kampfkünste sind in ihrer Gesamtheit, bedingt durch Geografie und Historie, überaus vielschichtig. Die Grundformen, waren natürlich beeinflusst durch die verschiedenen Einwanderer und deren Kampfstile und -künste. Grundsätzlich aber waren die ursprünglichen philippinischen Stile sehr einfach und simpel, da die meisten Filipinos Fischer und Bauern waren und den größten Teil ihrer Zeit mit Arbeit verbrachten. Nur sehr wenige reiche Inseln, Familien oder Dörfer konnten sich „Krieger" leisten.

Erst im letzten Jahrhundert begannen die Filipinos sich ihrer Geschichte zu besinnen und fingen an, alte Stile zu neuen Systemen zusammenzustellen.[10] So ist es neben den Gründen der Vermarktung auch zu erklären, dass es sehr viele Stile bei den philippinischen Kampfkünsten gibt.

Grundsätzlich gibt es aber einige Gemeinsamkeiten aller philippinischen Kampfkünste:
- Das Training beginnt mit dem Waffentraining. Anders als bei den traditionellen japanischen oder chinesischen Kampfkünsten, in denen erst ab höheren Graduierungen mit Waffen trainiert wurde.[11] Dies beruht auf der Tatsache, dass nahezu jeder Filipino eine Machete bzw. ein Balisong[12] im täglichen Gebrauch dabei hatte.
  Im Training wird mit ca. 60 bis 70 Zenitmeter langen Rattanstöcken gearbeitet, die symbolisch für die scharfen Macheten (Bolos) verwendet werden, um Verletzungen zu vermeiden. Im Laufe der Zeit haben sich daraus auch reine Stockkampfkünste entwickelt.

- Eine weitere Gemeinsamkeit ist die „Übertragbarkeit der Techniken", was so viel bedeutet, dass Techniken mit einem Stock genauso mit zwei Stöcken, mit einem Messer, waffenlos oder mit einem Langstock ausgeführt werden können. Dabei bleiben die Techniken und die Bewegungsabläufe gleich. Lediglich die Distanz zum Partner und die Größe der Bewegungen passt sich der entsprechenden Waffe oder Situation an. Damit verbunden ist die von Anfang an trainierte Übertragung der Techniken auf die schwache (meistens linke) Hand. Dies führt zu einer erheblich verbesserten Rechts-Links-Koordination und damit zu einem Training beider Gehirnhälften[13].

- Eine weitere Besonderheit der philippinischen Kampfkünste ist, dass es bei ihnen keine Technikabfolgen im traditionellen Sinn gibt. Alle Übungen und Techniken werden in so genannten „flow drills" trainiert. Dies kann man am ehesten mit situativem Miteinanderspielen beschreiben. Das am Spaß der Lernenden orientierte und somit angstfreie Lernen von verschiedenen, zum Teil auch gefährlichen Techniken ist ein zentraler Aspekt in den philippinischen Kampfkünsten. Dies erfordert eine sehr starke Konzentration und fördert das intuitive und situative Handeln. Auch koordinativ ist das Training anspruchsvoll, da zum Teil mit zwei Stöcken oder mit dem Stock in der „falschen" (meist linken) Hand trainiert wird.

Daraus ergibt sich auch, dass viele Übungen zuerst sehr langsam, fast meditativ trainiert werden (müssen), da Waffen, Arme und Beine miteinander in Einklang gebracht werden.

### Ein gesundes Selbstwertgefühl

Die philippinischen Kampfkünste sind nicht so konsequent in den spirituellen Rahmen eingebunden wie die traditionellen Kampfkünste, allerdings gibt es verschiedene Berührungspunkte zwischen ihnen und den chinesischen bzw. japanischen Philosophien. Ähnlich der Erlebnispädagogik werden auch in den philippinischen Kampfkünsten Verantwortungsbewusstsein, soziale Kompetenz, ein besseres Körpergefühl und damit ein besseres Selbstbewusstsein bzw. Selbstwertgefühl entwickelt. Nach Kuhn[14] und Marquardt[15] können allerdings auch dem westlichen Boxen pädagogische Werte für Jugendliche zugeschrieben werden.

Die ersten Erfolge im Umgang mit den Stöcken stellen sich erfahrungsgemäß in recht kurzer Zeit ein und die Lernenden erleben Erfolgserlebnisse und somit positive Verstärkungen. Je besser die Lernenden werden, umso komplexer können auch die Anforderungen sein. Die körperlichen Herausforderungen wachsen mit.

Neben den rein körperlichen Entwicklungsmöglichkeiten wie dem Erlernen von Techniken, dem Erreichen von Kraft, Ausdauer, Flexibilität, Kondition und Koordination, werden auch soziale Kompetenzen, wie zum Beispiel der verantwortungsbewusste Umgang mit seinem Partner und auch seelische Elemente wie ein Aufbau eines gesunden Selbstwertgefühls gefördert.

In den philippinischen Kampfkünsten [16] zeigen sich erstaunlich viele Parallelen zwischen deren Übungen und denen des BrainGym oder auch dem „Neurobics" von Arnold Gehlen. Natürlich sind die Hintergründe bei der Edu-Kinesiologie andere als bei den philippinischen Kampfkünsten. Die Edu-Kinesiologie als Gymnastik für das Gehirn ist auf eine Leistungssteigerung der kognitiven Fähigkeiten ausgerichtet. Die philippinischen Kampfkünste hingegen haben ihren Ursprung in der Verteidigung. Dennoch sind erstaunlich viele Übungen und Trainingsformen identisch.

### Figure 8 – die liegende Acht

An dem Beispiel der „liegenden Acht" in der folgenden Bilderreihe soll die Ähnlichkeit verdeutlicht werden. Diese Übung wird in den philippinischen Kampfkünste als „Figure 8" oder „Otcho Otcho" genannt und ist eine der rudimentärsten Übungen, die in verschiedenen Variationen immer wieder auftaucht.

Liegende Acht

Die Übung der liegenden Acht auf dem linken Bild kommt aus dem BrainGym. Sie ist eine Übung zur Konzentrationsförderung.

Auf den Bildern auf der rechten Seite ist eine Trainingsform aus den philippinischen Kampfkünsten zu sehen. Einfache Schläge mit dem Stock sollen in eine fließende Bewegung umgesetzt werden. Ein wesentlicher Bestandteil der philippinischen Kampfkünste sind die Übungen bzw. Techniken mit zwei Stöcken (Sinawali).

Der Übende führt mit jeder Hand einen ca. 60 bis 70 Zentimeter langen Rattanstock. Anfangs bewegt er die Stöcke abwechselnd nach rechts und nach links. Später werden beide Stöcke gleichzeitig entweder nach links oder nach rechts geführt. Zum Schluss werden beide Stöcke komplett unabhängig von einander bewegt.

Die philippinischen Kampfkünste fördern, wenngleich nicht intensional, die koordinativen Fähigkeiten der Trainierenden. Dadurch werden wie beim BrainGym sowohl die kognitiven Fähigkeiten als auch weitere körperliche Attribute wie die kinästhetische Wahrnehmung, der Vestibularsinn[17] gestärkt.

## Exemplarische Unterrichtseinheit

Diese Rahmenstruktur bleibt für alle zehn Kurseinheiten gleich. Je nach Leistungsstand, Problemlagen und Fortschritten der Teilnehmer werden die Inhalte auf die jeweilige Teilnehmergruppe zugeschnitten. Eine Besonderheit der ersten Unterrichtseinheit ist die Einrichtung eines „Shomens", als Element zur Schaffung einer gemeinsamen Gruppenidentität.

Basierend auf den sportwissenschaftlichen Erkenntnissen sind auch die Budo-pädagogischen Kurseinheiten in die Aufwärmphase, die Hauptphase und eine Cool-Downphase gegliedert. Dieser Rahmen wird dann mit Budo-pädagogisch aufgewerteten Technik- und Übungselementen der philippinischen Kampfkünste gefüllt.

### Vor dem eigentlichen Beginn

Die Schüler ziehen sich um. Es ist angedacht, dass sie einheitliche schwarze Gi-Hosen tragen und Kurs-T-Shirts. Jeder Teilnehmer legt vor dem Beginn der Kurseinheit etwas, das ihm/ihr wichtig ist, auf den „Shomen", der in der ersten Einheit mit allen eingerichtet wird. Dann holen sich die Teilnehmer ihre Trainingsstöcke.

### Beginn

Begonnen wird mit dem gemeinsamen Angrüßen: untypisch für die philippinischen Kampfkünste, im Sitzen mit einem kurzen einstimmenden Stillsitzen (Zazen).

### Aufwärmphase

*Palakas Pulso.* Aufwärmübungen für Arme und Handgelenke mit zwei Stöcken in Verbindung mit Übungen zum Erwerb eines Gefühls für den Stock (Koordinations- und Blanceübungen).

*Sinawali.* Vorgegebene Schlagmuster mit zwei Stöcken und Partnern. Diese können je nach Leistungsstand der Teilnehmer Schlaganzahlen von 2 bis 12 haben und in Verbindung mit zusätzlicher Beinarbeit (Bewegungslehre) oder anderen Aufgaben geübt werden.

*ABCDarios* sind in den philippinischen Kampfkünsten die Grundlagen mit einem Stock. Die Übungen werden als Soloübungen geübt. Ähnlich der Kihon zum Beispiel im Karate.

*Sumbrada* sind vorgegebene abwechselnde Angriffs- und Abwehrkombinationen.

### Hauptteil

In diesem Abschnitt werden neue Techniken und Übungen vorgestellt, erklärt und geübt. Zu Beginn des Angebots zeitlich länger anzusetzen, da die Grundlagen noch geschaffen werden müssen, im weiteren Verlauf wird der Hauptteil dann kürzer.

Im Hauptteil werden Techniken mit einem Stock, wie auch mit zwei Stöcken unterrichtet, aber auch Übungen mit einem Stock gegen zwei Stöcke.

In diesem Hauptteil werden im Verlauf vermehrt auch Bewegungs- und Kampfspiele und Übungen angeleitet.

### Cool-Down

Die Teilnehmer kommen körperlich und geistig wieder zur Ruhe. Abgeschlossen wird die Kurseinheit mit Entspannungsmusik, dem Abrollen mit Massage-Igeln, einer „Budo-Geschichte", einem Gedicht oder einer kurzen Traumreise.

### Abgrüßen

Im Anschluss besteht der Raum für Fragen, Wünsche oder Mitteilungsbedürfnisse der Teilnehmer.

Während der Übungseinheiten läuft, wie in vielen philippinischen Stilen üblich, Perkussions-musik (traditionelle – meist philippinische – Trommelmusik), die die Teilnehmer dazu anhält, ihren Rhythmus zu finden und in diesem zu trainieren. Dies fördert die Motivation, sich zu bewegen, und lenkt zusätzlich von körperlichem Unwohlsein ab.

### Resümee

Die philippinischen Kampfkünste sind von den asiatischen Traditionen beeinflusst. Durch den Kontakt mit der westlichen Welt sind sie auch mit deren Sportverständnis vertraut. Sie beinhalten Elemente der „traditionellen" Kampfkünste, wie auch des BrainGyms und der Erlebnispädagogik. In den philosophischen Ansätzen sind sie sehr offen. Sie verfolgen den gleichen Leitsatz wie die traditionellen Kampfkünste: „Lerne zu kämpfen, um nicht kämpfen zu müssen." Dieses Ziel stellt eine hohe Anforderung an jeden, der sich den Kampfkünsten zuwendet.

Neben den rein körperlichen Entwicklungsmöglichkeiten wie dem Erlernen von Techniken, dem Erreichen von Kraft, Ausdauer, Flexibilität, Kondition und Koordination werden auch soziale Kompetenzen wie der verantwortungsbewusste Umgang mit seinem Partner und auch seelische Elemente wie der Aufbau eines gesunden Selbstwertgefühles gefördert.

Für die Budo-pädagogische Arbeit mit adipösen Jugendlichen sind die philippinischen Kampfkünste interessant, da sie kaum körperliche Leistungsfähigkeit voraussetzen und die ersten Herausforderungen sich auf den koordinativen Bereich reduzieren, aber auch jeder-zeit erweitern lassen. Einer der Reize der philippinischen Kampfkünste geht einher mit der

„morbiden" Faszination, die von Waffen ausgeht: Begründet durch den Machtgewinn, den eine Waffe vermittelt, ist auch das Interesse, den Umgang mit der Waffe zu erlernen, eine Einstiegsmotivation, ohne die Gefahren sich selbst oder andere zu verletzen. Bei dem Üben der philippinischen Kampfkünste mit (gepolsterten) Stöcken, die Schwerter symbolisieren, können sich die Teilnehmer voll und ganz als „Krieger" fühlen.

Die geplanten Verbindungen von langfristig wirkenden Übungen aus den Kampfkünsten mit spontanen „Inselerlebnissen" aus der Erlebnispädagogik, die in der Budo-Pädagogik möglich sind, beinhalten ein großes Repertoire an Handlungsmöglichkeiten.

Die Techniken und Methoden sind nicht statisch, sondern passen sich situativ den Gegebenheiten an. Es war schon von jeher Teil der philippinischen Tradition, passende Elemente von anderen zu übernehmen. Diese Flexibilität in der Anwendung von Techniken und Methoden in Verbindung mit einem humanistischen Menschenbild ist auch für das Budo-pädagogische Arbeiten effektiv.

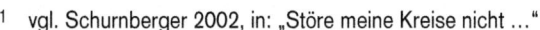

***„Absorb what is useful"***
*Bruce Lee*

---

1 vgl. Schurnberger 2002, in: „Störe meine Kreise nicht ..."
2 WHO Jahresbericht 1997
3 „Studie zur Gesundheit von Kindern und Jugendlichen in Deutschland"
4 Störungen des Herz-Kreislauf-Systems
5 Sie sind in den Leitlinien der Arbeitsgemeinschaft Adipositas im Kindes – und Jugendalter (AGA) veröffentlicht.
6 Zum Beispiel durch übergewichtige Eltern.
7 Gemessen an Einkommen und Schulbildung der Eltern
8 Verwandt mit dem deutschen Wort „Harnisch"
9 Die südlichste der drei größten philippinischen Inseln
10 Meistens Filipinos, die in die USA ausgewandert waren.
11 Im japanischen Kobudo.
12 Besser bekannt als Butterfly-Messer. Es wurde von amerikanischen GIs im zweiten Weltkrieg mit in die USA gebracht und trat von dort aus seine Reise in die westliche Welt an. Ursprünglich war das Butterfly/Balisong ein Fischermesser
13 Siehe BrainGym
14 vgl. Kuhn 1994
15 vgl. Marquardt 1998, 1999
16 Oft mit FMA (Filipino Martial Arts) abgekürzt.
17 Vestibularsinn = Gleichgewichtssinn

**Elke Lochmüller**

# Aikido bei ADS und/oder Störungen des Sozialverhaltens, insbesondere oppositionellem Verhalten

### Einleitung

Vor allem in den letzten 15 Jahren stellt man sich zunehmend die Frage, ob es denn plötzlich immer mehr „hyperaktive" bzw. anderweitig verhaltensauffällige Kinder gäbe, oder ob möglicherweise alle Kinder aufgrund gesellschaftlicher Entwicklungen (Schnelllebigkeit, Reizüberflutung, exzessivem Medienkonsum …) unruhiger und unaufmerksamer würden. Mit dem zunehmendem Reizangebot ist die Anforderung verbunden, dass „alles immer schneller" erledigt werden muss, obwohl gleichzeitig eine zunehmende Desorientierung sowie der Verlust von allgemeingültigen Normen, Werten und Toleranz zu beobachten ist. Im schulischen Setting „wird z.B. zunehmend unsystematisch vorgegangen. Rasch wechselndes Anschauungsmaterial, fließende Übergänge, unklare Aufgabenstellungen, wenig Hervorheben dessen, was elementar wichtig ist (…) erschweren es speziell diesen Kindern (mit ADS = Aufmerksamkeitsdefizitsyndrom, Anmerk. der Verf.) zurechtzukommen. Üben wird ebenso wie Wiederholen zu wenig eingefordert. Hausaufgaben werden kaum noch kontrolliert (…) Diese Kinder entwickeln Fertigkeiten in den Kulturtechniken daher nur noch rudimentär. Neu Hinzukommendes kann nicht auf einer entsprechenden Basis aufbauen."[1] Kritische Stimmen behaupten, zur „Beruhigung" und Entlastung der Eltern würde eine Modediagnose kreiert, die die Eltern davor bewahre, sich kritisch mit ihrem Erziehungsverhalten auseinanderzusetzen. Die Eltern würden zu viele/zu wenige Grenzen setzen, sie seien zu nachlässig/zu kontrollierend, sie schenkten ihrem Kind zu viel/zu wenig Beachtung …

### Verunsicherte Eltern

Die Eltern selbst sind verunsichert und hilflos. Sie beobachten, dass ihr Kind irgendwie „anders" ist als andere Kinder. Es reagiert impulsiver als andere Kinder, es ist schnell beleidigt, „flippt" häufiger aus, und neigt zu Wutausbrüchen. Nur selten kann es bei einer Sache bleiben, stetig redet es dazwischen und kann grundsätzlich nicht abwarten. Auf unvorhergesehene Veränderungen reagiert es äußerst irritiert mit „Bocken" oder „Trödeln". Sie vergleichen ihr Kind ständig mit anderen Kindern und (ver-)zweifeln an sich selbst.

In der Interaktion mit ihrem Kind verhalten sie sich appellierend und korrigierend. Häufig geraten sie mit ihrem Kind in eine Negativspirale aus Aufforderung und Nichteinhaltung, die nicht selten in der Verletzung der Kinder, bis hin zu aggressiven Handlungen der Eltern gegenüber ihren Kindern (Anschreien, körperliche Gewalt) oder in Resignation („Mach doch was du willst!") endet. Erschwerend kommt hinzu, dass häufig mindestens ein Elternteil selbst von ADS betroffen ist. Die Vielschichtigkeit der Problematik, die unterschiedlichen Muster des störenden Verhaltens sowie die unterschiedliche Ausprägung der einzelnen Symptome und der zusätzlichen Störungskomplexe, die auftreten können, aber nicht müssen, vereinfachen die Sachlage keineswegs.

## Therapeutisierung der Erziehung

Weiteren Diskussionsanlass bietet die Medikation mit Stimulanzien. Hintergründig bestehen auf der einen Seite Befürchtungen, dass es durch die Medikation zu einer „Veränderung der Persönlichkeit" und zur „psychischen Abhängigkeit" kommen könne. Weiterhin wird die Idee, dass diese besondere „Art, die Welt zu sehen und auf sie zu reagieren", ein charakterlicher Defekt sei, der durch ausreichend Willenskraft und entsprechendes Erziehungsverhalten der Eltern in den Griff zu bekommen sei. Es sei deshalb auch nicht nötig eine „Lern- oder Verhaltenspille" zu verabreichen.

Auf der anderen Seite stehen die absoluten Befürworter der Pharmakotherapie, die davon ausgehen, dass ADS ein medizinisches Problem sei, das auch medizinisch behandelt werden müsse. Zwischen diesen beiden Polaritäten positionieren sich Fachleute, die nach dem Motto „so viele Medikamente wie nötig, so wenig als möglich" vorgehen.

Insgesamt ist eine zunehmende Therapeutisierung kindlichen Verhaltens festzustellen. Was früher als „Flegelei, Vorwitz, Aufmüpfigkeit, Rüpelei" bezeichnet wurde, wird heute mit veränderter Semantik pädagogischer Normalitätskontrolle mit Begriffen wie Verhaltensstörung, Problemschüler, Kontaktstörung, oppositionelle Verhaltensstörung, ADS … bezeichnet. Damit gibt die Pädagogik einerseits Kompetenzen an die Psychologie und Medizin ab, andererseits werden die Entstehungsursachen kindlichen Fehlverhaltens in den Kindern selbst verankert. Das Problem wird demnach individualisiert betrachtet und vermeidet damit u.a. die Auseinandersetzung darüber, inwieweit beispielsweise die Beschaffenheit der schulischen Organisation, die Lebensumwelt der Kinder, die wirkliches Erleben kaum noch ermöglicht etc., die Störungen hervorrufen. [2]

ADS und oppositionelle Verhaltensauffälligkeiten bilden die häufigsten psychischen Auffälligkeiten im Kindesalter. Bei mehr als der Hälfte aller vorgestellten Kinder bei Psychotherapeuten, Erziehungsberatungsstellen, schulpsychologischen Diensten und in kinderpsychiatrischen Einrichtungen sind diese Störungen Anlass zur Vorstellung eines Kindes. Beide Verhaltensauffälligkeiten treten häufig gemeinsam, aber auch als eigenständige Auffälligkeiten auf.

### Das Aufmerksamkeitsdefizitsyndrom (ADS)

ADS ist gekennzeichnet durch eine **Beeinträchtigung**

- der **Aufmerksamkeit** (Aufmerksamkeitsstörung, Ablenkbarkeit),
- der **Impulskontrolle** (Impulsivität) und
- der **Aktivität** (Hyperaktivität).

Je nach Ausprägung der Probleme in diesen drei Kernbereichen kann zwischen unterschiedlichen Subtypen (gemischter, vorherrschend unaufmerksamer und vorherrschend hyperaktiv-impulsiver Subtypus) unterschieden werden.

### Die Häufigkeit von ADS

Die Auffälligkeiten treten bei ADS bereits vor dem Alter von sechs Jahren auf und sind in mehreren Lebensbereichen und Situationen nachweisbar, beispielsweise in der Familie, im Kindergarten, in der Schule etc. In verschiedenen Situationen können die Auffälligkeiten unterschiedlich stark ausgeprägt sein. Typischerweise treten die Symptome stärker in Situationen auf, die eine längere Aufmerksamkeitsspanne des Kindes oder eine Auseinandersetzung und Bearbeitung mit „langweiligen" Inhalten erfordert. In neuen und spannenden Situationen treten die Symptome häufig in viel geringerem Maß oder gar nicht auf.

International geht man nach Cordula Neuhaus davon aus, dass ca. vier bis zwölf Prozent der Kinder und Jugendlichen von ADS betroffen sind. „Höhere Zahlen stammen aus Beobachtungen erfahrener Forscher und Kliniker mit eingehender Störungsbildkenntnis"[3]. Wesentlich niedrigere Schätzzahlen seien auf eine Forderung von Prof. Sergeant 1995 auf einer Tagung in Jerusalem zurückzuführen, aus Kostengründen nur die Schwerstbetroffenen anzuerkennen. Die durchweg schwankenden Zahlen (zwischen 1,7 und 17 Prozent), sind einerseits auf die unterschiedlichen Diagnoserichtlinien (ICD – 10 und DSM-IV) sowie die Weiterentwicklung der Diagnosekriterien (z.B. wurden vor ca. 15 Jahren nur sehr auffällige junge männliche Kinder diagnostiziert) und andererseits auf die mangelnde Kombination der Messinstrumente (Lehrerurteile, Elternurteile, Eigeneinschätzungen …) zurückzuführen.

### Unterschiede bei Mädchen und Jungen

Wenngleich der größte Teil der Forschung zu ADS auf Untersuchungen von Jungen basiert, weiß man heute, dass ADS sowohl bei Mädchen als auch Jungen in allen Altersgruppen vorkommt. Man geht bislang weiterhin davon aus, dass Jungen zwischen drei- und neunmal häufiger betroffen sind als Mädchen.

Dem sei gegenübergestellt, dass im „Selbsturteil ab dem Alter von elf Jahren weder Alters- noch Geschlechtseffekte nachweisbar" waren.[4] Nach Neuhaus „erweist sich die Geschlechtsverteilung im Erwachsenenalter gegenwärtig eher gleichmäßig 1:1"[5].

Insgesamt sei die Häufung der Problematik bei Jungen laut Neuhaus auf folgende Faktoren zurückzuführen: Die Symptome sind bei Mädchen vor allem in der Kindheit völlig anders geartet. Viele der Mädchen zeigen vorwiegend Symptome wie Unaufmerksamkeit, emotionale Labilität, Unentschlossenheit, Ablenkbarkeit, Ruhelosigkeit und Wegträumen. Die „lärmende Symptomatik" der Jungen sei nur äußerst selten vorhanden. Die Symptome würden infolgedessen eher anderen Ursachen zugeschrieben. McGee et al.[6] fanden heraus, dass „Eltern unaufmerksamer Mädchen wesentlich seltener Hilfe suchen als Eltern von unaufmerksamen Jungen". Darüber hinaus werden an Mädchen völlig andere interkulturelle Erwartungen gestellt, so dass ihre Schwierigkeiten häufig erst in der Pubertät massiv auffallen. ADS kommt in allen Bevölkerungsschichten und Intelligenzlagen gleichermaßen vor. Aufgrund der genetischen Disposition ist eine Häufung von ADS bei Familienmitgliedern 1. und 2. Grades festzustellen.

Inzwischen gilt als gesicherte Erkenntnis, dass ADS sich nicht, wie früher vermutet, „auswächst". Etwa zwei Drittel der betroffenen Kinder und Jugendlichen haben auch als Erwachsene Restsymptome, die ihre Lebensführung beeinträchtigen. Einziges Symptom, das sich „auszuwachsen" scheint, ist die Hyperaktivität, die sich meist in ein „inneres Getriebensein" und Unruhe verwandelt. „Bis heute gibt es keine eindeutige und allumfassende Erklärung für die Entstehung hyperkinetischer Auffälligkeiten. Allerdings sind sich die meisten Wissenschaftler einig, dass die Hauptursachen dieser Problematik in Veränderungen der Funktionsweise des Gehirns zu suchen sind"[7].

Nach Neuhaus wird als Erklärung für die Entstehung immer mehr akzeptiert, dass diese Störung als neurobiologische Störung einen genetischen Hintergrund hat.

So entdeckte die Forschungsgruppe um Josef Biedermann 1995, „dass Kinder von Eltern mit hyperkinetischen Störungen zu 57 Prozent ebenfalls mit dieser Problematik zu kämpfen haben"[8].

### Psychosoziale Faktoren

Psychosoziale Faktoren in Form von ungünstigen **familiären Bedingungen,** z.B. Einelternfamilien, beengte Wohnverhältnisse, psychische Erkrankungen eines Elternteils, werden vor allem für die Ausprägung der Störung sowie die Entwicklung von „Sekundärauffälligkeiten" (Entwicklung von Ängsten, schwaches Selbstbewusstsein, aggressive und dissoziale Verhaltensweisen ...) verantwortlich gemacht. „Längsschnittuntersuchungen zeigen (...), dass die Eltern-Kind-Beziehung die weitere Entwicklung hyperkinetisch auffälliger Kinder entscheidend beeinflussen kann. Bei einer hohen Rate negativer Eltern-Kind-Interaktionen steigt das Chronifizierungsrisiko der Störung sowie das Risiko, dass sich zusätzlich oppositionelle Verhaltensstörungen entwickeln"[9]. In der Therapie und Behandlung von Kindern und Jugendlichen mit ADS werden kindzentrierte Ansätze von familien- bzw. umweltzent-

rierten (Kindergarten, Schule) Interventionen unterschieden. Werden mehrere unterschiedliche Therapieformen miteinander kombiniert spricht man von multimodaler Therapie. Grundregel bei der Auswahl oder Kombination unterschiedlicher Behandlungsmethoden ist, dass sie dort ansetzen sollen, wo die Probleme auftreten.

### Oppositionelle Verhaltensstörung

Viele Kinder mit ADS entwickeln im Laufe ihrer Kindheit zusätzlich eine oppositionelle Verhaltensstörung. In vielen Fällen wird diese oder aggressiv- auffälliges Verhalten auch zunächst vor dem ADS diagnostiziert. „Keine anderen psychischen Störungen sind im Laufe der Entwicklung des Kindes zum Jugendlichen und Erwachsenen so stabil wie oppositionelle und vor allem aggressive Verhaltensauffälligkeiten. Oppositionelle Verhaltensstörungen sind häufig Vorläufer von aggressiven und dissozialen Auffälligkeiten"[10]. Diese Störungen sind laut Döpfner, Schürmann und Frölich (2002) äußerst schwer zu behandeln und durch traditionelle Behandlungskonzepte (einsichtsorientierte und nondirektive Therapierichtungen) nicht hinreichend wirksam beeinflussbar.

Im Gegensatz zu ADS ist das Störungsbild des oppositionellen Verhaltens nur wenig erforscht. Allenfalls wird es in der Aggressionsforschung behandelt.

### Definition

Unter oppositionellen Verhaltensauffälligkeiten werden verschiedene Formen aggressiven und verweigernden Verhaltens zusammengefasst:
- „Nichtbeachtung von Regeln und Grenzen,
- Wutausbrüche und aggressives Verhalten gegenüber Eltern oder anderen Erwachsenen (meist bei Grenzsetzungen),
- dominierendes und aggressives Verhalten gegenüber Geschwistern in der Familie und
- dominierendes und aggressives Verhalten gegenüber Gleichaltrigen außerhalb der Familie"[11].

Sind die oppositionellen Verhaltensauffälligkeiten stark ausgeprägt, spricht man von einer oppositionellen Verhaltensstörung. Oppositionelles Verhalten kommt bei nahezu allen Kindern als typisches Merkmal bestimmter Entwicklungsstufen, vor allem in der frühen Kindheit (Trotzalter) und im Jugendlichenalter (Pubertät) vor. Die Diagnose oppositionelle Verhaltensauffälligkeit oder -störung wird in der Regel nur gestellt, wenn das Verhalten häufiger als bei Gleichaltrigen auftritt und mit schwerwiegenden Folgen im familiären, sozialen und schulischen Bereich einhergeht. Oppositionelle Verhaltensauffälligkeiten und -störungen sind aufgrund ihres fließenden Übergangs von oder zur „Normalität" weit verbreitet.

## Ursachen und Merkmale

Je nach Einschätzung und Auswahl der Kriterien schwanken die Häufigkeitsangaben stark. „In einer eigenen Studie im gesamten Bundesgebiet beschrieben die Eltern von Kindern im Alter von vier bis zehn Jahren bei rund drei Prozent aller Mädchen und sechs Prozent aller Jungen ausgeprägte oppositionelle Verhaltensstörungen"[12].

Vor allem aggressives Verhalten von Kindern und Jugendlichen wird in Zusammenhang mit bestimmten Familienmerkmalen „wie geringem Familieneinkommen, geringem Bildungsstand der Eltern und fehlender sozialer Unterstützung in der Nachbarschaft (…) sowie mit Belastungen der Familie durch Arbeitslosigkeit, Partnerkonflikte oder Trennung der Eltern" gebracht[13]. Dissoziales Verhalten zeigt sich in vielen Familien stabil über mehrere Generationen hinweg. „Die Verbindungen werden vermutlich zu einem großen Teil durch Erziehungspraktiken, besonders durch impulsives, wenig kontrolliertes Erziehungsverhalten hergestellt. Möglicherweise spielen jedoch auch genetische Einflüsse eine Rolle"[14].

Die Ursachen für oppositionelles Problemverhalten sind vielfältig. „Hauptursache für die Entwicklung oppositioneller und aggressiver Verhaltensweisen in der frühen Kindheit sind, wie eine Vielzahl von Studien zeigen, inkonsistente Erziehung und mangelnde Kontrolle, verbunden mit mangelnder Wärme und verminderter Aufmerksamkeit für angemessene prosoziale Verhaltensansätze der Kinder"[15]. Bei der Entwicklung oppositioneller Verhaltensweisen tritt häufig der gleiche Teufelskreislauf aus ständigen Ermahnungen, Beschimpfungen, Quengeln, Überhören und Androhung von Konsequenzen … auf, der im Zusammenhang mit den verstärkenden Faktoren für hyperaktives Verhalten genannt wurde.

„Hauptmerkmal der oppositionellen Verhaltensstörung ist ein Muster von wiederkehrenden negativistischen, trotzigen, ungehorsamen und feindseligen Verhaltensweisen gegenüber Autoritätspersonen"[16]. Symptome der Störung sind in der Regel im familiären Bereich (gegenüber Eltern, Geschwistern) zu finden, können, aber müssen nicht, in anderen Lebensbereichen (Schule, Freundeskreis …) auftreten. Typischerweise kommen die oppositionellen und aggressiven Verhaltensweisen vor allem Im Umgang mit vertrauten Erwachsenen und Gleichaltrigen vor. In seltenen Fällen ist das auffällige Verhalten auch nur auf eine Person in der Familie begrenzt. Das Kind beachtet beispielsweise gesetzte Grenzen und Aufforderungen der Mutter nicht, verhält sich dem Vater gegenüber jedoch freundlich und angepasst. Meist zeigen die Kinder jedoch gegenüber mehreren Familienmitgliedern ihr problematisches Verhalten. Die Ausbreitung der Verhaltensauffälligkeiten auf mehrere Lebensbereiche wird als wichtiges Maß für den Schweregrad der Problematik angesehen.[17] Bei manchen Kindern sind die Auffälligkeiten so stark ausgeprägt, dass sie in der Familie und/oder in der Schule kaum tragbar sind. Meist treten die Probleme nicht in allen Situationen gleichermaßen extrem und durchgehend auf. Der Übergang zu „normalem" Verhalten ist oft fließend.

Aufgrund ihrer Auffälligkeiten bekommen diese Kinder neben den Schwierigkeiten in der Familie, meist auch in der Schule und mit Gleichaltrigen Probleme.

Bei oppositionellen und hyperkinetischen Störungen sind im Allgemeinen mehrere Lebensbereiche und Störungsformen betroffen, so dass es sich meist empfiehlt eine kombinierte, multimodale Therapie anzuwenden. Wissenschaftlich ist belegt, dass sich verhaltenstherapeutische Maßnahmen mit eher direktivem und konfrontativem Therapeuten-(Erziehungs-)Verhalten bei beiden Störungsbildern als äußerst hilfreich und effektiv erwiesen haben, während sich einsichtsorientierte Verfahren nicht hinreichend bewährt haben.

## Auswirkungen von ADS und oppositionellem Verhalten

Wenngleich sich die Ursachen für beide Störungsbilder sowie der mögliche Entwicklungsverlauf häufig unterscheiden, gibt es auffällig viele Gemeinsamkeiten im alltäglichen Leben dieser Kinder und in der Zusatzproblematik: Die meisten Kinder beider Störungsbilder zeigen schon früh Entwicklungsverzögerungen und Leistungsprobleme in der Schule, obwohl sie sich in ihrer grundlegenden Begabung nicht von „normalen" Kindern unterscheiden. Während diese Leistungsprobleme bei Kindern mit ADS auf ihre besondere Art der Wahrnehmung und ihre besonderen Schwierigkeiten zurückzuführen sind, werden die Leistungsprobleme bei oppositionell auffälligen Kindern eher durch ihre aktive Verweigerungshaltung gegenüber schulischen Anforderungen bedingt.

### Lern- und Leistungsproblematik

Beiden Gruppen gemeinsam, ist die Folge der Lern- und Leistungsproblematik. Aufgrund häufiger Misserfolgserlebnisse nehmen Selbstbewusstsein und Leistungsmotivation ab. Die Kinder zeigen sich in der Folge kaum mehr anstrengungsbereit. Kleinste Schwierigkeiten führen dazu, ein Vorhaben oder eine Aufgabe vorzeitig abzubrechen. Ihr Schulmaterial sowie ihre Hausaufgaben haben nur die wenigsten dieser Kinder – und dann auch nur mit enormem Energieaufwand der Eltern und Lehrer – beisammen. Oppositionell auffällige Kinder zeigen insgesamt nur wenig Bereitschaft, sich den an sie gestellten Anforderungen zu unterwerfen. Frei nach dem Motto: „Wenn Erwachsene wollen, dass ich etwas erledige (Hausaufgaben …) sollen sie auch dafür sorgen!", kümmern sie sich meist nicht um ihre Aufgaben und Materialien. Schuld bei Nichterfüllung trifft sowieso die anderen (Eltern, Lehrer, Mitschüler …). ADS- Kinder wiederum sind derart unorganisiert und unstrukturiert, dass es ihnen nur unzureichend gelingt, ihre Aufgaben und Materialien zusammen zu halten.

## Stimmungsschwankungen und Abwehrreaktionen

Der Umgang mit Lob scheint für beide Gruppen gleichermaßen schwierig. Kinder mit ADS reagieren auf Lob häufig mit der Einstellung ihrer Anstrengungen, da sie glauben, sie hätten ihr Ziel erreicht. Kinder mit oppositionellen Verhaltensweisen reagieren auf Lob häufig äußerst ambivalent: Einerseits freuen sie sich, andererseits kann es passieren, dass sie ihre Anstrengungen einstellen, um dem lobenden Erwachsenen keine Freude zu machen. Ebenso schwierig erweist sich der Umgang mit Kritik. Vor allem ADS-Kinder fühlen sich in ihrer gesamten Person missverstanden und ungeliebt. Verstärkt wird diese Sichtweise durch die enormen Stimmungsschwankungen, denen sie unterliegen. Kinder mit oppositionellen Verhaltensauffälligkeiten sehen die Schuld für Fehler oder Fehlverhalten in der Regel in der Situation oder anderen Personen begründet. Kritik an ihrem Verhalten ruft häufig heftige Abwehrreaktionen in Form von Diskussionen, Bocken und Wutausbrüchen hervor. Dabei zeigen Kinder beider Gruppen ein hohes Maß an Sensibilität für Menschen, die ihnen „gewachsen" sind und sie mögen, sowie eine gute Beobachtungsgabe.

Während Kinder mit ADS nicht nachtragend sind und bei ehrlichen Entschuldigungen nachhaltig und vollständig verzeihen, neigen Kinder mit oppositionell auffälligem Verhalten dazu, sich boshaft und rachsüchtig zu verhalten. Immer wieder versuchen sie durch entsprechende, auch unangepasste Verhaltensweisen, Vorteile für sich zu erlangen. Mitmenschen werden für die Erfüllung der eigenen Bedürfnisse manipuliert und „eingespannt".

Alle diese Kinder scheinen „schlecht zu hören". Erklärungen und Instruktionen folgen sie nur unzureichend. Während Kinder mit ADS lang andauernden und komplexen Erklärungen aufgrund ihrer Aufmerksamkeitsproblematik kaum folgen können, entscheiden sich oppositionell auffällige Kinder häufig zunächst bewusst, Anforderungen, die an sie gestellt werden, nicht nachzukommen. In der Folge führt dies bei beiden Gruppen zu häufigen negativen Interaktionen mit Erwachsenen, die oft in oben beschriebenem Teufelskreislauf enden. Der gesamte Tagesablauf dieser Kinder, vom Aufstehen bis zum Zubettgehen, ist häufig durch diese Art der negativen Interaktionen gekennzeichnet, was sich wiederum negativ auf das Selbstvertrauen der Kinder auswirkt.

Insgesamt fallen Kinder beider Gruppen gleichermaßen durch mangelnde Regelakzeptanz und Regeleinhaltung auf. Während dies bei Kindern mit ADS auf ihre Impulsivität zurückzuführen ist, zeigen oppositionell auffällige Kinder insgesamt nur wenig Bereitschaft, sich einem, von anderen Personen bestimmtem Regelwerk ein- und unterzuordnen.

Von Gleichaltrigen werden sowohl Kinder mit ADS als auch Kinder mit oppositionellem Verhalten gleichermaßen abgelehnt. Entweder, weil sie ständig beim Spiel stören, weil sie das Spiel zu dominieren und kontrollieren suchen, oder weil sie aggressives Verhalten zeigen und deshalb als „Störenfriede" gelten. Zum Problem im Umgang mit diesen Kindern werden auch die hohe Reizbarkeit sowie ihre mangelnde Frustrationstoleranz. Darüber hinaus neigen diese Kinder aus geringstem Anlass heraus zu Wutausbrüchen, was sie häufig in die Rolle des „Spielverderbers" drängt.

### Ängste und Unsicherheiten

Aufgrund häufiger Misserfolgserfahrungen, sowohl im sozialen als auch im Leistungsbereich, entwickeln viele Kinder mit diesen Verhaltensauffälligkeiten Ängste und Unsicherheiten, was dazu führt, dass sie sich weniger zutrauen und Minderwertigkeitsgefühle entwickeln. Bei beiden Gruppen werden diese sozialen Unsicherheiten und die Selbstwertproblematik aufgrund der im Vordergrund stehenden anderen Probleme häufig wenig beachtet. „Auch oppositionell auffällige Kinder, die manchmal so extrem stark und mächtig wirken, leiden sehr häufig an einem mangelnden Selbstvertrauen, haben aber das Gefühl, dass sie sich keine „Blöße" geben und keine Schwächen zeigen dürfen"[18].

Kinder beider Störungsbilder zeigen eine deutliche Neigung zu dissozialem Verhalten. Kinder mit ADS beispielsweise fügen bei hoher gefühlsmäßiger Beteiligung ihren Schilderungen „Kleinigkeiten" hinzu, bzw. steigern sich dermaßen in Situationen hinein, dass es zu einer verzerrten Wahrnehmung der Realität kommt. Kinder mit oppositionellen Verhaltensauffälligkeiten machen grundsätzlich andere für ihr Fehlverhalten verantwortlich, was schlussendlich ebenso zu einer verzerrten Realitätswahrnehmung führt. Viele der ADS-Kinder neigen aufgrund ihrer Neugier und Offenheit dazu, frühzeitig mit Drogen, Alkohol und Sexualität zu experimentieren. Oppositionell auffällige Kinder suchen in Gruppen Gleichgesinnter häufig Anerkennung und neigen deshalb zu delinquentem Verhalten.

### Warum ein Budo-pädagogisches Projekt?

„Körperliches Kämpfen ist unter Kindern und Jugendlichen eine soziale Realität. [...] Wo Konflikte unter Kindern und Jugendlichen ausgetragen werden, spielt auch der Körperausdruck eine wichtige Rolle. Dennoch wurde das Kämpfen als Bestandteil der Jugendkultur in seiner pädagogischen Bedeutung jahrzehntelang vernachlässigt. Mehr noch: Eine immer schon körperliche, und damit auch in Ansätzen gewalthaltige Streitkultur unter Kindern und Jugendlichen wurde und wird von Lehrern, Erziehern und Eltern allzu schnell unterdrückt. [...] Im „Spaßkampf" geht es wie im Kampfsport um Erfahrungen von Schmerzen,

Aushalten von Nähe usw. Kämpfen [...] hat für Kinder und Jugendliche eine wesentliche Bedeutung im Hinblick auf ihre Persönlichkeitsentwicklung. [...] Wer kämpft, muss sich mit Angst, Aggression und Wut auseinandersetzen."[19]

Der pädagogische Nutzen von Ringen, Rangeln und Raufen für die allgemeine soziale Entwicklung von Kindern ist weithin bekannt und in der Literatur über Stichworte wie Wahrnehmungsförderung, Bewegungserfahrung, Entwicklung von Körpergefühl, Umgang mit Sieg und Niederlage, Kooperation und Wettkampf nachzuvollziehen. Inzwischen wurde dieses Bewegungsfeld in einigen Bundesländern zum verbindlichen Teil des Schulunterrichts.

Budo ist neben aller Körper- und Bewegungsorientierung in erster Linie Charakterschule. Das implementierte soziale Training hebt „auf die „Tat"-sächliche Praxis, die Wirklichkeit ab und wirkt buchstäblich verhaltens-therapeutisch. [...] So, wie man sich im Training verhält, hier und jetzt, ist spontan und damit echt, ist real, ist offensichtlich ..." Es geht um „aktuelle Interaktion und damit um echte Realitätskonfrontation, um reale Herausforderungen, Zumutungen, Probleme oder Lösungswege, um learning by doing"[20].

Ein Budo-pädagogisches Angebot kann viele der positiven Aspekte kindzentrierter (verhaltenstherapeutischer) Interventionen abdecken wie z.B.:
- ausdauerndes intensives Spiel/Beschäftigung,
- Genießen können von Individualität,
- Spüren der Anerkennung im sozialen Umfeld,
- Nutzen und Nutzung der Gruppendynamik,
- Selbstkontrollmechanismen,
- Entspannungsverfahren,
- Fremd- und Selbstwahrnehmung,
- Ein- und Unterordnung in eine Gemeinschaft,
- Erlernen und Einübung sozial verträglichen Verhaltens,
- selbstkritische Bewertung von Konflikten,
- Erlernen von Selbstkontrolle und Selbstbeherrschung,
- Aufbau von Frustrationstoleranz,
- Bewusstwerden eigener Stärken und Schwächen,
- Aufbau einer angemessenen und sozialverträglichen Art und Weise Bedürfnisse und Wünsche zu befriedigen.

Dabei findet diese Förderung nicht, wie in üblichen sozialen Kompetenztrainings, anhand von Rollenspielen statt, sondern in „tatsächlichen", realen Situationen.

### Welche Chancen bietet ein Budo-pädagogisches Projekt?

Eine Kampfkunst zu erlernen ist ein langwieriger und mühsamer Weg. Schon das Suffix „Do" = (Lebens-) Weg weist darauf hin, dass das Studium der Kampfkünste, das Geduld, hartes Arbeiten und kontinuierliche Auseinandersetzung mit sich selbst beinhaltet, auf Dauer angelegt ist. Deshalb können folglich – in einem zeitlich begrenzten Projekt – nur ansatzweise die dem Budo zugeschrieben persönlichkeitsbildenden Effekte erreicht werden. Dennoch bietet ein Budo-pädagogisches Projekt erhebliche Lern- und Entwicklungschancen gerade für die oben beschriebene Klientel. Da diese Effekte jedoch auch davon abhängen, wie sehr das Projekt das einzelne Kind anspricht, was konkret es für sich mitnimmt und umsetzen will, sind die konkreten Ziele, die im Konzept festgelegt werden, enger gefasst.

*Selbstwertgefühl stärken:*
Aufgrund häufiger Misserfolgserlebnisse im Leistungs- und Sozialbereich leiden viele der Kinder mit ADS und/oder oppositionellem Verhalten unter sehr niedrigem Selbstwertgefühl. Allein schon die Tatsache, etwas so exotisches und besonderes wie Aikido zu lernen, auf dem Weg zum „friedlichen Krieger" zu sein, hebt das Selbstwertgefühl der Kinder ungemein. Hinzu kommt der Rahmen: Dojo (das liebevoll mit Accessoires gestaltet, gereinigt und gepflegt wird), Etikette (in der sie Respekt ausdrücken, ihnen gegenüber jedoch derselbe Respekt ausgedrückt wird) sowie das traditionelle Lehrer-Schüler-Verhältnis = Shitei (mit den traditionellen Mondo = theoretische Unterweisungen), in dem ihre Bemühungen gesehen und wertgeschätzt, ihnen jedoch auch Grenzen gesetzt und sie zur Auseinandersetzung mit sich gefordert werden.

*Die Übungen vermitteln den Zusammenhang sowie das Zusammenspiel von Körper, Seele und Geist.*

Budo befähigt zur Selbstbehauptung: Das Wissen um die eigene Stärke (physisch und psychisch) beeinflusst das Selbstwertgefühl und kann zu selbstbewussterem Auftreten führen. Aikido ist eine absolut defensive Kampfkunst.

Im Aikido wird grundsätzlich nie Kraft gegen Kraft gesetzt, was unweigerlich zu Misserfolgen führen würde (es gibt immer einen Stärkeren), sondern vielmehr die Energie des Partners umgelenkt, um ihn zu Boden zu bringen.

Dies führt dazu, dass eben nicht nur „die Starken" Erfolgserlebnisse verzeichnen können, sondern ebenso die Schwächeren. Insbesondere **Ki-Übungen** vermitteln offensichtlich den Zusammenhang sowie das Zusammenspiel von Körper, Seele und Geist. Nachdem ihnen zusätzlich etwas „Geheimnisvolles" anhaftet, sind Kinder in diesem Bereich besonders zum Üben motiviert. Bekanntlich neigen Menschen mit geringem Selbstbewusstsein oftmals zu selbst- oder fremdschädigendem Verhalten. Durch die Stärkung des Selbstbewusstseins können hier gegenläufige Tendenzen initiiert werden.

### Negativen Beziehungserfahrungen positive entgegensetzen:

Viele der beschriebenen Kinder unterhalten vorwiegend negativ geprägte Beziehungen. Mit ihren Eltern und auch den Lehrern befinden sie sich häufig in oben beschriebenem Teufelskreislauf, von Gleichaltrigen werden sie aufgrund ihres Verhaltens meist abgelehnt, wenngleich sie für die ein oder andere „Missetat" durchaus Bewunderung erfahren. Vor allem herrscht jedoch das Gefühl vor, von niemandem gemocht und insgesamt kaum tragbar zu sein. In der kleinen Gruppe des Budo-pädagogischen Projekts können und sollen die Kinder neue, kontrastreiche Erfahrungen zum bisher Üblichen machen. Sie sollen sich als wertvolle und akzeptierte Mitglieder der Gemeinschaft fühlen, die nicht nur tragbare, sondern integrierte und wichtige Bestandteile sind.

Die Realisierung dessen wird vor allem im pädagogischen Geschick, einer überlegten Auswahl der Spiele und Übungen (sowohl die Gemeinschaft, als auch das soziale Verhalten fördernd, Erfolgserlebnisse vermittelnd) sowie der Erfüllung der Grundbedürfnisse der Kinder nach Anerkennung, positiver Rückmeldung … liegen.

### Ordnung, Regeln, Struktur positiv erleben und wertschätzen lernen:

Alle oben beschrieben Kinder haben Schwierigkeiten damit, Ordnungsregeln und Strukturen einzuhalten, wenngleich sich alle von ihnen im „Grunde ihres Herzens" eben diese klaren Strukturen wünschen. Im Budo-pädagogischen Setting gelingt dies durch ganz einfache und klare Etikette-Regeln, die für alle Kinder einsichtig und nachvollziehbar sind. Wer möchte sich beispielsweise von jemandem ins Gesicht fassen lassen, der vorher ausgiebig seine Füße zum Erwärmen gerieben, aber nicht gewaschen hat? Das mögliche Schuhchaos am Mattenrand kann in spielerischer Form – „Wer ist am Schnellsten mit angezogenen Schuhen an einem vom Lehrer definierten Platz?" – gelöst werden. Die strenge Disziplin mag zwar zunächst als unangenehm und einengend empfunden werden. Es ist jedoch zu erwarten, dass bald eingesehen wird, dass sie der Unfallverhütung, der besseren Konzentration und der Möglichkeit der Fehlerkorrektur durch den Lehrer dient.

Mit zunehmender Verinnerlichung der Werte und Normen der Etikette ist zu erwarten, dass Regelverstöße immer häufiger von den Kindern selbst kritisiert und behoben werden, was sich wiederum positiv auf die Selbsterziehung auswirken kann.

### Integration in eine Gruppe Gleichaltriger:

Viele der Kinder haben im Umgang mit Gleichaltrigen Probleme – in der Schule werden sie ausgeschlossen, für Vereine haben sie meist weder Zeit, noch sind sie aufgrund ihres Verhaltens dort in einer großen Gruppe Gleichaltriger integrierbar.

Aufgrund der geringen Gruppengröße (ca. sechs Kinder) mit ähnlicher Grundproblematik kann dies über sozialintegrative Spiele, über die gemeinsame Aktivität sowie ein gemeinsames Gruppenethos relativ leicht gelingen. Ziel soll hier jedoch nicht ausschließlich die Integration in die bestehende Gruppe sein, sondern auch der Erwerb von sozialen Fertigkeiten, der es den Kindern hinterher erlaubt, in einer größeren Gruppe zurechtzukommen und sich einordnen zu können.

*Kinder erwerben in der Gruppe soziale Fertigkeiten.*

### *Abbau von Egozentrismus und Egoismus – Aufbau von Gemeinschaftsgefühl (Kooperationsfähigkeit und Partnerschaftlichkeit):*

Die oben beschriebene Klientel zeichnet sich dadurch aus, dass sie aufgrund ihrer Schwierigkeiten sehr auf sich bezogen – nahezu in sich gefangen – ist, jeder einzelne sich immer wieder in den Mittelpunkt drängt und in seinem erlernten Verhalten stagniert. Durch die völlige Neuartigkeit der Situation ist zu erwarten, dass die Kinder einerseits eine sehr hohe Motivation und Neugier mitbringen und sich andererseits in der neuen Situation auch für neue Verhaltensalternativen öffnen. Die im Budo angelegte Etikette erzieht gewissermaßen zu „Bescheidenheit und Zurückhaltung". Gelingt es, einen gemeinsamen „Geist", ein gemeinsames Ethos in der Gruppe aufzubauen, so besteht hier eine echte Chance zum Aufbau positiven Sozialverhaltens z.B. in Form von Übernahme von kleinen Aufgaben für die Gemeinschaft (soji). Diese werden dann möglicherweise nicht als weitere unangenehme Pflichten, sondern als positives Einbringen in die Gemeinschaft oder als Übernahme von Verantwortung für die Gemeinschaft gesehen und entsprechend ausgeübt. Aikido kann nur gelingen, wenn beide Partner zusammenarbeiten und jeder die ihm zugedachte Rolle möglichst gut erfüllt. Zweikampfspiele machen für beide Seiten nur Spaß, wenn fair gekämpft und die Grenzen des Gegenübers geachtet werden. Durch das Erleben und das eigene Erkennen dieser Zusammenhänge wird sich Fairness und Kooperationsbereitschaft zumindest im Dojo einstellen.

### *Rollendistanz und Empathie erlernen:*

Die defizitären Auffälligkeiten der Kinder mit ADS und/oder oppositionell auffälligem Verhalten treten vor allem in der Interaktion im zwischenmenschlichen Bereich auf. Da Aikido in der Regel mit einem (manchmal auch mehreren) ständig wechselnden Partnern geübt wird, bietet sich hier ein gutes Übungsfeld. Der stetige Rollentausch zwischen „Angreifer" (uke) und „Verteidiger" (tori) innerhalb der Partnerkonstellationen führt zu einem ständigen Wechselspiel zwischen Geben und Nehmen. Beide Positionen werden somit aktiv erlebt und erfahren. Dies hat zur Folge, dass die Fähigkeit, Rollen zu wechseln, sowie Rollensdistanz und Empathie aufgebaut werden kann.

### *Respekt, Rücksicht und Höflichkeit aufbauen:*

Alle Budo-Künste legen großen Wert auf Achtung und Wertschätzung des Gegenübers und Verantwortungsgefühl anderen gegenüber. Dies drückt sich sowohl in der Verneigungspraxis beim Betreten des Dojo und der Matte, gegenüber dem Lehrer und dem Partner als auch im achtsamen Umgang miteinander während der Übungen aus. Lehrer und ältere Schüler (falls vorhanden) sollen diese Haltung durch ihr Vorbild vermitteln. Rücksichts- oder verantwortungsloses Verhalten wird sofort und unnachsichtig geahndet. Der stetige Rollentausch (tori – uke) führt meist schnell zu „einsichtigem" Verhalten, denn verhalte ich mich selbst rücksichtslos, kann ich davon ausgehen, dass mein Partner sich ebenso rücksichtslos verhält. Und das will ich ja nun wirklich nicht.

### Alternative Konfliktlösungsstrategien aufbauen:

Kampf ist bis zu einem gewissen Grad auch immer Konflikt. Werden im Dojo, mit den klaren Regeln und Strukturen, Regeln des Kampfes eingeübt, so kann sich dies auch in positiver Weise auf auszutragende Konflikte auswirken. Aikido bietet beispielsweise mit den Prinzipien irimi (direktes Eintreten im richtigen Moment) und tenkan (ausweichen und die Energie umlenken) ein gutes Erklärungsmodell für den Umgang mit Konfliktsituationen. Wann ist es wirklich wichtig und wann der rechte Augenblick, um etwas – dann aber auch mit voller Energie – um- bzw. durchzusetzen? Wann macht es Sinn, dem Gegenüber keinen Angriffspunkt zu bieten und einfach auszuweichen? Dies sind auch Themen, die im Alltag der Kinder durch gemeinsame Begrifflichkeiten wieder aufgegriffen werden können. „Forschungsaufgaben" in Form von Beobachtungen anderer Menschen bzw. sich selbst (irimi – tenkan) können gegeben werden; diese machen Kindern, insbesondere solchen mit einer guten Beobachtungsgabe – die diese Kinder ja zumeist haben –, in aller Regel auch Spaß.

### Autoritäten akzeptieren als hilfreich betrachten können – Veränderung der Beziehungsmuster zu Erwachsenen:

Es ist zu erwarten, dass die meisten der am Projekt teilnehmenden Kinder mit Erwachsenen in oben ausführlich beschriebener Negativspirale gefangen sind. Sie erleben Erwachsene als wenig hilfreich, in der Regel vor allem als „nörglerisch" und stets unzufrieden. Bei ADS-Kindern geht man davon aus, dass sie erwachsene „Coachs" brauchen, die ihnen bei der Bewältigung des Alltags helfen, und sie auf ihrem Weg begleiten.

Ein Budo-Pädagoge, der sich durch das außergewöhnliche, oft verhaltenskreative Gebaren dieser Kinder nicht einschüchtern lässt, kann möglicherweise diese Funktion für eine gewisse Zeit übernehmen. Er ist selbst auf dem Weg (Do) und kann als positives Modell hier Vorbild sein und Qualitäten vermitteln. Als solcher kann er festgefahrene Beziehungsmuster, die sich gegenüber Erwachsenen ausgebildet haben, auflösen und damit auch Spannungen in Beziehungen zu anderen Erwachsenen verringern.

*Der Budo-Pädagoge soll verhaltensauffälligen Kindern Vorbild sein und Qualitäten vermitteln.*

### Akzeptanz und Einhaltung von Normen und Regeln:

Vor allem die nonverbalen und symbolischen Rituale (Etikette) und Regeln (z.B. Abklopfen bei Schmerz oder Aufgabe, was als Aufforderung zum sofortigen Beenden des Hebels/der Immobilisation gilt) können zur Ausbildung von Verhaltenssicherheit und regelkonformem Verhalten beitragen. Wie die Übertragung in den Alltag stattfinden kann, lässt sich hier vielleicht in einer kleinen Anekdote darstellen, die – für Außenstehende sicher etwas befremdlich – jedem Budoka aber sicher bekannt vorkommt. Manchmal, mitten im Alltag, beim Betreten eines Raumes oder beim Gespräch mit einem anderen Menschen ertappt man sich, wie man kurz davor ist, sich aus Respekt zu verneigen.

### Gefühle erkennen und mit ihnen umgehen lernen – Selbstbeherrschung lernen:

Ein großes Problem besteht für ADS-Kinder darin, dass ihre Wahrnehmung stark von ihrer aktuellen Befindlichkeit abhängig ist. Oppositionell auffällige Kinder fühlen sich subjektiv ständig benachteiligt und ungerecht behandelt. Häufig sind Kinder beider Gruppen unsicher und trauen sich nichts zu, negative Emotionen herrschen vor. Gelingt es diesen Kindern durch die Meditationspraxis zumindest ab und an zu einer objektiveren Betrachtung ihrer selbst und ihrer Gefühle zu gelangen, so kann dies Auswirkungen auf ihre Reizoffenheit, ihre Reizbarkeit und ihre Selbstbeherrschung haben. Kämpfen wird zunächst immer von heftigen Emotionen (gewinnen wollen, nicht unterlegen sein …) begleitet. Und der Kampf mit sich selbst umso mehr. Wer eine Kampfkunst beherrschen will, muss sich seinen negativen Gefühlen (Angst, Wut, Hass) stellen. Er muss sie erkennen und sie kontrollieren lernen, um erfolgreich und kontrolliert kämpfen zu können. Wer wütend oder ängstlich ist, ist in sich selbst gefangen. Er hat keine Möglichkeit, sich auf das für das Aikido so wichtige „Spüren" einzulassen. Schüler, die das begriffen haben, wissen, dass sich heftige Emotionen und Kampf grundsätzlich widersprechen.

### Lern-, Leistungsmotivation und -bereitschaft (wieder-) aufbauen, Ausdauer und Durchhaltevermögen anbahnen:

Lern- und Leistungssituationen stellen für o.g. Klientel (inzwischen) ein massives Problem dar. Im Budo-pädagogischen Projekt können sich diese Kinder unter völlig anderen Voraussetzungen, die nichts mit schulischen Leistungen und somit mit ihren Defiziten zu tun haben, aber Grundqualifikationen für erfolgreichen Schulbesuch vermitteln, neu stellen. Zusammen mit oben erwähnter hoher eigener Motivation kann hier erneut Leistungsmotivation, -bereitschaft, Ausdauer und Durchhaltevermögen in einem völlig neuen Setting aufgebaut, eingeübt und trainiert werden.

### Aufmerksamkeit und Konzentrationsfähigkeit steigern:

Im Mondo (Gespräch des Lehrers zu/mit den Schülern), das hier kindgerecht und zielgruppenspezifisch kurz gehalten wird, findet eine kognitive Auseinandersetzung mit theoretischen Inhalten der Kampfkünste statt. Konzentration- und Aufmerksamkeit werden aber vor allem durch die Meditationspraxis, die allgemeine Unterrichtspraxis (denn nur wer aufmerksam ist, wird rechtzeitig reagieren können) sowie durch Konzentrations- und Wahrnehmungsspiele gefördert.

### Frustrationstoleranz aufbauen:

Kinder, v.a. oben eingehend beschriebene Kinder, neigen dazu, bei Schwierigkeiten und Frustration aufzugeben und „alles hinzuwerfen". Schwierigkeiten und Frustrationen werden sich auch in diesem Projekt einstellen, denn Kampfkunst bedeutet in erster Linie der Kampf gegen sich selbst, die eigenen Schwächen, negative Gefühle …

Aus gemeisterten Schwierigkeiten, also jedem gewonnen Kampf gegen sich selbst, geht jeder Mensch gestärkt hervor. Es ist ein hohes Gut, trotz Problemen und Frustration nicht aufgegeben, sondern durchgehalten zu haben. Die Aufgabe des Lehrers ist hier, konkret zu motivieren, jedes Bemühen beim Meistern der Schwierigkeit wertzuschätzen und es anzuerkennen. Nicht die Leistung an sich zählt und wird belohnt, sondern der Kampf und das eigene Wachsen an der Auseinandersetzung mit sich selbst. Hier kann den Schülern durch das Lernen am Modell, kurze Mondo-Gespräche mit Erfahrungsinhalten aus der eigenen „Weg-Praxis" und Geschichten über die Kampfkünste geholfen werden.

### Ausbau der psychomotorischen Funktionen – Verbesserung motorischer Fähigkeiten:

Aufgrund der negativen Eigenattribuierung, ihrer häufigen Misserfolgserlebnisse, ihrer Unruhe und Hyperaktivität sowie ihrer besonderen Art die Welt wahrzunehmen sind bei vielen Kindern psychomotorische Schwierigkeiten zu beobachten.

Viele der Kinder nehmen ihren Körper auf ganz eigentümliche Weise wahr. Anderen wiederum mangelt es an Bewegungserfahrung, was dazu führt, dass sie motorische Fähigkeiten nur unzureichend ausbilden können. Durch die Ganzheitlichkeit des Budo-pädagogischen Angebotes werden sowohl psychomotorische Funktionen wie Bewegungskoordination, -genauigkeit, Körperschema, Raum-Lage-Orientierung und Haltung als auch motorische Grundfertigkeiten wie Ausdauer, Kraft, Schnelligkeit, Beweglichkeit und Gewandtheit gefördert.

**Welche Inhalte sollen diese Fortschritte begünstigen?**

In Japan sagt man das A und O der Kampfkünste ist im **Rei** (= Gruß, Verneigung, Höflichkeit, das „rechte Verhalten") enthalten. Aufgrund der besonderen Schwierigkeiten unserer Klientel ist ein besonders klarer Rahmen, der Struktur, Halt und Orientierung gibt, notwendig. Schon für den Ablauf vor der eigentlichen Übungsstunde gibt es einige Regeln:

- Die Kinder werden um Pünktlichkeit gebeten.
- Die Hände und Füße werden gewaschen.
- Beim Betreten und Verlassen des Dojo wird entsprechend der traditionellen Etikette verneigt.
- Die Kinder erledigen kleine Aufgaben (soji), wie z.B. Blumen auf die Kamiza stellen, – Matten zusammenschieben, Reinigung/Lüften des Dojo, für die Gemeinschaft.
- Die Dojo-Sandalen werden vor Betreten der Mattenfläche ordentlich an den Mattenrand gestellt.
- Geht etwas kaputt, so werden die Kinder, sofern möglich, am Reparaturvorgang beteiligt

## 1. Etikette – Regeln – Symbole – Plätze

Viel Wert wird auf die Verneigungspraxis beim Betreten und Verlassen des Dojo und zu Beginn und Ende jeder Übung (mit einem Partner) gelegt. Daran wird im Vorfeld immer wieder erinnert, sie wird vorgelebt („Lernen am Modell") und immer wieder betont und erläutert (Wertschätzung und Respekt, gegenseitiges Versprechen um Vorsicht und Rücksichtnahme, Dank …). Der traditionelle Fersensitz (jap. seiza) ist die bevorzugte Sitzhaltung. Bei Knieproblemen oder längerem Sitzen kann auch der Schneidersitz, Lotossitz oder die burmesische Meditationshaltung eingenommen werden. Wichtig ist, dass die Sitzhaltung nicht ständig verändert wird, was Ablenkung (sich selbst – andere) begünstigen würde.

Die festgelegte Sitzordnung ist die Reihe oder der Kreis, wobei jedem Kind sein fester Platz zugewiesen ist. In der Reihe sitzen die Kinder entsprechend ihrer Graduierung mit genügend Abstand. Im Kreis, der v.a. bei Meditationsübungen, Geschichten erzählen … gewählt wird, legt die/der Verfasser/in die Plätze fest, was ermöglicht, den Kindern individuelle Hilfestellung durch kurze Berührung, Blickkontakt etc. geben zu können. Hierdurch sollen Ablenkungs- und Störquellen schon im Vorfeld möglichst gering gehalten werden.

Mit der Graduierung, die einen bestimmten Entwicklungsstand symbolisiert, sind bestimmte Aufgaben, Verpflichtungen und Verantwortlichkeiten, aber auch Rechte verbunden. Hierdurch soll einerseits die Motivation der Kinder erhalten werden, andererseits der positive Erziehungseffekt der Gruppendynamik genutzt werden.

Beginn und Ende der Übungen, stille Phasen am Anfang und Ende der Stunde werden durch zweimaliges Händeklatschen des Leiters symbolisiert. Für die Kinder bedeutet dies gleichzeitig, dass die gewünschte Sitzordnung die Reihe ist.

*Die festgelegte Sitzordnung ist oft ein Kreis, in dem jedes Kind seinen Platz zugewiesen bekommt.*

Meditations-, Gesprächs- und Geschichtenphasen werden mittels einer Klangschale signalisiert. Dies ist gleichzeitig mit der Form des Kreises, in den das Zafu (das traditionelle Sitzkissen, das zur Meditation verwendet wird) mitgebracht wird, verbunden. Im Unterrichtsraum gibt es eine „Auszeitecke". Dorthin können sich die Kinder freiwillig zurückziehen, wenn sie sich überfordert fühlen. Diese Ecke wird jedoch auch als „Auszeitplatz" für grobe Regelverletzungen (Missachtung des Gebots der Rücksichtnahme, Wutanfall ...) genutzt.

Für das Verhalten im Dojo werden folgende verbindlichen Regeln aufgestellt:
1. Ich übe vorsichtig und rücksichtsvoll mit meinem Partner, damit sich niemand verletzt oder weh tut!
2. Ich benutze Aikido-Techniken niemals außerhalb des Dojo, um jemandem weh zu tun oder um anzugeben!
3. Ich befolge die Anweisungen der Lehrerin/des Lehrers!
4. Ich übe die gezeigte Technik – sonst nichts!
5. Ich verhalte mich respektvoll (benutze keine Schimpfwörter)!
6. Ich störe niemanden absichtlich!

Das Regelwerk ist übersichtlich gehalten, damit die Einhaltung von allen Kindern erreicht werden kann. Alle Regeln sind leicht nachvollziehbar und damit für die Kinder einsehbar. Sie sind absichtlich in der Ich-Form gewählt. Ein „wir" könnte bedeuten, dass die anderen mich nicht stören dürfen, dasselbe aber für mich nicht gelten muss. Die Einhaltung zusätzlicher Normen, wie aufmerksam zusehen, zuhören, keinen Lärm machen, das Dojo in Ordnung halten, die Etiketteregeln etc. sollen durch Modell-Lernen und Hinweise in den jeweiligen Situationen erreicht werden. Hier gilt die Regel: „Der Weg ist das Ziel!", und das Bemühen um die Einhaltung wird entsprechend wertgeschätzt.

## 2. Meditation

Bei der Zazen-Meditation sitzt der Übende aufrecht im *Seiza, Lotossitz oder der burmesischen Meditationshaltung.* Der Oberkörper ist besonders aufrecht, die Hände werden im Schoß übereinander gelegt, die Augen sind halb geöffnet und auf einen Punkt gerichtet, der sich ca. einen Meter entfernt am Boden befindet. Die Atmung soll tief und ruhig sein, aber nicht willentlich beeinflusst werden. Im Zusammenspiel mit der aufrechten Haltung soll ein konzentrierter und gelöster Zustand erreicht werden.

Im Wesentlichen sollen beim Zazen die aufkommenden Gedanken lediglich betrachtet werden. Der Übende verhält sich wie ein Beobachter, der ohne Einschreiten seine Gedanken und Gefühle von der Ferne aus betrachtet. Ziel ist es, sich vom Alltag mit seinen Maßstäben, Urteilen, Bewertungen und Wünschen zu lösen und durch Sammlung „in sich selbst hineinzugehen", eine nach innen gerichtete Aufmerksamkeit zu erlangen. Jeder Augenblick soll körperlich und geistig wach, regungslos, bewusst und sensibel wahrgenommen werden. Im Vordergrund steht für die ausgewählte Zielgruppe das kurze Innehalten im Alltag, das „Abstoppen" im rastlosen geschäftigen Tun, das meist durch äußere Reize beeinflusst ist; sich also wenige Minuten (ca. fünf) in Ruhe mit sich selbst zu beschäftigen. Neben dem Zazen werden mit den Kindern andere meditative Übungen, die durch Geschichten, durch Konzentration auf eine Kerze o. Ä. unterstützt werden, durchgeführt. Ebenso werden mit ihnen Übungen zur Achtsamkeit, wie z.B. das bewusste Essen einer Mandarine o. Ä. praktiziert. [21]

### 3. Spiele

Kinder spielen gern und lernen spielend in mehrerlei Hinsicht. Durch Spiele (Auswahl), die besondere Fähigkeiten fördern, lernen sie im Spiel (sozialen Miteinander) spielend, d.h. ohne es zu merken. Als Grundprämisse für die Auswahl der Spiele gilt immer, dass sie in besonderem Maße (trotz aller Konkurrenz) auf Fairness, Rücksichtnahme und prosoziales Verhalten abzielen. Im Folgenden sollen die Spielformen, die zur Anwendung kommen, kurz dargestellt werden.

#### *Soziale Bewegungsspiele:*
Diesem Bereich sind alle Spiele zuzuordnen, die das Miteinander, also den Gruppenprozess fördern. In ihnen sollen die Kinder soziales Verhalten, Regeleinhaltung, Solidarität, Teamgeist, Fairness und Verantwortung üben.

#### *Zweikampfspiele – Rauf- und Rangelspiele:*
Zweikampf-, Rauf- und Rangelspiele dienen einerseits der Entwicklung von Koordination und Kondition, andererseits der Förderung von Ehrlichkeit, Kampfgeist, Durchhaltevermögen, Entscheidungsbereitschaft, Ausdauer und Frustrationstoleranz.

Viele der Spiele weisen Verwandtschaften zu speziellen Techniken aus dem Ringen oder Judo auf.

#### *Vertrauens- und Kooperationsspiele:*
Zu diesem Bereich gehören Spiele, die das Vertrauen in sich und andere und die Verantwortungsbereitschaft fördern.

#### *Konzentrations- und Wahrnehmungsspiele:*
Hier werden alle Spiele zusammengefasst, die in besonderem Maße dazu geeignet sind, Erregung und Unruhe abzubauen und die Wahrnehmung, Aufmerksamkeit und Konzentration zu fördern.[22]

## 4. Aufwärmen – Chinesische Gymnastik – Yoga

Gymnastische Übungen sollen neben der Erwärmung des Körpers und Verbesserung der Beweglichkeit auch die Haltung, Gleichgewichtssinn und Geschicklichkeit fördern, den Energiefluss aktivieren, zu mehr Wohlbefinden und Körperbewusstsein führen. Um die Motivation der Kinder aufrechtzuerhalten werden Elemente unterschiedlichster Herkunft (westliche Funktionsgymnastik, indisches Yoga, Makoho bzw. Meridian-Dehnübungen aus der TCM) verwendet.

Vor allem die asiatischen Gymnastik- und Yoga-Übungen wirken beruhigend und sensibilisierend auf Körper und Geist. Außerdem bieten sie eine gute Einführung in die fernöstlichen Kampf- und Bewegungskünste.

## 5. Aiki taiso – Grundübungen zur Koordination

Unter Aiki taiso werden Grundübungen ohne Partner verstanden, bei der die Atmung, Entspannung und mentale Konzentration von großer Bedeutung ist. Ziel ist es, Körper, Seele und Geist zu integrieren. Diese Grundübungen behandeln den Menschen als Ganzheit und dienen dazu, die Tätigkeit der Organe zu regulieren und zu harmonisieren, alle körperlichen und seelischen Blockaden zu lösen und die physischen und mentalen Kräfte, die Lebensenergie zu sammeln.

## 6. Ki-Übungen

Ki-Übungen dienen in besonderem Maße dazu, die Einheit von Körper-Seele-Geist erfahrbar zu machen und herzustellen. Kinder finden diese Übungen meist besonders spannend, weil ihnen etwas „Magisches" anhaftet. Gefesselt von der Übung, bemerken sie oft gar nicht, welche Konzentrationsleistung sie vollbringen.

In diesen Übungen wird gleichzeitig „unnötiger" Krafteinsatz ad absurdum geführt. Krafteinsatz und Anspannung führen immer zum Misslingen der Übung.

## 7. Ukemi waza – Rollen und Fallen

Vorwärts, rückwärts, seitwärts Fallen und Rollen zu können, dient im Aikido dem sicheren und verletzungsfreien Selbstschutz in späteren Partnerübungen. Darüber hinaus fördern sie Bewegungskoordination, Körperspannung, Gleichgewichtssinn, Raumorientierung und Raumwahrnehmung.

## 8. Spezielle Bewegungsformen des Aikido

Im Aikido gibt es spezielle Bewegungsformen wie z.B. Tai sabaki (wörtlich etwa den Körper = tai drehen, bewegen = sabaki bzw. die Position verändern) oder shikko (sog. „Knie-gang"), die in besonderer Weise spielerisch geübt werden können.

## 9. Kihon – die Technikschule

Kihon, wörtlich etwa: Grund(-lage), Basis, Standart, allgemein die Grundschule in den Budo-Disziplinen, nimmt einen weiteren inhaltlichen Teil des Angebots ein.

Im Aikido werden Wurf- und Haltetechniken sowie die Kombination aus beiden unterschie-den. Aikido-Techniken werden immer in Kooperation mit mindestens einem Partner geübt, was ein hohes Maß an Zusammenarbeit erfordert. Die Rollen von Angreifer (uke) und Verteidiger (nage oder tori) sind fest vorgegeben, wodurch konkurrierende Zweikämpfe vermieden werden sollen. Stattdessen sehen sich beide als Partner im Lernprozess. Um den besonderen Bedürfnissen der Zielgruppe gerecht zu werden, wurden für den Unter-richt viele unterschiedliche kokyu-nage („Atemkraftwürfe") ausgewählt. Bei der Ausführung ist es besonders wichtig, sich mit der Angriffsenergie des Partners zu synchronisieren und ihn durch seine eigene Energie, Kraft, Schnelligkeit sowie der eigenen Atemkraft zu Fall zu bringen. Neben Bodenfixierungstechniken (z.B. ikkyo) wurden einfachere Wurftechniken (z.B. „kokyu-nage", „irimi nage", „shiho nage", „kaiten nage", „tenchi nage", „aiki-otoshi") ausgewählt. Alle Hebeltechniken wurden aufgrund des noch nicht beendeten Knochen-wachstums der Kinder, was zu einer besonderen Elastizität der Knochen und Gelenke führt, weggelassen. Auch wurden die Wurftechniken aufgrund ihrer Komplexität und Gefährlich-keit reduziert.

## 10. Randori – Jiyu – Waza

Randori (wörtlich etwa: locker = ran, nehmen = toru, greifen) bezeichnet eine Übungsform, die am ehesten mit Zweikampfformen (kumite) anderer Kampfkünste vergleichbar ist. Unter Randori sind Anwendungsübungen zu verstehen, bei denen die Beherrschung des Ver-haltens und der Techniken praktisch erprobt wird. Ein nage (Verteidiger) steht einem oder mehreren uke (Angreifern) gegenüber.

In diesen Formen können die Kinder sich in relativ realen Situationen als „stark" und „hand-lungsfähig" erleben, wobei gleichzeitig das Prinzip „Siegen durch Nachgeben" transparent wird. Die Sinnlosigkeit aggressiven Verhaltens wird so für alle erfahrbar.

## 11. Entspannungsübungen – Massageformen

Zum Unterricht jeder guten Kampfkunst gehört der Bereich der Entspannung. Zum Ende der Übungsstunde soll der Kreislauf beruhigt, die Muskelspannung gelockert und mögliche psychische Erregungszustände abgebaut werden.

Hier bieten sich das autogene Training sowie kindgerechte Massageformen an. Diese Übungen dienen neben der Entspannung auch dem Aufbau von Körpergefühl, der Wahrnehmungsschulung, der Förderung der Empathie sowie dem eigenen Wohlbefinden.

## 12. Mondo – das Lehrgespräch

Unter Mondo versteht man das traditionelle Lehrgespräch, das im Budo mitunter Ausdruck des traditionellen Lehrer-Schüler-Verhältnisses (Shitei) ist. Für das vorliegende Konzept ist das Mondo in zweierlei Hinsicht wichtig: einerseits zur Informationsvermittlung (in Form von kurzen Erzählungen oder Geschichten über die Kampfkünste), andererseits zur Herstellung bzw. Aufrechterhaltung einer förderlichen Atmosphäre.

## 13. Prüfungen – Graduierungen

In den meisten japanischen Kampfkunstdisziplinen wird der erreichte Fortschritt des Schülers in der Technikbeherrschung, manchmal auch in der Persönlichkeitsentwicklung, durch Prüfungen und die Verleihung von Urkunden oder farbigen Gürteln bestätigt. Aus folgenden Gründen wurde für das vorliegende Konzept die Entscheidung zugunsten farbiger Gürtel und Prüfungen gefällt:

- Der sichtbare farbige Gürtel sowie die dazugehörige Urkunde steigert das Selbstwertgefühl des Inhabers durch Statusgewinn in der Gruppe.
- Dies wiederum kann zur Motivationssteigerung der Mitschüler sowie zur Erziehung der Schüler untereinander (positives Vorbild) beitragen.
- Jeder, egal ob klein-groß, dick-dünn, schwach-stark, kann im eigens für dieses Konzept entwickelten Graduierungssystem durch Anstrengungsbereitschaft, Bemühung und Fortschritt den nächsten Gürtel erreichen.
- Nach verhaltenstherapeutischem Muster können hier persönliche Fortschritte, vor allem im Sinne des Aufbaus prosozialen Verhaltens, zeitnah belohnt und verstärkt werden.

### 14. Stundenstruktur

Zur besseren Orientierung für die Kinder verlaufen alle Stunden nach einem bestimmten Muster. Sie beginnen mit der Begrüßungszeremonie und einer kurzen Meditationsphase. Nach der Aufwärmphase und obligatorischen Fall- und Rollübungen kommt der Hauptteil. In ihm wechseln sich Lern- und Spielphasen, Bewegung und Ruhe ab. Den Abschluss bilden Entspannungs- oder Massageeinheiten, bevor die Stunde mit zeremonieller Verabschiedung beendet wird.

### 15. Events

Die Motivation von Kindern ist häufig durch kleine außergewöhnliche Ereignisse wie z.B. gemeinsames Ansehen von Kampfkunst-DVDs, Vorführung vor den Eltern ... positiv zu beeinflussen. Dies führt zu einer individuell höheren Wertschätzung der Maßnahme und fördert gleichzeitig das Gruppengefühl.

## Schlussbemerkung

Was motiviert Menschen, insbesondere Kinder, sich adäquat zu verhalten oder ihr Verhalten sogar grundlegend zu verändern?

Kinder, vor allem jene mit emotionaler Entwicklungsverzögerung, agieren noch sehr personenabhängig sowie nach dem Kosten-Nutzen-Prinzip (Aufmerksamkeit und Beziehung stehen im Vordergrund, ob dies durch negative oder positive Zuwendung geschieht ist zunächst zweitrangig). Für Menschen jeden Alters gilt, dass extrinsische (das Verhalten ist nicht zielführend, wird von Mitmenschen abgelehnt und/oder sanktioniert) und/oder intrinsische („Leidensdruck") Motive vorhanden sein müssen. Unterstützend wirken Beziehungen zu Mitmenschen, die helfend zur Seite stehen und durch positives Feedback die nötige Motivation aufbauen. Ein wichtiger Bestandteil hierfür sind auch kleine Schritte auf der Erfolgsleiter, die sicht- oder spürbar sind. In vorliegendem Projekt sind diese Faktoren angelegt.

Motivation zur Verhaltensverbesserung soll sowohl durch den "exotischen" Reiz, das „Außergewöhnliche", das Graduierungssystem (sichtbarer Erfolg durch Wechsel der Gürtelfarbe, neuen Platz) und die besondere Beziehung, die Bemühen und Fortschritte wertschätzt, erreicht und aufrechterhalten werden (extrinsische Motivation). Die intrinsische Motivation soll durch die Auseinandersetzung mit der eigenen Person (Erkennen der eigenen Stärken und Schwächen), das direkte Erleben der Auswirkungen des eigenen Verhaltens in der Gruppe (direktes Feedback) verstärkt werden.

Inwieweit die Ziele, der Abbau störender und der Aufbau prosozialer Verhaltensweisen, also größtmögliche „Normalität" durch die Budo-pädagogische Maßnahme bedeutsam beeinflusst werden kann, wird schlussendlich nur schwer nachvollziehbar sein, da das Budo-pädagogische Projekt als eine Maßnahme unter anderen pädagogischen und therapeutischen Interventionen stattfinden wird. Zusätzlich wird nicht ohne weiteres klärbar sein, inwieweit mögliche positive Effekte personenabhängig, d.h. weniger auf die Konzeption des Trainings, als auf die Person der Budo-Pädagogin zurückzuführen sind.

1   vgl. Neuhaus, Cordula: Hyperaktive Jugendliche und ihre Probleme – erwachsen werden mit ADS – Was Eltern tun können. Berlin 2000, S. 72
2   Becker, Peter/Koch, Josef (Hrsg.): Was ist normal? Normalitätskonstruktionen in Jugendhilfe und Jugendpsychiatrie. München 1999
3   vgl. Neuhaus, 2000, S. 37
4   vgl. Döpfner et al., 1997, nach Döpfner, M./Frölich, J./Lehmkuhl, G.: Hyperkinetische Störungen – Leitfaden Kinder- und Jugendpsychotherapie. Göttingen 2000, S. 4
5   vgl. Neuhaus, 2000, S. 37
6   vgl. Neuhaus, 2000, S. 71
7   vgl. Döpfner/Frölich/Lehmkuhl, 2000, S. 27
8   vgl. Neuhaus, 2000, S. 56
9   vgl. Döpfner, M./Schürmann, S./Frölich, J.: Therapieprogramm für Kinder mit hyperkinetischem und oppositionellem Problemverhalten THOP. 3. Auflage, Weinheim 2002, S. 28
10  vgl. Döpfner/Schürmann/Frölich, 2002, S. XIX
11  vgl. Döpfner/Schürmann/Lehmkuhl, 2000, S. 36
12  vgl. Döpfner/Schürmann/Lehmkuhl, 2000, S. 39
13  vgl. Döpfner/Schürmann/Frölich, 2002, S. 34
14  vgl. Döpfner/Schürmann/Frölich, 2002, S. 34
15  vgl. Döpfner/Schürmann/Frölich, 2002, S. 33
16  vgl. Döpfner/Schürmann/Frölich, 2002, S. 10
17  vgl. Döpfner/Schürmann/Lehmkuhl, 2000
18  vgl. Döpfner/Schürmann/Lehmkuhl, 2000, S. 51
19  vgl. Pöhler, in: Wendt (Hrsg.), 2004, S. 74)
20  vgl. Wolters, Jörg-Michael: Kampfkunst in der Kinder- und Jugendpsychiatrie – Das ungewöhnliche Normale für die normalen Abweichler. In: Becker, P./Koch, J. (Hrsg.) (1999): Was ist normal? Normalitätsstrukturen in Jugendhilfe und Jugendpsychiatrie. Weinheim 1999, S. 177
21  vgl. Merz, Vreni: Übungen zur Achtsamkeit – Mit Kindern auf dem Weg zum Zen. 2. Auflage, München 2004; Schneider, Monika & Ralph: Meditieren mit Kindern – Stilleübungen, Phantasiereisen, Musikmeditation, Wahrnehmungsübungen … Set mit Anleitungsbuch. Mühlheim 1994; Brunner, Reinhard: Hörst du die Stille? Meditative Übungen mit Kindern. München 1998)
22  vgl. Portmann, R./Schneider, E.: Spiele zur Entspannung und Konzentration. 15. Auflage, München 2004

Florian Besch

# Shorinji-Ryu Karate-Do mit Morbus-Menière- und Tinnitus-Betroffenen

## Zur heilpädagogischen Wirksamkeit von Kampfkunst

Es ist wohl unbestritten, dass das – richtig betriebene – Üben von Kampfkunst einen gesundheitsfördernden Charakter für den Menschen besitzt. Ist allerdings Budo nicht nur gezielt pädagogisch, sondern auch heilpädagogisch einsetzbar? Für jeden und jede Budoka ist es eine selbstverständliche Erfahrung des jahrelangen Übens, dass Budo eine heilende Wirkung auf das Selbst hat, und – wie nicht anders zu erwarten – wird die Frage nach der heilpädagogischen Wirksamkeit von Kampfkunst im Laufe dieses Kapitels mit „ja" beantwortet werden. Es soll hier aber zudem aufgezeigt werden, welche Elemente der Kampfkünste grundsätzlich bzw. im Speziellen des Shorinji-Ryu Karate-Do in welcher Weise wirksam sind, um Menschen, die von Morbus Menière und/oder chronischem Tinnitus betroffen sind, eine heilpädagogische Hilfestellung zu geben.

Heilpädagogik beinhaltet dabei nicht primär die Wiederherstellung eines gesunden Körper- und Geisteszustandes, sondern die ganzheitliche Betrachtung und Bearbeitung von Problemstellungen des Menschen. Eine entsprechende Erziehung integriert Körper, Geist und Seele, um Menschen bei ihrer Heilung, d.h. „Ganzwerdung", zu unterstützen. Dieses Kapitel demonstriert, wie Budo-Pädagogik im Sinne einer ganzheitlichen Heilpädagogik, die nicht gegen Beeinträchtigungen oder „Defekte" arbeitet, sondern für die Entfaltung und das Wachstum des ganzen Menschen eintritt, bei einer bestimmten Zielgruppe eingesetzt werden kann.

## Die Zielgruppe

Ein wesentliches Charakteristikum der Budo-Pädagogik liegt in ihrer spezifischen Arbeit in Bezug auf die Besonderheiten einer Gruppe.[1] Die Symptome, Beschwerden und Problemstellungen der hier angesprochenen Zielgruppe weisen in vielen Bereichen Überschneidungen auf (z.B. ist eine Folge des Morbus Menière ein Tinnitus), so dass sich eine gemeinsame Betrachtung und Budo-pädagogische Maßnahme anbietet.

## Morbus Menière

Morbus Menière wird als eine Innenohr-Krankheit definiert, die durch die drei folgenden Symptome gekennzeichnet ist:
1. anfallsartig eintretende Drehschwindelanfälle verbunden mit Erbrechen,
2. eine (zumeist einseitige) Innenohrschwerhörigkeit und
3. einen Tinnitus.

Bei 3200 bis 9000 Neuerkrankungen pro Jahr sind etwa 0,1 Prozent der deutschen Bevölkerung von dieser in der Regel einseitigen Erkrankung des Gleichgewichts- und Hörorgans betroffen.[2] Alle drei Symptome manifestieren sich von Patient/in zu Patient/in sehr verschieden, weswegen sich auch die Krankheitsverläufe unterscheiden. Es wird angenommen, dass die Schwindelanfälle durch eine Regulationsstörung der Lymphflüssigkeit in den Gehör- und Gleichgewichtsschläuchelchen (vor allem Saccus und Ductus endolymphaticus) des Innenohres zustande kommt. Diese geraten aufgrund der Anstauung von Lymphe unter Druck und stören das Gehör- und Gleichgewichtssystem.[3] Der Grund für diese Vorgänge ist allerdings unbekannt. Der Schwindel tritt aus vollem Wohlbefinden heraus attackenweise auf. Die Betroffenen können sich unmittelbar nicht mehr auf den Beinen halten und müssen (teilweise unstillbar) erbrechen. Sie empfinden, in der Annahme eines Infarktes, Todesängste und eine starke Hilflosigkeit. Diese Anfälle dauern mindestens zehn Minuten, können aber auch bis zu mehreren Stunden währen, und kommen von wöchentlich, mehrmals im Monat bis zu alle paar Jahre vor. Bei weiter verlaufender Krankheit – und damit häufiger vorkommendem Anfallsgeschehen – treten Unsicherheit, Angst und Panik vor der nächsten Schwindelattacke in den Vordergrund. Möglicherweise entsteht ein sich aufschaukelnder Prozess von Angst und Schwindelanfall („Teufelskreislauf"), in dessen Folge sich zu dem organischen Schwindelgeschehen ein psychisch-seelischer Schwindel, der Verlust des inneren Gleichgewichts, einstellt. Es kann ein dauerhafter, so genannter „psychogener Schwindel" entstehen, bei dem Patientinnen und Patienten „taumelig, nicht standfest, wackelig, aneckend, wirr im Kopf, [...] ein dröhnendes Gefühl und Angst, oft sehr viel Angst haben. [...]"[4]. Neben der Einschränkung der Lebensqualität kann eine häufigere Frequenz der Menière-Anfälle eine Verkehrsuntauglichkeit und Arbeitsunfähigkeit zur Konsequenz haben. Angst und Unsicherheit können bei den Betroffenen nicht selten zu einer sozialen Isolation und/oder einer Depression führen.[5]

Bei längerem Verlauf von Morbus Menière kommt es zu einer meist einseitigen Innenohrschwerhörigkeit. Der sich anschließende Verlust des Richtungshörens und die deutliche Hörminderung behindern den zwischenmenschlichen Kontakt und Betroffene neigen dazu, Kommunikation aufzugeben und sich zunehmend sozial zurückzuziehen. Entsprechend der Schwere der Hörminderung und des Auftretens der Schwindelanfälle werden vier Stadien der Menière-Erkrankung unterschieden.[6] Im letzten Stadium spricht man von einem „ausgebrannten" Morbus Menière, d.h. die Schwindelanfälle haben aufgehört.

Nach durchschnittlich neun Jahren tritt diese Phase ein, wobei über die Gründe wiederum nichts bekannt ist. Zurück bleiben in der Regel die Schädigung des Hör- und Gleichgewichtssinns, ein chronischer Tinnitus und die psychisch-seelischen Folgeproblematiken.

### Tinnitus

Als Tinnitus (aurium) werden Ohrgeräusche und Ohrensausen, d.h. wahrgenommene Geräusche ohne externe Schallquelle bezeichnet.[7] Tinnitus ist im eigentlichen Sinn keine Krankheit, sondern ein Symptom einer Krankheit bzw. von „etwas anderem".[8] Während Tinnitus als kurzzeitiges Phänomen vielen Menschen bekannt ist, leiden ca. drei Millionen Menschen in Deutschland unter einem chronischen Tinnitus. Jährlich gibt es ca. 340.000 Neuerkrankungen.[9] Die meisten Betroffenen bewältigen den Tinnitus durch eigenständige, auch unbewusste Gewöhnung. Allerdings erleben auch viele Menschen „eine mittelschwere bis unerträgliche Einschränkung ihrer Lebensqualität"[10] durch den Tinnitus und werden behandlungsbedürftig. Bei den meisten Patientinnen und Patienten kann keine organische Ursache für das Symptom gefunden. Als mögliche Ursachen werden Lärmbelastungen, Hörsturz, seelisch-psychische Konflikte u.a. angegeben.[11] Es wird angenommen, dass der Tinnitus durch „eine Störung des Filtersystems der akustischen Information der Hörsinneszellen und/oder der Hörbahn für die Störung des akustischen Informationstransports zum Gehirn"[12] zustande kommt. Betroffene leiden z.B. unter Angst, Schlaf- und Konzentrationsstörungen, nervöser Unruhe, Kopf- und Verspannungsschmerzen, Schwindel, eingeschränkter körperlicher und seelischer Belastbarkeit und Depression bis hin zur Suizidalität. Zudem entwickelt sich bei vielen Patientinnen und Patienten eine Überempfindlichkeit für Geräusche (Hyperakusis) und eine Hörminderung.

### Probleme der Betroffenen

Abgesehen vom akuten Anfallsgeschehen und von der massiven Gleichgewichtsstörung beim Morbus Menière überschneiden sich die Symptome und Einschränkungen, die durch beide Krankheitsbilder bei Patientinnen und Patienten hervorgerufen werden. Sie können wie folgt in Kürze zusammengefasst werden:
- Gleichgewichtsstörung, Schwindel (nur bei Morbus Menière)
- Tinnitus (Ohrgeräusche und Ohrensausen)
- Hörminderung
- Hyperakusis
- Leistungseinschränkung, Konzentrationsstörungen
- Kopf- und Verspannungsschmerzen
- Angst
- Selbstwertverlust, evtl. Depression
- Soziale Isolation, Unsicherheit im Alltag

Es wird deutlich, dass bei Morbus Menière und chronischem Tinnitus ein polysymptomatischer Komplex vorliegt, d.h.: Der ganze Mensch mit Körper, Geist und Seele ist, wenn auch individuell in unterschiedlichem Maße, betroffen. Das physische und psychische, innere und äußere Gleichgewicht gerät dabei aus den Fugen.

### Therapiekonzepte

Die ursächlichen Entstehungsfaktoren von Morbus Menière und chronischem Tinnitus sind weitgehend unbekannt und deshalb medizinisch nicht oder nur selten erfolgreich behandelbar. Obschon für Morbus Menière einige medizinische Eingriffe und Teilbehandlungen zur Verfügung stehen, sind diese, wie z.B. das Ausschalten des Gleichgewichtsnervs, mit weiterführenden Einschränkungen für die Betroffenen verbunden und deshalb umstritten. Die Unklarheit der Pathophysiologie und die vielgestaltige psychosomatische Symptomatik beider Krankheitsbilder hat zur Entwicklung, allgemeinen Anerkennung und Anwendung von ganzheitlichen (im Sinne von den ganzen Menschen als Einheit von Körper, Geist und Seele betrachtend) Therapiekonzepten geführt. Denn einige der vorhandenen Symptome sind zum Teil „ausgleichbar" oder „beeinflussbar".[13] Patientinnen und Patienten sollen einen eigenen Umgang mit den Symptomen erlernen und befähigt werden, ihr Leben unter neuen Gesichtspunkten weiterführen zu können („Retraining").

Bezüglich des Morbus Menière steht im Zustand der „ausgebrannten" Krankheit oder nach abgeschlossener medizinischer Therapie (Medikationen, Operationen) die Habituation (Gewöhnung) des Tinnitus und der Hörminderung im Vordergrund. Patientinnen und Patienten mit Morbus Menière oder mit chronischem Tinnitus befinden sich hier in einer vergleichbaren Situation. Betreuung (Counselling), Hör- und Geräuschtraining, psychotherapeutische Bearbeitung und integrative Körperarbeit werden in den meisten Spezialkliniken und -abteilungen als wesentliche Therapiebausteine von multidisziplinären Teams ausgeführt. Als wichtigster Punkt in dieser Phase wird von allen Seiten „die Hilfe zur Selbsthilfe" angesehen.[14] Aufgrund des engen Zusammenhangs zwischen psychisch-seelischen und körperlichen Beschwerden nehmen in der stationären wie in der ambulanten Therapie entsprechende Körperbewegungs- und Entspannungsübungen einen wichtigen Raum als Kompensations- und Koordinationstraining ein. Die Betroffenen beider Krankheitsbilder verlieren häufig nach dem körperlichen Gleichgewicht (durch Schwindel oder Ohrgeräusch) auch ihre seelische Balance. Die Wiederherstellung einer inneren und äußeren „Haltung" ist daher vorrangiges Ziel einer Therapie.

Entspannungs- und Bewegungstechniken, wie z.B. Taiji Chuan und Chi Kung, sind allgemein anerkannt und werden im Rahmen der ganzheitlichen Therapien zumeist als begleitende Verfahren angeboten. Sie setzen dabei an, dass das Gleichgewicht eine (wiederer-)lernbare Körperfunktion ist. Körperwahrnehmung, Entspannungs- und Konzentrationsfähigkeit können in „einer" Übung verbessert werden. Eingesetzt neben einem individuellen Gleich-

gewichtstraining können sie die Körpereigenfühler, Augen und Sensomotorik stärken, um seelische Schwindelzustände und körperliches Gleichgewicht zu verbessern.[15] Taiji Chuan und Chi Kung gehen zudem von einem ganzheitlichen Menschenbild aus, d.h., dass Körper, Geist und Seele gleichzeitig in den Übungen „bearbeitet" werden. Sie fördern die Selbstakzeptanz und führen zu Achtsamkeit und Gelassenheit.[16]

## Budo-Pädagogik als heilpädagogisches Konzept

Budo-Pädagogik betont bestimmte Elemente des traditionellen Budo so, dass ein entsprechendes Üben über das Betreiben eines Sports oder eines rein bewegungstherapeutisch angelegten Trainings hinausgeht.

Shorinji-Ryu Karate-Do, wie andere Budo-Disziplinen auch, beinhaltet das maßgebliche Ziel, die Persönlichkeitsentwicklung zu fördern. Als Budo-pädagogische Maßnahme kann es in eine ganzheitliche Therapie zur Behandlung von Morbus Menière und chronischem Tinnitus integriert werden und deren andere Komponenten, wie z.B. Verhaltens- oder Psychotherapien, Physio- und Physikalische Therapie, unterstützen und ergänzen. Das hier vorgestellte Konzept betont die heilpädagogischen Aspekte des Shorinji-Ryu Karate-Do und der Budo-Pädagogik, indem das ganzheitliche Lernen (im Denken, Fühlen und Handeln) im Hinblick auf die Problemstellungen der Betroffenen gefördert wird.

### Shorinji-Ryu Karate-Do

Die Eignung von Shorinji-Ryu Karate-Do für diese heilpädagogische Maßnahme begründet sich bereits in der Tradition dieses Stils. Aus seiner Geschichte lässt sich aufzeigen, dass Shorinji-Ryu Karate-Do eine (heil-)pädagogische Wirksamkeit quasi inhärent ist. Karate-Do geht auf eine mehr als 1000 Jahre alte waffenlose Kampfform zurück, die auf den japanischen Ryu-Kyu-Inseln entstand. Seit dem 17. Jahrhundert kam es zu vielfältigen Einflüssen aus China (Shaolin) und Südasien. Später bürgerte sich die Bezeichnung „Kara-te" für China-Hand ein. Erst Anfang des 20. Jahrhunderts wurde Karate öffentlich gemacht und gelangte in diesem Zuge auf die japanischen Hauptinseln. Funakoshi Gishin war als maßgeblicher Wegbereiter dieser Entwicklung dafür verantwortlich, dass Karate zu „die leere Hand" umbenannt wurde.[17] Damit wurde Bezug genommen auf die Tradition und Philosophie des Budo, die durch die Betonung des „Weges (Do) zur Kampf-Vermeidung (Bu)" die Friedfertigkeit und innere Persönlichkeitsentwicklung als Ziel des Trainings in den Vordergrund stellten.

Im Laufe der Zeit bildeten sich diverse Stile bzw. Schulen („Ryu") im Karate heraus. „Shorinji-Ryu" bezeichnet einen Stil oder Übungsweg, der sich explizit auf die Wurzeln der Shaolin-Tempel-Kampfkunst bezieht, wobei Wolters betont, dass es „kein bereits bestehendes festgelegtes Kampfkunst-System"[18] ist. Shorinji-Ryu beinhaltet neben traditionellem Karate-Do zum einen die explizite Nähe zur Philosophie und den meditativen Übungen des Zen-Buddhismus, zum anderen greift es zurück auf die chinesischen und indischen Wurzeln der Kampfkünste und nimmt Chi Kung, von dem das Taiji Chuan eine Form ist, und indisches Yoga als essenzielle Bestandteile in sein Übungssystem auf.[19]

Diese Elemente und die sich daraus entwickelnden Idealvorstellungen zur Persönlichkeitsentwicklung betonen besonders die „erzieherischen Werte"[20]. Die Kampfkunst wird zu einem Lebensweg, zu einer Schule für den Charakter durch Körper- und Selbstbeherrschung. Das höchste Ziel des Übens ist es demnach, Respekt und Gleichmut gegenüber jeder Situation, jedem Lebewesen und sich selbst zu empfinden und zu zeigen.[21] Die Grundlage dessen ist es, eine innere Harmonie herzustellen. Shorinji-Ryu Karate-Do ist Meditation in Bewegung, in der Körper, Geist und Seele zu einem Einklang, einem Gleichgewicht, geführt werden. Die physischen Übungen haben u.a. zum Ziel, die Lebensenergie (chin. „Chi") im Körper zu steigern und zu speichern. Die Verwurzelung in der Erde und die Körperzentrierung bewirken beim Übenden ein inneres und äußeres Gleichgewicht des Selbst.

### Heilpädagogische Ziele

Das Konzept dieser Budo-pädagogischen Maßnahme konzentriert sich auf Menschen mit einem Defizit, das ursächlich körperlich in Erscheinung tritt (Schwindel, Ohrgeräusch). Sie empfinden ihren Körper als unbeherrschbar, er scheint, sich verselbstständigt zu haben. Die primären, physischen Symptome können weder medizinisch noch therapeutisch geheilt werden und weiten sich auf die Psyche aus. Daraus kann sich ein Kreislauf ergeben, in dem sich die Beschwerden gegenseitig aufschaukeln. Budo bzw. Shorinji-Ryu Karate-Do benutzt vorwiegend den Körper als Arbeitsmedium und wird von daher anstreben, diesen Kreislauf umzudrehen. Im Sinne eines Rückkopplungsmechanismus wird mithilfe des Körperlichen auf die Psyche eingewirkt. Die Betroffenen müssen den Umgang mit ihren Beschwerden erlernen. Eine Budo-pädagogische Maßnahme mit Shorinji-Ryu Karate-Do kann entsprechende Therapien begleiten und ergänzen.

Für ein spezifisches Training mit Morbus-Menière- und Tinnitus-Betroffenen ergeben sich aufgrund der dargelegten Beschwerden die folgenden Schwerpunkte:
- Abbau der Unsicherheit und Überempfindlichkeit im Hören,
- Abbau körperlicher Verspannungen
- Bereitstellung effizienter Stressbewältigungsstrategien,
- Allgemeine Wahrnehmungs- und Konzentrationsschulung,
- Verbesserung der Körper- und Selbstwahrnehmung,
- Gleichgewichtsschulung,
- Selbstwertgewinn und die
- Verbesserung der sozialen Handlungskompetenz.

### Was bietet Shorinji-Ryu Karate-Do für die Betroffenen?

#### *Der Dojo und die Etikette*

Zunächst einmal stellt möglicherweise die Unsicherheit im sozialen Miteinander und in der physischen Bewegung für die Betroffenen eine Schwelle dar, um ein Kampfkunst-Training zu beginnen. Um neue Verhaltensstrategien zu erproben, bedürfen die Betroffenen eines geschützten Erfahrungsraumes. Der **Dojo** als Raum, in dem geübt wird, wird im Budo dementsprechend bewusst eingerichtet und genutzt. Er bietet eine geschlossene Atmosphäre und Identifikation für die Übenden. Die Morbus-Menière- und Tinnitus-Betroffenen können sich im Dojo frei und sicher bewegen, um Lernfortschritte zu erzielen.

In enger Verbindung zum Dojo steht im Budo die **Etikette** (Rei-Ho), die z.B. vorgibt, dass sich beim Betreten und Verlassen des Dojo verneigt wird. Diese Übung gibt dem Raum eine Besonderheit, lässt ihn zum gemeinsamen Ort des Trainings werden. Im Verlauf jeder Übungsstunde wird die Verneigungspraxis in verschiedenen Zusammenhängen wiederholt. Die Verneigung vor dem gemeinsamen Ziel und vor den Übungspartnerinnen und -partnern drückt eine Wertschätzung aus, die mit der Zeit auch zu einer Wertschätzung gegenüber sich selbst führt. Darüber hinaus verbindet die Gruppe aufgrund ihrer Einschränkungen ein gemeinsames Ziel, nämlich den besseren Umgang mit ihren Symptomen. In einem fortlaufenden Rahmen wird sich die Gruppe über ihre Gemeinsamkeiten konstituieren, um im Sinne des Budo zu „Gleichgesinnten auf dem Weg" zu werden.[22]

### Meditative Übungen

Die Steigerung der Konzentrations- und (Selbst-)Wahrnehmungsfähigkeit wird vor allem durch meditative Übungen bzw. **Zazen** (Sitzen in Stille) geschult. In Abstimmung mit der Gruppe muss dabei entschieden werden, ob Stille zuträglich, oder ob eine Konzentration und Entspannung besser durch z.B. Hintergrundmusik erzielbar ist. Die physische und psychische Entspannung ist der erste wichtige Schritt in der Arbeit mit der Zielgruppe. Darauf aufbauend kann im Hinblick auf die Ziele der Maßnahme besonders die Wahrnehmung des eigenen Körpers geschult werden. In einem langfristigen Prozess der Übung von Entspannung können Angst (z.B. vor einem neuen Anfall) und festgefahrenen Emotionen und Gedanken (bezüglich der Beschwerden) entgegengewirkt werden (Stressbewältigungsstrategien). Achtsamkeit und Gelassenheit werden an ihrer statt entwickelt und ermöglichen es, beispielsweise den Tinnitus weniger vorrangig wahrzunehmen bzw. am Ohrgeräusch „vorbei zu hören".

Zur Linderung der subjektiv empfundenen Dramatik des Schwindels, der Höreinschränkung und der Ohnmacht gegenüber dem Ohrgeräusch ist es förderlich, andere Sinne wie das Sehen, das Tasten und die Körpereigenfühler zu schulen. Teile des ausgefallenen Hörsinns können u.a. durch eine Steigerung der visuellen Wahrnehmung kompensiert werden. In den Kampfkünsten gibt es zahlreiche Übungen, die genau auf diese Entwicklungen abzielen.

Die Erfahrungen der Meditation können wiederum in Kampfkunst-Formen umgesetzt werden und verleihen neue Sicherheit in Bewegungen. Im Mittelpunkt der Körper- und Bewegungsübungen des Shorinji-Ryu Karate-Do steht der **„feste Stand".** Es wird dabei grundlegend mit dem Erlernen der Körperzentrierung, dem Erkennen und Verlagern des Körperschwerpunkts, und der so genannten „Verwurzelung" im Boden gearbeitet. Nach und nach kann so eine Kontrolle und weitergehende Beherrschung des Körpers erlangt werden. Es kommt zur Selbst-Beherrschung. Über die physische Gleichgewichtsschulung wird ein inneres Gleichgewicht ermöglicht. [23]

Partnerübungen und ritueller Zweikampf spielen in dieser Maßnahme eine andere Rolle als z.B. im Anti-Aggressions-Training. Es geht hier weniger um die spielerische Erfahrung des Kampfes, als um ein In-Kontakt-treten, ein Lernen von Gleichgewicht mit der Partnerin oder dem Partner. Erst im längeren Verlauf der Maßnahme bietet sich die Möglichkeit, Kämpfen als ein Erkennen von Grenzen und des Umgangs mit Angst zu erleben. Der Kampf **(Bu)** kann als Beispiel für den Kampf des Alltags (gegen die Symptome) begriffen werden und von daher einen erzieherischen Nutzen erfüllen. Über selbst gesetzte und vermeintlich festgelegte Grenzen kann sowohl im Partnertraining als auch in Einzelübungen hinaus gegangen werden.

Die Schulung des Durchhaltevermögens und damit verbundene Erfolgserlebnisse eröffnen den Betroffenen die Möglichkeit, nicht vor der Ohnmacht zu kapitulieren, sondern konsequent an Bewältigungsstrategien zu arbeiten. Allerdings muss vor einer möglichen Überforderung dringend gewarnt werden.[24] In den Übungen muss ein Gleichgewicht von Anspruch bzw. Anforderung und bereits etablierten Fähigkeiten gefunden werden.

Von den eingebrachten Anforderungen ist auch die beabsichtigte Steigerung des Selbstwertgefühls abhängig. Oben sind bereits Selbstwahrnehmung und Selbstbeherrschung als Effekte des Budo genannt worden. Ferner wird ständig Wertschätzung und Respekt durch die Übungspartner erfahren. In der Meditation kann dann eine respekt- und liebevolle Haltung zu sich selbst etabliert werden. Shorinji-Ryu Karate-Do zielt darauf ab, in der Kampfkunst-Bewegung und im Alltag eine aufrechte innere und äußere Haltung einzunehmen, die von Selbstsicherheit und Wertschätzung geprägt ist. Es ist selbstverständlich, dass diese Entwicklungen der Persönlichkeit nicht ad hoc, sondern von den Übenden nur in einem langfristigen Prozess umgesetzt werden können.

### Mehr als nur Körperschulung

Die philosophischen und erzieherischen Elemente der chinesischen Tradition im Taiji Chuan und Chi Kung werden heutzutage häufig vernachlässigt oder jedem einzelnen Übenden überlassen. Shorinji-Ryu Karate-Do als Budo-pädagogische Maßnahme geht weit über eine Körper- und Bewegungsschulung hinaus und vermittelt den Betroffenen Methoden, mit denen sie körperlich, geistig und seelisch eine Gewöhnung an die und ein Leben mit den Beschwerden erarbeiten können. Die Gesamtheit aller Übungen und Einzelaufgaben dieser Budo-pädagogischen Maßnahme zielt auf eine umfassende Habituation von Morbus-Menière- und Tinnitus-Patienten hin. Die gesundheitlichen Aspekte des Budo und Shorinji-Ryu-Karate-Do und die heilpädagogischen Aspekte der Budo-Pädagogik werden derart betont, dass ein Entwicklungsprozess **(Do)** der Betroffenen, der ihnen zu mehr Ganzheit verhilft, angestoßen wird.

## Zusammenfassung

In dieser Arbeit ist die Konzeption einer Budo-pädagogischen Maßnahme vorgestellt worden, die vor allem eine heilpädagogische Wirksamkeit für von Morbus Menière und chronischem Tinnitus Betroffene zum Ziel hat. Bei dieser Zielgruppe ergeben sich neben den physischen Krankheitsbildern psychische und soziale Problematiken, die – individuell in unterschiedlichem Maße – zu einem hohen Leidensdruck führen. Es ist dargelegt worden, dass Shorinji-Ryu Karate-Do die Betroffenen zu einem Entwicklungsprozess (Do) anhalten kann, an dessen Ende die Ganz-Werdung, eine Heilung im Sinne einer Harmonie mit dem Selbst, steht. Eine auf die Prinzipien der Budo-Pädagogik aufgebaute Maßnahme mit Shorinji-Ryu Karate-Do als Körper- und Bewegungstechnik geht deshalb über herkömmliche Bewegungstherapien hinaus. Sie ist hervorragend geeignet, auf die Bedürfnisse und speziellen Schwierigkeiten von Morbus-Menière- und Tinnitus-Patienten einzugehen. Insbesondere werden bei regelmäßigem Training die Körper- und Selbstwahrnehmung sowie Koordination, Konzentration und Körperbeherrschung geschult. Über die Förderung aller Sinne und die Entwicklung eines positiven Selbstbildes entsteht bei den Übenden ein „fester Stand", ein äußeres und inneres Gleichgewicht.

[1]  vgl. Wolters 2004, S. 112
[2]  vgl. Schaaf 2004a, S. 2
[3]  vgl. Hildebrand 1998, S. 1006 und Schaaf 2004a, S. 12 ff.
[4]  vgl. Schaaf und Haid 2003, S. 853
[5]  vgl. Klinik „Am Osterbach" 2004a und Schaaf 2004a
[6]  vgl. Schaaf 2004a, S. 120
[7]  vgl. Hildebrand 1998, S. 1151 und Schaaf 2004a, S. 36
[8]  vgl. Schaaf und Hesse 1999
[9]  vgl. Cramer 2002, S. 19, in: Klinik „Am Stiftsberg" 2004b
[10]  vgl. Klinik „Am Stiftsberg" 2004b
[11]  vgl. Schaaf 2004a, S. 39 ff.
[12]  vgl. Klinik „Am Osterbach" 2004b
[13]  vgl. Schaaf 2004a, S. 110 und Klinik „Am Stiftsberg" 2004a
[14]  vgl. Schaaf 2004a, S. 111
[15]  vgl. Schaaf 2004b
[16]  vgl. Cramer 2002, S. 85
[17]  vgl. Dolin 1988, S. 346 f. und S. 388, auch Reid und Croucher 1994, S. 152 ff. und Wolters 1997, S. 85 ff.
[18]  vgl. Wolters 1997, S. 184
[19]  vgl. Shorin Ji Ryu 2004 und Wolters 1997, S. 184 ff.
[20]  vgl. Wolters 1997, S. 184
[21]  vgl. Wolters 2004, S. 103
[22]  vgl. Wolters 1997, S. 130
[23]  vgl. Tinnitus-Klinik Arolsen 2004
[24]  vgl. Tinnitus-Klinik Arolsen 2004

Sonny Jung

# Vergleich Budo-Pädagogik und Psychomotorik

### Einführung

Budo-Pädagogik und Psychomotorik weisen einige Parallelen auf. Beides sind persönlichkeitsfördernde Erziehungsmethoden mit einem ganzheitlichen Erziehungsansatz, die über Bewegungen bzw. Handlungen das Ziel der Entwicklung einer autonomen Persönlichkeitsstruktur verfolgen.

Bei näherer Betrachtung, insbesondere der den Methoden zugrunde liegenden Ideologien sowie der methodischen und inhaltlichen Vorgehensweisen, überwiegen jedoch die Unterschiede.

Die Budo-Pädagogik ist eine Erziehungsmethode, die, wie der Name schon sagt, Budo[1] als Methode der Erziehung nutzt. Die dem Budo zugrunde liegenden Ideologien haben ihre Wurzeln im Buddhismus und wurden, wie der Buddhismus selbst, zusätzlich vom Taoismus und vom Konfuzianismus beeinflusst. Damit einher geht ein eher autokratischer Führungsstil, der auch die Budo-Pädagogik kennzeichnet. Das angestrebte Persönlichkeitsideal der Erziehung besitzt Eigenschaften wie Friedfertigkeit, Achtsamkeit, Beherrschtheit, Genügsamkeit, Toleranz und Ehrlichkeit. Die Vermittlung von Fähigkeiten zur Selbstreflexion und Selbstbeherrschung stellen Schwerpunkte der Erziehung dar.

Ganz andere Schwerpunkte setzt die Psychomotorik. Sie ist eine recht junge Erziehungsmethode, die aus den Ideologien der Reformation, der Aufklärung und schließlich der Reformpädagogik entstand. Demokratische Strukturen kennzeichnen den Unterricht. Das angestrebte Persönlichkeitsideal der Erziehung besitzt Eigenschaften wie Kompetenzbewusstsein, ein positives Selbstbild, psychische Stabilität und gute sozialkommunikative Kompetenzen. Die Vermittlung von Fähigkeiten zur Selbstverwirklichung stellen Schwerpunkte der Erziehung dar.

In beiden Fällen handelt es sich um (Erziehungs-)Methoden zur Therapie von Verhaltensauffälligkeiten. Die Zielgruppen sind ähnlich. Beide Systeme favorisieren in der Regel gemischtgeschlechtliche Gruppen. In der Budo-Pädagogik finden sich aufgrund einer engen Wahl der Zielgruppe häufig auch eingeschlechtliche Gruppen. Bedingt durch die inhaltliche Auseinandersetzung mit Kampfkunst sprechen Budo-pädagogische Angebote insbesondere

Jungen und männliche Heranwachsende an. Der Budo-pädagogische Therapieansatz eignet sich besonders zur Behandlung von gewalttätigen Personengruppen. Doch auch Angebote zur Gewaltprävention lassen sich mit Hilfe der Budo-Pädagogik besonders gut verwirklichen.

Psychomotorische Angebote wiederum zielen häufig auf Vorschul- und Schulkinder ab, wo sie eine ganzheitliche Entwicklungsförderung zum Ziel haben und eher impliziert für einzelne verhaltensauffällige Kinder therapeutisch wirken sollen.

Die folgende Tabelle soll Unterschiede und Parallelen beider Erziehungsmethoden deutlich machen. Unterschiede sind durch kursive Schrift gekennzeichnet. Nachfolgend sollen auf die aufgeführten Stichpunkte näher eingegangen werden.

| Unterschiede und Parallelen von Budo-Pädagogik und Psychomotorik ||
| :-- | :-- |
| **Budo-Pädagogik** | **Psychomotorik** |
| **Kernpunkte** ||
| • Methode zur Erziehung und Verhaltenstherapie | • Methode zur Erziehung und Verhaltenstherapie |
| • Ganzheitliche Pädagogik: Bei allem was ein Mensch tut, sind Körper und Geist gleichermaßen beteiligt. | • Ganzheitliche Pädagogik: Bei allem was ein Mensch tut, sind psychische, kognitive, emotionale, soziale und somatische Prozesse involviert. |
| • Orientiert sich an den *buddhistischen, taoistischen und konfuzianistischen* Persönlichkeitsidealen | • Orientiert sich an der *Bedürfnisstruktur der Zielgruppe* |
| • Geht von einer *defizitären* Grundpersönlichkeit aus, die durch lebenslange Bemühungen verbessert werden muss. | • Geht von einer *idealen natürlichen* Grundpersönlichkeit aus, die durch negative Einflüsse an ihrer Entwicklung gehindert bzw. eingeschränkt worden ist. |
| • *Bekämpfung der Schwächen* der Persönlichkeit wie Egoismus, Intoleranz, Begierde | • *Förderung der Stärken* der Persönlichkeit |
| • Therapie durch *Befreiung von Defiziten* der „ungebildeten" Persönlichkeit, die aber letztendlich nur der Schüler selbst überwinden kann | • Therapie durch *Förderung der Entwicklung von im Menschen angelegten Eigenschaften,* Fähigkeiten und Fertigkeiten |
| • Förderung einer positiven Persönlichkeitsentwicklung auf der Basis der *„Bedürfniskontrolle"* | • Förderung einer positiven Persönlichkeitsentwicklung auf der Basis der *„Bedürfnisbefriedigung"* |
| • Erziehung durch *Steuerung der Persönlichkeitsentwicklung durch vom Pädagogen vorgegebenen Übungsformen* | • Erziehung durch *Entwicklungsförderung in einem an den Motiven und Lebenswelten der Kinder orientierten Bewegungsrahmen* |
| • Das angestrebte Persönlichkeitsideal basiert auf der Ethik des *Buddhismus.* | • Das angestrebte Persönlichkeitsideal basiert auf der Ethik der *Reformpädagogik.* |
| • Endziel ist die Autonomie des Schülers. ➜ Autonomie durch *Selbstbeherrschung* | • Endziel ist die Autonomie des Schülers. ➜ Autonomie durch *Selbstverwirklichung* |

| Methoden | |
|---|---|
| • Persönlichkeitsentwicklung durch Bewegung → Kampfkunst als Hauptinhalt | • Persönlichkeitsentwicklung durch Bewegung → Vielfältiges Bewegen als Hauptinhalt |
| • Vom Produktlernen zur Einsicht | • Vom Produktlernen zur Einsicht |
| • Eher deduktives Lernen | • Eher induktives Lernen |
| • Eher lehrerzentrierter Unterricht | • Eher schülerzentrierter Unterricht |
| • Externes „Belohnungssystem": Gewünschte Verhaltensweisen werden z.B. durch den Lehrer in Form von Urkunden belohnt (verstärkt). | • Internes „Belohnungssystem": Es findet keine zusätzliche „Belohnung" statt. Die Belohnung stellt alleine die erfolgreiche Meisterung der Situation dar. |
| • Hierarchische Unterrichtsstruktur | • Demokratische Unterrichtsstruktur |
| **Rolle des Erziehers** | |
| • Der Lehrer ist eher unterweisender Meister. → Wegführer | • Der Lehrer ist eher partnerschaftlicher Helfer. → Wegbegleiter |
| **Zielgruppen** | |
| • Es werden vorwiegend Kinder (ab 5 Jahren) und Jugendliche erzogen bzw. therapiert. | • Es werden vorwiegend Kinder (ab der Geburt) und Jugendliche therapiert, wobei der Schwerpunkt auf Vorschulkindern liegt. |

## Kernpunkte und Erziehungsziele im Vergleich

Sowohl bei der Budo-Pädagogik als auch bei der Psychomotorik handelt es sich um Methoden zur Erziehung und Verhaltenstherapien. Beide Methoden sind ganzheitlich orientiert, wobei die Bewegung als Vehikel zur psychischen und sozialen Persönlichkeitsbildung dient. Die physischen Effekte, die die Bewegung auf den Körper der Kinder und Jugendlichen hat, spielen meist eine eher untergeordnete Rolle. Es wird vielmehr davon ausgegangen, dass wenn ein Mensch eine aufrechte Grundeinstellung zu sich und seiner Umwelt entwickelt hat, er sich auch aufrecht bewegt.

Einstellungen und Wertschätzungen äußern sich durch Verhalten. Verhalten sind beobachtbare Handlungen. Werden bestimmte Handlungen ausgeführt, so schwingen gleichzeitig immer auch die entsprechenden Einstellungen und Wertschätzungen mit. Viele Handlungen haben über ihre körperliche, geistige und seelische Ebene hinaus auch eine kommunikative Komponente. Gerade soziale Kompetenzen lassen sich nur durch das Ausführen entsprechender Handlungen erlernen. Nur im Handeln, im Austausch mit dem Gegenüber lassen sich soziale Interaktionsmuster erlernen. Diesen Grundsatz der Ganzheitlichkeit berücksichtigen beide Erziehungssysteme.

### Persönlichkeitsbildung

Budo-Pädagogik orientiert sich an den buddhistischen, taoistischen und konfuzianistischen Persönlichkeitsidealen. Die vom Pädagogen Hartmut von Hentig (geboren 1925) formulierte wünschenswerte Persönlichkeitsstruktur [2] erinnert stark an die angestrebte Persönlichkeitsbildung in der Budo-Pädagogik: Als wünschenswerte Persönlichkeitsideale gelten hier Bescheidenheit, die Kontrolle der eigenen Bedürfnisse, Nachsicht und Geduld. Ein wichtiges Erziehungsziel der Budo-Pädagogik ist demnach die Befähigung zur Selbstbeherrschung und Selbstkontrolle.

Der Mensch muss sich lebenslang um die Vervollkommnung seiner Persönlichkeit bemühen. Ohne diese Bemühungen läuft er Gefahr seiner Ich-Haftigkeit, seiner Begierde, seinem Hass, seiner Trägheit und seiner Geringschätzung anderen gegenüber zu erliegen. Es geht darum, sich seiner Schwächen bewusst zu sein, um diese zu bekämpfen.

Im Budo wird demnach von einer im Grunde unvollkommenen Persönlichkeit ausgegangen, die erst durch fortwährendes Bemühen ihre Makel überwindet. Damit diese Bemühungen Erfolg versprechen, benötigt sie einen Wegführer, einen Lehrer, oder auch Meister, der den Schüler auf seinem Weg begleitet und überwacht.

Diese Defizitorientiertheit wirkt sich auf die Unterrichtsdidaktik der Budo-Pädagogik aus. Ziel des Pädagogen ist es, dem Schüler einen Weg zu zeigen, sich von schlechten Eigenschaften zu befreien, bzw. diese zu überwinden. Erst wenn dem Schüler dies gelungen ist, besitzt er eine freie (autonome) Persönlichkeit. Gleichzeitig gilt es positive Handlungs- und Denkmuster zu schulen bzw. zu stärken.

Die Psychomotorik orientiert sich hingegen am humanistischen Menschenbild. Die Bedürfnisstruktur der Zielgruppe steht im Mittelpunkt. Anders als im Budo wird hier davon ausgegangen, dass Verhaltensauffälligkeiten durch negative Umweltbedingungen provoziert werden, die das Kind in seiner natürlichen Entwicklung behindern. Die Psychomotoriker versuchen in ihren Angeboten den Kindern Freiraum zu geben, um ihre Fähigkeiten wiederzuentdecken und im Miteinander soziale Kompetenzen zu entwickeln. Es geht weniger um die Kontrolle von Bedürfnissen, als vielmehr um deren Befriedigung. In der Auseinandersetzung mit den anderen werden aber auch Fähigkeiten zur Bedürfniskontrolle geschult. Bedürfniskontrolle, Konfliktlösungsstrategien und Umgangskompetenzen mit Frustration sind Voraussetzungen, um beispielsweise Kompromisse einzugehen, Absprachen zu treffen und einzuhalten.

Persönlichkeitsmerkmale, die es zu fördern bzw. entwickeln gilt, sind eine realistische Selbstwahrnehmung und Identitätsentwicklung, ein starkes Selbstwertgefühl, ein positives Selbstkonzept. Dies wird als Basisvoraussetzung dafür gesehen, dass ein Kind sich zu einer autonomen, sozialkompetenten Persönlichkeit entwickelt.

Es geht darum, die Stärken ins Bewusstsein zu rücken und diese zu fördern. Nur eine Person mit einem positiven Selbstkonzept kann sich realistische Ziele setzen, selbstbewusst Konflikte bewältigen, mit Frustrationen umgehen, Kompromisse aushandeln oder eigene Ideen verwirklichen.

### Freiheit und Autonomie

In beiden Erziehungssystemen sehen sich die Pädagogen als Wegbegleiter hin zu einer freien, autonomen Persönlichkeit. Allerdings besteht ein auf den unterschiedlichen Ideologien beruhendes verschiedenes Verständnis von einer „freien Persönlichkeit".

Freiheit oder auch Autonomie wird im Budo verstanden als Freiheit von den oben genannten Eigenschaften bzw. Gefühlen wie z.B. Ich-Haftigkeit, Begierde, Hass, Trägheit und Geringschätzung anderen gegenüber. Hat eine Person das Bedürfnis nach Selbstdarstellung überwunden, muss sie sich nicht mehr besser darstellen, als sie ist. Sie muss nicht mehr prahlen. Wenn eine Person ihren Egoismus überwunden hat, fällt es ihr leicht, nachsichtig in Konfliktsituationen zu reagieren und geduldig eine Lösung zu finden. Eine Person, die nicht mehr begehrt, kann sich auf das Wesentliche konzentrieren und ist mit dem zufrieden, was sich ihr bietet. Sie muss nicht um der Befriedigung ihrer Begierden willen über ihre Verhältnisse hinaus leben. Eine Person, die keinen Hass empfindet ist frei von Rachegelüsten. Sie ist tolerant Andersdenkenden gegenüber und kann sogar Frustrationen tolerieren. Hat eine Person ihre Trägheit überwunden, so wird sie ihre Ziele auch dann weiter verfolgen, wenn sich ihr Hindernisse in den Weg stellen. Nur eine Person, die die Anderen nicht geringschätzt, kann mit ihren Mitmenschen achtsam umgehen.

Freiheit oder auch Autonomie wird in der Psychomotorik verstanden als die Fähigkeit einer Person, sich selbst zu verwirklichen, und so ein für sich sinnvolles Leben zu führen. Die Person soll sich zu einer eigenständigen und von dem Urteil anderer unabhängigen Persönlichkeit entwickeln. Einer Persönlichkeit, die ihre Mitmenschen achtet, ein positives Selbstbild besitzt und sich selbst nicht durch die Beurteilung anderer definiert, sondern selbst in der Lage ist, den eigenen Lebenssinn und Erfolg zu beurteilen. Daher wird im Psychomotorik-Unterricht nicht benotet und nur sprasam gelobt oder getadelt. Der Teilnehmer soll sich für die Folgen der eigenen Handlungen selbst verantwortlich fühlen. Erfolg oder Misserfolg einer Handlung kann und soll der Teilnehmer möglichst selbst beurteilen.

## Methoden im Vergleich

In beiden Erziehungsmethoden steht das „Tun", das „Handeln", das „Bewegen" im Vordergrund. Allerdings gibt es im Hinblick auf Inhalte sowie die Art und Weise der Bewegungsangebote große Unterschiede.

### Erziehungsmethoden der Budo-Pädagogik

Die geschichtlich bedingten, stark hierarchischen und autokratischen Strukturen in den Kampfkünsten haben unter anderem die starke Lehrerzentriertheit des Unterrichts in der Budo-Pädagogik zur Folge. Der Lehrer ist Meister und Pädagoge. Er kennt den Weg, den der Schüler gehen muss, um die Defizite seiner Persönlichkeit zu überwinden und sich von ihnen zu befreien. Der Lehrer gibt Übungen und Methoden vor, die dem Schüler helfen sollen, diese Defizite zu erkennen und zu überwinden. Dabei bedienen sich Budo-Pädagogen nicht nur der Methodik und Didaktik ihrer Kampfkunst, sondern erweitern diese zielgruppenorientiert um Inhalte und Methoden aus Nachbardisziplinen wie der Sozialpädagogik, der Sportpädagogik, der Psychotherapie etc. Dies macht das eklektizistische Verfahren der Methode aus.

Inhaltlich werden in erster Linie Bewegungsmuster aus Kampfkünsten vermittelt. Das Bewegungslernen in der Budo-Pädagogik basiert auf dem Lernen durch Nachahmung. Der Lehrer macht die Bewegung vor und der Schüler macht diese nach. Auf den ersten Blick findet demnach Produktlernen statt. Der eigentliche pädagogische Aspekt der Übungen ist jedoch nicht die Bewegung bzw. die Übungsausführung an sich, sondern er liegt in den Absichten, die mit der Übung verbunden werden. So dienen beispielsweise Partnerübungen nicht nur dazu, das situative Anwenden der Techniken zu üben. Je nach Erziehungs- oder Therapiestadium verfolgt der Pädagoge übergeordnete Ziele. Solche können die Förderung emotionaler oder sozial-kommunikativer Fähigkeiten sein wie die Schulung folgender Kompetenzen: Empathievermögen, Rücksichtnahme, Selbstkontrolle oder Frustrationstoleranz.

Das Ausführen vorgeschriebener Bewegungsabfolgen nimmt in den Kampfkünsten eine große Stellung ein. Formen werden erlernt. Deren Ablauf wird so weit perfektioniert, dass die Bewegungsmuster nahezu unbewusst abgerufen werden können. Erst dann wird der Geist frei, sich im Moment des Bewegungsvollzugs von der Bewegungsausführung selbst zu lösen. Erst dann können Technik, Geist und Körper verschmelzen und der Übende kann sich voll und ganz dem Moment hingeben. Diese Perfektion kann selbstverständlich in einem Budo-pädagogischen Projekt nicht erreicht werden. Allerdings werden Grenzerfahrungen provoziert, in denen der Schüler seine körperliche und mentale Leistungsgrenze erfährt, diese aber sukzessive ausbauen kann. Solche Erfahrungen können helfen, im Schüler ein positives Selbstkonzept zu bewirken, indem er sich als willensstarke, ausdauernde Person erlebt, die eine große Herausforderung erfolgreich meistern kann.

Typische Inhalte der Budo-Pädagogik sind neben den bereits erwähnten Inhalten wie Kampfkunst-Techniken, Formenläufe oder Partnerübungen auch Meditation, Lehrer-Schüler-Gespräche und Rituale.

### Erziehungsmethoden der Psychomotorik

Die Psychomotorik, die sich an der Bedürfnisstruktur der Zielgruppe orientiert, bietet einen stark schülerzentrierten Unterricht an. Der Lehrer macht Angebote, ist eher Partner und Helfer als belehrender Meister. Die Unterrichtsgestaltung ist demokratisch, so dass die Schüler die Inhalte mitbestimmen können. Regeln werden gemeinsam verhandelt. Es findet ein eher induktives Lernen statt. Im offenen Unterricht werden keine speziellen Bewegungsanweisungen gegeben. Das Angebot an sich stellt den Teilnehmern (Bewegungs-)Aufgaben: Der Teilnehmer entwickelt sowohl motorische und psychische als auch sozialkommunikative Lösungsstrategien. Er sucht sich die Herausforderungen heraus, die er meistern möchte. Er selbst entwickelt Lösungsstrategien und fühlt sich somit selbst für den Erfolg seiner Handlungen verantwortlich. Ein externes Rückmeldesystem, wie es in der Budo-Pädagogik praktiziert wird, ist hier nur bedingt notwendig. Der Handlungserfolg an sich ist positive Rückmeldung genug.

*Hier einige Beispiele:*

- Haben sich zwei Schüler geeinigt, wie sie die Nutzung des einen Rollbrettes handhaben werden, so ist das anschließende Spiel damit Erfolg genug. Sie werden auch zukünftig in ähnlichen Situationen in der Lage sein, Absprachen zu treffen und Kompromisse einzugehen. Sie haben eine sozialkommunikative Lösungsstrategie für einen Interessenskonflikt (beide wollen dasselbe) entwickelt.
- Ist einem Kind das Erklimmen der Burg der Bewegungslandschaft gelungen, so ist dies Belohnung genug. Es benötigt keine weitere Verstärkung oder weiteres Lob durch den Erzieher. Sein Selbstkonzept ist um eine Erfahrung reicher. Das Kind weiß um seine Fähigkeiten, weiß also nun, dass es ein Ritter sein kann, und ganz alleine eine Burg erobern kann. Es hat eine motorische Lösungsstrategie für diese Kletteraufgabe entwickelt und an Selbstvertrauen gewonnen.
- Hat ein Kind Hilfe angefordert und mit Hilfestellung die große Schlucht überquert, so ist dieses Erlebnis Verstärkung genug. Es wird auch zukünftig in der Lage sein, ggf. Hilfe anzufordern, sofern dies ihm notwendig erscheint. Es hat eine emotionale Lösungsstrategie entwickelt, wie es mit der Enttäuschung oder auch Frustration klarkommt, etwas nicht alleine zu bewältigen. Außerdem hat es die soziale Kompetenz erworben, Hilfe anzufordern.

## Rolle des Erziehers im Vergleich

Der Lehrer in der Budo-Pädagogik beurteilt den Fortschritt des Schülers. Er ist nicht nur Wegbegleiter, sondern auch „Überwacher"[3]. Durch Lob und Auszeichnungen oder Tadel und Sanktionen fördert er gewünschte Verhaltensmuster und hemmt unerwünschte Verhaltensmuster. So kann es in der Budo-pädagogischen Praxis durchaus sein, dass ein Lehrer Urkunden für besondere Pünktlichkeit verleiht. Der Lehrer bestimmt, ob und wann ein Schüler an Gurtprüfungen teilnehmen darf. Das Erreichen eines höheren Gurtgrades signalisiert dem Schüler, wie weit er auf seinem Weg zur Persönlichkeitsbildung bereits gekommen ist. Allerdings gibt es auch Budo-Disziplinen, die ohne Schülergrade auskommen. Sie verzichten auf dieses Symbol, mit dem Argument, dass es im Schüler eher die Eitelkeit nährt, indem dieser „seinen Rang" nach außen zur Schau stellt.

Die/Der Budo-Pädagogin/Budo-Pädagoge nimmt ihre/seine Authentizität sehr ernst. Sie/Er lebt die Handlungs- und Denkweisen vor, die man vermitteln möchte. Nur so kann sie/er für den Schüler ein Vorbild sein.

Der Erzieher in der Psychomotorik versteht sich eher als Beobachter und Partner, nur wenn es die Situation erfordert, nimmt er die Rolle des Schlichters ein oder erteilt Sanktionen. Der Unterrichtsstil ist demokratisch. Es gibt immer auch Passagen in denen ein offenes Angebot stattfindet. Besonders in diesen Unterrichtsphasen hält sich der Pädagoge im Unterricht eher im Hintergrund. Die Schüler sind gleichzeitig ihre eigenen Lehrer. Sie lernen voneinander und durch eigene Erfahrungen und Einsichten.

Da das demokratische Erziehungssystem von der Gleichberechtigung der beteiligten Personen geprägt ist, werden die Ideen und Wünsche der Kinder genauso berücksichtigt wie die der Erzieher. Kompromisse und Regeln werden gemeinsam ausgearbeitet und von beiden Seiten eingehalten. Eine Bewertung der Leistungen bzw. Fortschritte der Schüler durch den Erzieher (im Sinne von Noten oder Auszeichnungen) gibt es nicht.

## Zielgruppen im Vergleich

Sowohl die Budo-Pädagogik als auch die Psychomotorik sind an der Bewegungspraxis orientierte Methoden, die sich vorwiegend der Zielgruppe Heranwachsender widmen. Beides sind Methoden zur Verhaltenstherapie, die auch auf Erwachsene Zielgruppen ausgeweitet werden können.

Typische Zielgruppen etwa sind

- Kinder oder Jugendliche mit Aufmerksamkeitsdefizitsyndrom (ADS, ADHS),
- Kinder oder Jugendliche, die unter sozialen Phobien leiden,
- Kinder oder Jugendliche mit Kommunikationsstörungen,
- Kinder oder Jugendliche, die zur Gewalttätigkeit neigen,
- Kinder oder Jugendliche, die Entwicklungsrückständigkeiten aufweisen,
- Kinder oder Jugendliche mit motorischen Behinderungen oder Defiziten,
- Kinder oder Jugendliche mit geistigen Behinderungen oder Defiziten usw.

Budo-Pädagogik scheint sich aufgrund der Inhaltlichen Arbeit mit Kampfkünsten insbesondere für Therapien, die gewaltpräventive Effekte bei den betroffenen Teilnehmergruppen bewirken sollen, zu eignen. Selbstbehauptungskurse unter Budo-pädagogischen Gesichtspunkten sind ein Beispiel für solche Angebote.

Die Effektivität der Budo-Pädagogik zur Therapie von Gewalttätern hat Jörg-Michael Wolters – zuerst – in seinem Buch „Kampf-Kunst als Therapie" eindrucksvoll geschildert.[4]

Der Pädagoge der sich der Kampfkunst bedient, lebt die Werte, die er vermitteln möchte, vor. Je geringer der Altersunterschied, desto leichter fällt es dem Lernenden, sich mit einem Vorbild zu identifizieren. Aus diesem Grunde eignet sich die Budo-Pädagogik hervorragend zur Erziehung Jugendlicher. Insbesondere Jungs fühlen sich von der inhaltlichen Thematik der Kampfkünste stark angezogen. Dies erleichtert dem Pädagogen den Zugang zu dieser Zielgruppe.

Anders als die Budo-Pädagogik, die Kinder ab dem späteren Vorschulalter therapiert, zielt die Psychomotorik auch auf die Entwicklungsförderung bereits im Kleinkindalter ab. Sie scheint mit ihrem Schwerpunkt, offene Spiel und Bewegungsangebote zu nutzen, besonders für Klein-, Vorschul- und jüngere Schulkinder geeignet. Psychomotorische Bewegungsangebote für Jugendliche, Erwachsene oder Senioren haben häufig den Charakter einer „Bewegungsbaustelle", in der in Kleingruppen von den Teilnehmern selbst bestimmte Inhalte, wie z.B. Jonglage, Akrobatik, Tanz oder Artistik, erarbeitet werden.

In beiden Erziehungs- und Therapiesystem werden sowohl koedukative, als auch eingeschlechtliche Gruppen unterrichtet. Dies ist abhängig von der Zielgruppe, wobei in beiden Systemen vorzugsweise mit gemischtgeschlechtlichen Gruppen gearbeitet wird.

---

1   Budo wird hier als Oberbegriff für alle fernöstlichen Kampf-, Körper- und Bewegungs-Künste sowie alle originär spirituellen (Körper-Geist)-Wege verstanden; nach Jörg-Michael Wolters.
2   vgl. Hartmut von Hentig: Die Menschen stärken, die Sachen klären. Ein Plädoyer für die Wiederherstellung der Aufklärung. Stuttgart 1985
3   vgl. Lind, Werner: Budo – Der geistige Weg der Kampfkünste. München 2001
4   vgl. Wolters, Kampfkunst als Therapie, 1991/1997

Ina Pinck

# Aikido und kreatives Lernen

## Ein ganzheitliches pädagogisches Trainingsprogramm am Beispiel der Legastheniker

### Vorwort

Wir leben in einer Kultur, in der der Informationsfluss sowie der Erwerb von Wissen vornehmlich über das geschriebene Wort verbreitet wird. So ist das Erlernen des Lesens und Schreibens mit Beginn der ersten Klasse in der Schule das Fundament, auf das jeder weitere Wissenserwerb aufbaut. Kinder mit einer Lese- und Rechtschreibstörung (Legasthenie) sehen sich deshalb bereits früh in ihrer schulischen Laufbahn mit Versagen und Frusterlebnissen konfrontiert. Und dies obwohl Legastheniker normal bis überdurchschnittlich intelligent sind. Schuld an diesem Zustand sind einseitige und unflexible schulische Lern- und Lehrmethoden sowie die unzureichende Berücksichtigung von Körper, Geist und Seele in Lern- und Lehrprozessen.

Als selbst betroffene Legasthenikerin kenne ich die Ängste, die Verzweiflung und Ohnmacht von legasthenen Kindern und deren Eltern aus erster Hand. Bereits früh in meiner schulischen Laufbahn habe ich mich mit den Fragen beschäftigt: Was ist Lernen? Warum kann ich nicht lernen wie andere? Was sind die Vorrausetzungen für erfolgreiches Lernen?

Letztendlich hat mir meine langjährige Praxis des Aikido die Augen für das Lernen geöffnet. Aikido hat mir gezeigt, dass es nicht nur eine Art des Lernens gibt, sondern unendliche viele verschiedene Arten. Jeder muss für sich selbst entdecken, wie er erfolgreich lernen kann. Um aber dies herausfinden zu können, ist es notwendig, Kindern verschiedene Lernstrategien anzubieten und die Individualität des Einzelnen im Lernprozess anzuerkennen.

Mit diesem Hintergrund war es mir ein Anliegen, ein Trainingsprogramm für legasthene Kinder zu entwickeln, das auf einem holistischen Ansatz basiert und Lernen als eine Wechselspiel von Körper, Geist und Seele versteht.

## Aikido – historische Entwicklung, Inhalte, Aspekte und Ziele

Die japanische Kampfkunst – Aikido –, wie sie in der heutigen Form praktiziert wird, wurde von Morihei Ueshiba (1883–1969) basierend auf dem klassischen Bujutsu, den alten japanischen Kampfkünsten, entwickelt.[1]

*Aikido in seiner heutigen Form geht auf Morihei Ueshiba zurück.*

Ueshiba zeigte bereits früh großes Interesse an esoterischer Wissenschaft, Mathematik und Physik. Ab seinem siebten Lebensjahr studierte er bei einem Priester des Shingon-Buddhismus chinesische Altphilologie, Shingon-Riten und Meditationstechniken sowie später unter Deguchi Onisaburo die Lehre des Omoto-Kyo, deren Riten und Meditationstechniken er bis zu seinem Tod praktizierte.[2] Im Omoto-Kyo werden das „Chinkon Kishin", eine uralte Meditationstechnik aus dem Shinto, sowie Kotodama-Atemübungen praktiziert. In seiner späteren Jugend entdeckte Ueshiba seine Liebe zu den Kampfkünsten und so studierte er intensiv verschiedene Kampfkunststile des klassischen Bujutsu. Ueshiba war aber unter dem Hintergrund seines spirituellen Weges unzufrieden mit dem klassischen Bujutsu. Er strebte nach höheren Idealen (Do). So erarbeitete er sich seine Lehre des Aikido mit Hilfe des Daito-Ryu-Jutsu und des Kotodama, der Wissenschaft vom „Klang-Geist".

### Begriffsbestimmung

In dem Wort AIKIDO sind die drei Silben AI, KI und DO enthalten. AI (jap.) heißt Harmonie. Die Silbe AI ist aber auch identisch mit Liebe. Nach Ueshiba steht AI für die Harmonie und Liebe zwischen Mensch und Universum und für den Weg des Friedens.[3] KI ist die universelle Energie, aus der alles Leben entstanden ist. Es ist die subtile Energie, die das Universum antreibt, die Lebenskraft mit der alle Dinge verbunden sind. Dabei ist KI unlösbar mit Kokyu, dem kosmischen Atem, verbunden. KI strahlt von Kokyu aus und ist wiederum die belebende Kraft, die KI aktiviert. Alles auf dieser Welt atmet in der einen oder anderen Form KI.[4] DO steht für den Weg der Kultivierung des AIKI.

*Morihei Ueshiba (1883–1969) ist der Begründer der modernen japanischen Kampfkunst.*

(Quelle: www.aikidocenterofmiami.com))

## Das Konzept des Aikido

Aikido besitzt ein ganzheitliches Konzept, das sich durch das ich-lose Selbst in Körper, Geist und Seele auf offene, flexible, geschmeidige, flüssige und dynamische Weise ausdrückt. Aikido ist das Prinzip der Widerstandslosigkeit. Wer keinen Widerstand leistet, ist von Anfang an Sieger, denn Kraft bedeutet Gegenkraft, Gewalt bedeutet Gegengewalt. Wahres Budo ist unbesiegbar, weil es mit nichts und niemanden im Widerstreit liegt. Die Idee des Aikido ist daher, sich in Liebe mit seinem Gegner zu vereinen um ihn zu führen.[5] Oder wie es Ueshiba ausgedrückt hat: „Der wahre Weg der Kampfkunst besteht nicht alleine darin, den Feind unschädlich zu machen, sondern vielmehr darin, ihn so zu führen, dass er freiwillig seine feindliche Einstellung aufgibt."[6] Im Aikido gibt es von daher keine Wettkämpfe, denn dies hätte immer zwei Verlierer zu Folge, den physischen Verlierer und den Verlierer des Sich-Selbst.

## Das Bewegungssystem

Basierend auf diesem Konzept ist das Bewegungssystem des Aikido auf das Aufnehmen der Angriffsenergie und das Umleiten dieser Energie aufgebaut. Das zeigt sich meist in sehr dynamischen, spiralförmigen Bewegungen, in denen Angegriffener und Angreifer für einen kurzen Moment „eins" werden. Dabei werden weder die Angriffe vor dem Gegner gestoppt, noch lässt der Angegriffene seine Technik unvollendet, sondern beides, Angriff und Technik, werden bis zum Ende ausgeführt. Damit die Technik vom Angreifer kompensiert werden kann, ist eine perfekt ausgebildete Fallschule nötig. Die Techniken im Aikido beschränken sich auf wenige Wurf-, Hebel- und Haltetechniken, die in Kombination von verschiedenen Angriffen und Eingängen in unzähligen Variationen ausgeführt werden. Ziel des Aikido ist eine natürliche, friedfertige innere Haltung des Menschen im Budo wie im Alltag, die frei ist von Angst, Missgunst, Hass, Aggression und Gewalt.

## Lernen

Lernen ist ein uns Menschen lebenslang begleitender Prozess, der bereits als Fötus im Mutterleib beginnt und wohl erst mit unserem Tode enden wird. Dabei beschränkt sich Lernen nicht alleine auf den Wissenserwerb, sondern beinhaltet ebenso das Erlernen von Fähigkeiten und Fertigkeiten wie soziales und kommunikatives Verhalten.

Der Prozess des Lernens lässt sich hierbei in zwei verschiedene Arten unterscheiden:

1. Destruktives Lernen: Das ist Lernen im negativen, Energie raubenden Sinn und ist ein Prozess, der aufgrund schlechter (negativer) Erfahrungen zu persönlichen Blockaden und Verfall führt.
2. Konstruktives Lernen: Das ist Lernen im positiven, Energie gewinnenden Sinn und stellt einen kontinuierlichen, dynamischen Prozess dar, der immer persönliche Entwicklung und Wachstum beinhaltet

## Begriffsbestimmung

Lernen ist ein Sammelname für verschiedene komplexe Prozesse, die zur latenten Verhaltensveränderung durch Erfahrung führen.[7] In der pädagogischen Psychologie versteht man darunter einen Prozess, der ein Individuum aufgrund eigener, meist wiederholter Aktivität zu relativ überdauernder Verhaltensveränderung führt, sowie einen Prozess des Erwerbs von Wissen und Fähigkeiten.[8]

Nach Gaddes ist Lernen ein ganzheitlicher – holistischer – Prozess bestehend aus Input, Verarbeitung und Output.[9] Zusammenfassend kann man Lernen als einen Prozess definieren, der aus folgenden Komponenten besteht:
- sensorische Reizaufnahme, Denken und Verarbeiten,
- Neues mit gespeicherten Erfahrungen oder Wissen verknüpfen,
- Behalten, Speichern,
- Wiedererkennen und Abrufen von gespeicherten Erfahrungen oder Wissen,
- Fähigkeit Erfahrungen und Wissen anzuwenden, das heißt Übertragung und Umsetzung von Erfahrungen oder Wissen auf ähnliche Situationen.

## Voraussetzungen für erfolgreiches Lernen

Lernen beginnt mit der *sensorischen Reizaufnahme.* Über unsere Sinnesorgane nehmen wir taktile, optische und akustische Informationen unserer Umwelt wahr. Dabei bildet unser Gehirn neuronale Strukturen, die die gesamte Entwicklung der höheren Ebenen unseres Gehirns lenken. Wie die Strukturen geformt und wie weit sie verzweigt sind, entscheidet jeweils die gemachte Erfahrung. Je vielfältiger unsere sensorische Umwelt ist, umso verzweigter und umfassender bauen sich die neuronalen Strukturen für Lernen, Denken, Handeln und Kreativität auf. Das heißt aber auch, je mehr Sinnesorgane bei der Reizaufnahme beteiligt sind, desto differenzierter und nachhaltiger ist die *Wahrnehmung.*[10] Die aus unseren sensorischen Erfahrungen abgeleiteten Vorstellungen – in Gestalt von Farben, Formen, Bewegungen, Emotionen, Klang – sind die Basis für unser Denken und Handeln sowie unsere Kreativität. Hannaford definiert „neues Lernen" als einen Prozess, der aufgrund neuer sensorischer Erfahrungen unsere Vorstellungen von unserer Welt und uns näher bestimmt, verändert und immer komplexer werden lässt.[11] Mithilfe der sensorischen Wahrnehmung und der Verarbeitung dieser Reize setzen wir uns unsere Welt zusammen, treten mit unserer Umwelt in Interaktion und sind somit in der Lage ein selbstbestimmtes und selbstverantwortetes Leben zu führen.

Unsere individuelle sensomotorische Wahrnehmung ist somit Grundlage für unsere persönliche, intellektuelle und soziale Entwicklung. Das Ansprechen möglichst vieler verschiedener Sinne in einem Lernprozess ist ein essenzieller Bestandteil für einen erfolgreichen Lernprozess.[12] Dabei bevorzugt aber jeder von uns einen der Sinne für seine Wahrnehmung, sei

es der visuelle, auditive oder kinästhetische Sinn. Die anderen Sinne werden dann für die Wahrnehmung nur sekundär oder terziär eingesetzt. Es bildet sich somit eine bevorzugte Rangfolge der Sinne heraus, die jeden von uns nachdrücklich prägt. [13] Diese Rangfolge kennzeichnet entscheidend unsere individuelle Art und Weise zu lernen. Das heißt unsere individuelle Art der Wahrnehmung, der unterschiedliche Einsatz der Sinne in einem Lernprozess, hängt eng mit dem Lernerfolg zusammen.

Persönliche Werte wie Selbstkontrolle, Selbstachtung, Selbsteinschätzung und Selbstvertrauen entwickeln sich in dem Bewusstsein, dass der Körper als ein zuverlässiges sensomotorisches Gebilde existiert und rührt von einer guten sensorischen Integration des Nervensystems her. [14] Sensorische Integration ist ein Prozess des Ordnens und Verarbeitens sinnlicher Eindrücke, so dass das Gehirn eine gute, differenzierte Wahrnehmung und sinnvolle Körper-, und Gefühlsreaktionen wie Gedanken erzeugen kann. Die sensorische Integration sortiert, ordnet und vereint alle sinnlichen Eindrücke des Individuums zu einer vollständigen umfassenden Hirnfunktion. [15] Darüber hinaus ist aber auch die Konzentrations- und Organisationsfähigkeit, das akademische Lernvermögen sowie die Fähigkeit zu abstrakten Denken und das Verarbeiten von Gedanken Ausdruck der sensorischen Integration.

Die Bedeutung, sensorische Wahrnehmung bewusst in einen Lernprozess zu integrieren, heißt einen Lernprozess zu zulassen, in dem die/der Lernende eigene, konkrete Erfahrungen [16] mit dem Lerninhalt machen kann. Der Lerninhalt wird fühlbar, erlebbar und dabei wesentlich umfassender verankert als bei einem rein auf Denkstrukturen aufgebauten Lernprozess. Lernen ist nicht nur Denken, sondern es ist die Summe verschiedenster Sinneswahrnehmungen und deren Verarbeitung.

### Emotionen

Am Anfang eines Lernprozesses steht die sensorische Wahrnehmung. Im Zuge der folgenden Reizverarbeitung entwickeln wir Emotionen, die uns helfen, die Situation einzuordnen, Reaktionen hervorzurufen und die Erfahrung zu speichern. Die Beziehung von Wissen und Gefühlen sowie die Verbindung beider mit dem Körper sind entscheidende Elemente des Lernens. Hannaford verweist auf die beiden Wissenschaftler David Gelernter und Antonio R. Damasio, die aufgrund ihrer Forschungsergebnisse zum einen die Überzeugung gewannen, dass Emotionen und Körper untrennbar mit Denken und Lernen verbunden sind. Und dass Emotionen keine besondere Form von Gedanken, keine zusätzliche Form des Denkens oder besonderer kognitiver Prozesse sind. Zum anderen, dass wir mit beidem, mit Gehirn und Körper, denken und lernen, da Emotionen sich im körperlichen Zustand darstellen. Deshalb ist in dem Fall von Dissoziation der Emotionen und des Körpers bei Denkprozessen kein rationales Verhalten und kein Lernen mehr möglich. [17]

Erfahrungen und die Erinnerung an diese Erfahrungen besitzen emotionalen Gehalt. Gefühle wie Frust oder Freude ermöglichen es uns, Überlebensstrategien zu entwickeln, das Erlernen sozialen Verhaltens sowie die Verankerung von Wissen. Dies unterstreicht die Bedeutung eines emotional positiven Lernumfeldes und eine positive Einstellung zum Lerninhalt. Schüler, die emotional engagiert sind, d.h. eine starke Motivation für das Lernen mitbringen, werden lernen, weil sie gerne lernen.[18] Lernen muss Freude und Spaß machen, denn Freude und Spaß sind Voraussetzung für eine entspannte, offene Lernhaltung, in der Interesse und Neugierde regieren und somit kreative Denkprozesse in Gang gesetzt werden können. In Lernprozessen ist dabei einer positiven Unterstützung, z.B. in Form von Lob, sowie der Anerkennung von Lernfortschritten der/des Lernenden hohe Bedeutung beizumessen. Frust und Unlust drängen die/den Lernende(n) in eine Verweigerungs- oder Ausweichhaltung. Der daraus resultierende Stress und die Blockaden verhindern einen wirklichen Lernerfolg. Empfundene Freude über die Lernerfahrung und über den Lerner-folg gibt uns dagegen ein Gefühl, an das wir uns gerne erinnern, und ermöglicht uns eine umfassende Verankerung des Lerninhalts.

### Linke und rechte Hemisphäre

Das Großhirn ist in zwei Hälften aufgeteilt. Jede der beiden Hemisphären des Großhirns besteht aus vier Hirnlappen, die je auf bestimmte Funktionsbereiche, wie visueller, auditiver, vestibulärer, olfaktorischer, sensorischer und motorischer Bereich, spezialisiert sind. Der permanente Informationsaustausch der beiden Hemisphären miteinander erfolgt über das Nervenfaserbündel – Corpus callosum –, die Verbindung der beiden Hemisphären.

Das Großhirn funktioniert nach einem Überkreuzmuster, wobei jede der Hemisphären die jeweils gegenüberliegende Körperhälfte steuert. So werden z.B. Informationen des rechten Armes von der linken Gehirnhälfte registriert und gesteuert und alle Funktionen der linken Körperseite werden von der rechten Gehirnhälfte kontrolliert. Dabei verarbeitet jede der beiden Hemisphären Informationen auf eine bestimmte Art. Springer/Deutsch[19] verwei-sen hier auf den Neurophysiologen und Nobelpreisträger Roger W. Sperry, der aufgrund seiner Erkenntnisse bei Split-Brain-Patienten Folgendes dazu bemerkt: „Jede Gehirnhälfte […] besitzt ihre […] eigenen Empfindungen, Wahrnehmungen, Gedanken und Vorstellun-gen, die alle von den entsprechenden Erfahrungen der gegenüberliegenden Hemisphäre abgeschnitten sind. Die linke und rechte Gehirnhälfte haben jeweils ihre eigene, individuelle Kette von Erinnerungen und Lernerfahrungen, auf die die andere Hemisphäre nicht zurück-greifen kann. Jede Gehirnhälfte scheint in vieler Hinsicht einen „eigenen Geist" zu haben."[20] Bei allen Menschen findet sich eine mehr oder weniger ausgeprägte Dominanz in der Benutzung der linken, bzw. rechten Hirnhälfte. Diese Hemisphäre ist es, die unsere Wahr-nehmung, unser Denken und Handel und unsere Emotionen maßgeblich kennzeichnet. Dies zeigt sich z.B. in Stresssituationen in der Menschen die Neigung entweder zu analytischen oder zu globalen Vorgehen haben. Man spricht anstelle von linker und rechter Gehirnhälfte auch von der Logik- und Gestalthemisphäre. Gewöhnlich – bei einigen Menschen kann die Zuordnung vertauscht sein – ordnet man die Logikhemisphäre der linken Hirnhälfte, die Gestalthemisphäre der rechten Gehirnhälfte zu.

| Logikhemisphäre und Gestalthemiphäre im Vergleich | |
| --- | --- |
| **Logikhemisphäre** (linke Hirnhälfte) | **Gestalthemisphäre** (rechte Hirnhälfte) |
| • **linear** (Wahrnehmung der Einzelheiten, des Details) | • **ganzheitlich/holistisch** (Wahrnehmung des Gesamtbildes) |
| • **verbal** (Bestandteil der Sprache – Buchstaben, Sätze) | • **nonverbal** (Sprachverständnis – Rhythmus, Redefluss) |
| • **sequenziell** | • **gleichzeitig** |
| • **zeitlich** (zukunftsorientiert) | • **räumlich** (Orientierung am Jetzt) |
| • **logisch** | • **analog** |
| • **analytisch** (zergliedernd) | • **synthetisch** (zusammensetzend) |
| • **rational** (Beweise, Fakten, Folgerichtigkeit) | • **intuitiv** (Kreativität, Fantasie, Spontaneität) |

Wirklich gute Leistungen können wir nur dann erbringen, wenn uns der Zugang zu beiden Hemisphären gelingt und diese optimal zusammenarbeiten.[21] Alle höheren geistigen Funktionen und menschlichen Verhaltensweisen umfassen mehr als nur die Spezialgebiete einer Gehirnhälfte. Sie beruhen auf dem was beide Hemisphären gemeinsam leisten.[22] Eine gute Zusammenarbeit beider Hirnhälften zeigt sich in einer entspannten Haltung, in der kognitives, assoziatives und vernetztes Denken möglich ist. Es zeigt sich ebenso in der Fähigkeit, Reize und Informationen einzuordnen und assoziativ auf neue Strukturen zu übertragen, sowie in der Fähigkeit, sinnvolle Reaktionen zu erzeugen. Lernen ist, in vollständig und ausgewogen ablaufenden Hirnfunktionen, eine relativ einfache Aufgabe und richtiges Verhalten ein ganz natürlicher Zustand.[23]

### Anerkennung der Individualität
Die Weltbevölkerung zählt im Augenblick ca. 6,5 Milliarden Menschen. Das sind 6,5 Milliarden Individuen. Jeder Einzelne von uns Menschen hat seine eigene, einzigartige Geschichte, familiäre und kulturelle Prägung, Körperlichkeit, sinnliche Wahrnehmung und sein individuelles Lernverhalten. Eine gut funktionierende Gesellschaft lebt von der Vielfalt, von der Einzigartigkeit jedes Einzelnen, der sich mit seinen Wissen, Fähigkeiten, Denkmustern, emotionalen Verständnis und seiner speziellen Art der Informationsverarbeitung gewinnbringend in die Gesellschaft einbringen kann. Dies erfordert Offenheit, Kreativität und Flexibilität im Umgang mit unkonventionellen Lehrkonzepten und -methoden, die den Einzelnen in seinem Sein in der Welt akzeptieren und wertschätzen und die Individualität des Einzelnen in Lernprozessen anerkennen und differenziertes Lernen fördern.[24]

### Entspannung

Hektik, Ruhelosigkeit, Reizüberflutung, überzogener Leistungsanspruch und Konkurrenz-denken führen zu Stress, Daueranspannung und einer gesundheitlich labilen Verfassung. Die Folgen sind oft physische, psychische und soziale Probleme. Der Mensch ist eine Einheit von Körper, Geist und Seele. So wirkt sich Anspannung und Entspannung immer auf alle drei Bereiche gleichermaßen aus. Entspannung fördert zum einen die Durchblutung des Körpers und unterstützt somit die wichtige Sauerstoffzufuhr, u.a. für geistige Prozesse. Sie hilft, Energie zu tanken, und trägt zur Gesundheit bei. Die Hirntätigkeit ist im entspann-ten Zustand deutlich größer und zeigt sich in einer besseren Konzentrations-, Merk- und Leistungsfähigkeit. Zum anderen fördert Entspannung auch die Persönlichkeitsentwicklung und trägt zu Selbstvertrauen und Selbstsicherheit bei. Geduld, Gelassenheit, Achtsamkeit sowie Spontaneität und Freude sind Ausdruck einer entspannten Haltung und psychischer Stabilität. Sie wirkt sich ebenso harmonisierend auf unser Sozialverhalten aus.

Eine entspannte Haltung von Körper, Geist und Seele ist aber auch eine wesentliche Voraussetzung für volle Aufnahmefähigkeit und umfassende Reizverarbeitung sowie für den freien Fluss der Gedanken und Emotionen. Denn sind wir mit unseren Gedanken und Emotionen verhaftet, so ist die Aufnahme und Verarbeitung von neuen Eindrücken gestört. Dagegen schafft Entspannung Raum und Offenheit für neue Dinge. Sie unterstützt Neugier-de, Flexibilität und geistiges Wachsen. Entspannung ist eine der Grundvoraussetzungen für Wachheit, eine sensible, differenzierte Wahrnehmung und Kreativität und ist damit einer der Pfeiler für einen erfolgreichen Lernprozess.[25]

### Rituale

Meist unbewusst bewegen wir uns in einem ritualisierten Alltag. Wir greifen in allen mög-lichen Situationen immer wieder auf lieb gewordene Gewohnheiten und kleine Rituale zu-rück. Sei es beim morgendlichen Zähneputzen, beim Frühstück, bei der zwischenmensch-lichen Kommunikation oder anderen Gegebenheiten, Rituale beschränken sich nicht, wie oft vermutet, nur auf religiöse Praktiken, sondern begegnen uns in allen Breichen unseres Lebens. Sie ordnen und stabilisieren unsere Emotionen und damit unser Leben.

Übergangssituationen – der Abschied vom Alten und der Schritt ins Neue – verunsichern uns, z.B. die Trauer um einen Angehörigen, der Übergang in neue Lebensphasen wie Pubertät, Ehe, Alter oder auch Krankheiten. In diesen Augenblicken des inneren Chaos helfen uns Rituale dabei, Halt zu finden, die äußere Ordnung wiederherzustellen und Raum zu geben, um unsere Gefühle zu leben, schwierige Lebensereignisse zu bewältigen und Freudiges entsprechend zu feiern.

Rituale helfen unter anderem dabei, eine Identität zu entwickeln, und damit ebenso die Iden-tität in der sozialen Gemeinschaft zu finden. Sie geben uns ein Gefühl von Gruppenzugehö-rigkeit und stabilisieren soziale Bindungen. Soziale Rituale und Regeln vermitteln Werte und ermöglichen es uns, uns in einer komplexen Gesellschaft zu bewegen.

Zum einen weisen Rituale dem Einzelnen seinen Platz in der Gemeinschaft zu; dies drücken z.B. die in allen Kulturen vorkommenden Geburts-, Hochzeits- und Beerdigungsrituale oder auch Begrüßungsrituale aus. Zum anderen geben sie dem Individuum Raum, um sich zu entfalten und zu entwickeln, indem sie Strukturen schaffen, die als Orientierung dienen und somit Sicherheit vermitteln.[26]

Aber gerade in der pädagogischen Arbeit ist auch Ritualen hohe Bedeutung beizumessen. Mithilfe von Ritualen werden Lernprozesse strukturiert. Sie erhalten damit einen äußeren Rahmen, in dem die Konzentration auf die Sache, den Lerninhalt, überhaupt erst ermöglicht wird. Existiert diese Struktur, der äußere Rahmen, innerhalb eines Lernprozesses nicht, ist die/der Lernende sowie die/der Lehrende permanent unbewusst darum bemüht, eine Struktur herzustellen. Nervosität, Anspannung und Stress sind die Folge. Die Konzentration auf das eigentliche – den Lerninhalt – ist somit nicht mehr uneingeschränkt gegeben.

Pädagogisch sinnvoll eingesetzte Rituale gestalten Lernsituationen, in denen viel Raum und Offenheit für Flexibilität, Kreativität und Neues ist. Sie fördern Konzentration und Entspannung in Lernprozessen und vermitteln dadurch ein Gefühl von Sicherheit und Selbstvertrauen.

### Bewegung

Leben ist Bewegung. Ohne Bewegung existiert kein Leben. Jede Bewegung ist ein sensomotorischer Vorgang, eine sensomotorische Erfahrung, auf die alles neue Lernen aufbaut. Die sensorische Reizaufnahme (wie weiter oben beschrieben) steht am Anfang jedes Lernprozesses. Über Bewegung schulen wie unsere Wahrnehmung, unsere Sinne. Nicht nur unsere auditive, visuelle, taktile oder propriozeptive Wahrnehmung wird durch Bewegung stimuliert und gefördert, sondern vor allem unser vestibuläres System. Dieses sorgt für unser Gleichgewicht und vermittelt uns Raumwahrnehmung sowie Kenntnis über unsere Stellung und Orientierung innerhalb des Raumes. Es ermöglicht uns, unsere innere Balance zu finden. Ein ungenügend ausgebildeter bzw. gestörter Gleichgewichtssinn ist häufig die Ursache für Lernstörungen,[27] da der Gleichgewichtssinn das alles vereinende Bezugssystem ist. Alle Arten von Empfindungen werden unter Bezug auf die vestibuläre Information verarbeitet.[28]

Darüber hinaus trägt Bewegung maßgebend zur körperlichen Fitness bei. Sie sorgt mit dem permanenten Wechselspiel von Anspannung und Entspannung für eine gute Durchblutung und einen funktionierenden Stoffwechsel des Körpers und gewährleistet dadurch die u.a. für geistige Prozesse nötige Sauerstoffzufuhr.

Bewegung ist vor allem aber auch Erfahrung pur. In der Bewegung erfahren wir uns zunächst einmal selbst und sind damit erst in der Lage, uns in den Kontext unserer Umgebung zu bewegen und zu definieren. Bewegung gibt den Gedanken und Erfahrungen eine Form, die wiederum erlebbar, begreifbar ist. Sie fördert die Neugierde, das Entdecken und Erforschen. Bewegung ist Lernen mit „Hand, Herz, und Kopf".

Ein weiterer wichtiger Aspekt dabei ist, dass über Bewegung Emotionen freigesetzt und verarbeitet werden. Bewegung wirkt Aggression und Gewalt entschieden entgegen und sorgt für innere und äußere Ausgeglichenheit, indem mithilfe von Bewegung überschüssige Energie abgebaut wird. Liebertz bringt hierzu die so genannten „Montagskinder" als Beispiel,[29] die aufgrund eines medienüberreizten und bewegungsarmen Wochenendes zu viel überschüssige Energie gespeichert haben und sich als Zappelphilippe und kleine Rambos präsentieren und kaum noch aufnahmefähig sind.

Mithilfe von Bewegungen lernen wir unseren Körper kennen. Durch sie entwickeln wir unsere Grob- und Feinmotorik, unsere Koordination, lernen zu fallen und wieder aufzustehen und sind so in der Lage, uns in unserer Umwelt zu bewegen. Ein gutes Köpergefühl gibt Selbstbewusstsein und Selbstvertrauen. Damit trägt Bewegung maßgeblich zur persönlichen Entwicklung bei. Denn Sozialkompetenz, Kommunikationskompetenz, Mitgefühl und Verantwortungsbewusstsein mir selbst und anderen gegenüber basieren auf einer stabilen, ausgeglichenen, sich selbst bewussten Persönlichkeit.

Bewegungen helfen uns dabei, Gedanken zu verankern. Um etwas zu behalten, um es sich merken zu können, findet gewöhnlich eine körperliche Bewegung statt: Sprechen, Schreiben oder Ähnliches.[30] Körperliche Bewegung internalisiert und festigt Gedanken in den neuronalen Netzwerken. Muskelaktivitäten, speziell koordinierte Bewegungen, stimulieren die Produktion von Neurotrophin, eines natürlichen Stoffes, der das Wachstum der Nervenzellen anregt und zur Vermehrung der neuralen Verbindungen im Gehirn anregt.[31] Das bedeutet, dass Bewegung es uns ermöglicht, Gedanken zu ordnen, weiterzuentwickeln und zu behalten. Bewegung dient somit als Verstärkung für das Lernen. Gedanken werden schneller vergessen, wenn sie nicht laut ausgesprochen, d.h. keine Muskelbewegung beteiligt ist.[32] Christine Liebertz führt einen Test des Sportmediziners Prof. Holmann an, der zum Ergebnis hatte, dass Personen, die Gehörtes mit Bewegungen verknüpfen durften, dieses später besser wiedergegeben konnten als Personen, die keine Möglichkeit hatten, Erfahrungsmuster über Bewegung aufzubauen, und nicht in der Lage waren, das Gehörte nach einer gewissen Zeit wiederzugeben.[33]

Lernen ist als ein Wechselspiel bzw. als ein ganzheitlicher Reifungsprozess von Körper, Geist, und Seele zu verstehen. Bewegung ist der Schlüssel zum Lernen. Alle unsere körperlichen, geistigen und seelischen Vorgänge sind in Bewegungen enthalten oder werden durch diese ausgedrückt. Mit Bewegungen nehmen wir uns und unsere Umwelt wahr und setzen uns unsere Welt zusammen. Durch Bewegungen kommunizieren wir und durch sie drücken wir uns nach außen hin aus. Bewegung als pädagogisches Mittel ist der wesentliche Bestandteil in einem ganzheitlichen Lernkonzept.

### Lese- und Rechtschreibstörung – Legasthenie

Die nur uns Menschen zugängliche Fähigkeit des Lesens und Schreibens sowie der Erwerb dieser Fähigkeit sind hoch komplexe Prozesse aus visueller und/oder akustischer Wahrnehmung, der Verarbeitung von Informationen und der Umsetzung in visumotorische Abbildungen (Hand-Auge-Koordination) bzw. in das verbale Wiedergeben des Gesehenen.[34]

Die exakte Definition der Symptomatik der Legasthenie ist nach wie vor noch nicht gelungen. Laut Petermann[35] sowie Möller/Laux/Deister[36] handelt es sich bei der Legasthenie um ein heterogenes Störungsbild. Sensorische Funktionen, z.B. auditive, visuelle und motorische, können eingeschränkt sein, ebenso auch zentralnervöse und linguistische Funktionen. Man vermutet, dass es sich um eine neurophysiologische-neuropsychologische Störung handelt, bestehend aus einer Kombination von Wahrnehmungs- und Gedächtnisstörungen sowie kognitiven Defiziten.[37]

### Begriffsbestimmung

Unter Legasthenie versteht man eine in allen Schriftsprachen vorkommende Teilleistungsstörung beim Erlernen von Lesen und Rechtschreibung. Die Weltgesundheitsorganisation hat in ihrer „Internationalen Klassifikation psychischer Störungen"[38] die Lese- und Rechtschreibstörung F 81.0 unter den „umschriebenen Entwicklungsstörungen schulischer Fertigkeiten" eingeordnet und wie folgt definiert:

Die Lese- und Rechtschreibstörung oder Legasthenie ist eine Beeinträchtigung der Entwicklung der Lesefertigkeiten und des Rechtschreibens, die sich nicht durch das Entwicklungsalter, Visusprobleme, unzureichende Beschulung, organische bzw. neurologische Erkrankungen oder verminderte Intelligenz erklären lässt.

### Symptome – Kennzeichen der Legasthenie

Die Weltgesundheitsorganisation (WHO) hat in einem Katalog die Symptome der Lesestörung zusammengefasst.[39] Im Wesentlichen kennzeichnet sie sich durch Auslassen, Ersetzen, Verdrehen oder Hinzufügen von Worten oder Wortteilen, einer niedrigen Lesegeschwindigkeit, Startschwierigkeiten beim Vorlesen und Vertauschen von Wörtern im Satz oder von Buchstaben in den Wörtern.

*Defizite im Leseverständnis* zeigen sich in einer Unfähigkeit, Gelesenes wiederzugeben, aus Gelesenem Schlüsse zu ziehen oder Zusammenhänge zu sehen und im Gebrauch allgemeinen Wissens als Hintergrundinformation anstelle von Informationen aus einer Geschichte beim Beantworten von Fragen über die gelesene Geschichte.

Das *Versagen in der Rechtschreibung* zuerst oft und zunächst in ungeübten Diktaten, vor allem, wenn Kinder gut auswendig lernen können. Doch bei einer schwergradigen Legasthenie kann sich die Störung der Rechtschreibung schon in der ersten Klasse von Anfang an bemerkbar machen.

Die Symptome der Rechtschreibstörung[40] zeigen sich in der Verdrehung und Umstellung von Buchstaben im Wort, in der Auslassung von Buchstaben, dem Einfügen falscher Buchstaben, Dehnungsfehlern, Fehlern der Groß- und Kleinschreibung und einer Fehlerinkonstanz, d.h. ein und dasselbe Wort wird immer wieder fehlerhaft, zwischendurch aber auch richtig geschrieben.

Ohne ins Detail zu gehen, lassen sich die möglichen Symptome der Legasthenie folgendermaßen beobachten und beschreiben:[41]

- Störung der phonologischen Bewusstheit und Verarbeitung
- Entwicklungsstörungen des Sprechens
- Dysfunktion des Gedächtnisses (Wortfindungsstörungen, ungenügende Wiederholungsstrategien)
- gestörte sensorische Integration
- gestörte Körperwahrnehmung
- Störungen der Grob- und Feinmotorik
- Hyperkinetisches Syndrom (HKS)
- visuell-räumliche Wahrnehmungsschwierigkeiten
- visumotorische Störungen
- fein- und graphomotorische Störung
- Störung der selektiven Aufmerksamkeit bei stabiler Daueraufmerksamkeit
- Störung der sequenziellen Informationsverarbeitung (Reihenfolgen)
- Störung der assoziativen Informationsverarbeitung

### Hypothesen

Auf grund des heterogenen Störungsbildes der Legasthenie basieren die Untersuchungen und Erklärungsansätze auf verschiedenen, teilweise konträren Hypothesen.

Franz Petermann[42] führt an, dass legasthene Kinder die lautsprachliche Information nur unzureichend nutzen. Sie haben demnach signifikante Defizite in den phonologischen Bereichen des Erkennens von Worten, Reimen und Silben, der Fähigkeit, schriftliche Symbole in eine lautsprachliche Struktur zu übertragen und dies zudem in einer angemessenen Artikulationsgeschwindigkeit und -genauigkeit. Andreas Warnke[43] verweist aufgrund seiner Untersuchungen auch auf die ungenügende visuelle Reizverarbeitung der Legastheniker. Die gestörte sprachliche sowie visuelle Informationsverarbeitung erklärt man sich mit hirnelektrischen Auffälligkeiten vor allem in linkshemisphärischen Bereich.[44]

Andere Untersuchungen gehen von einem gestörten Aufbau der funktionellen Hemisphären-dominanz aus.[45] Ebenso scheint die Legasthenie aufgrund der Störung des intra- und inter-hemisphärischen Informationsflusses erklärbar. Dies wird vor allem damit begründet, dass die sensorischen Informationen nur unzureichend verarbeitet bzw. transformiert werden. Man nimmt an, dass Verbindungen zwischen unterschiedlichen Sprachregionen der linken Hirnhälfte (dominanten) unterbrochen sein könnten.[46] Mechthild Firnhaber verweist aber auch auf neurophysiologische Untersuchungen, die eine unzureichende Zusammenarbeit der beiden Hemisphären zum Ergebnis haben.[47]

Darüber hinaus gibt es ebenso Vermutungen, dass Legastheniker vorwiegend Gestalthe-misphären-dominant sind und damit eine holistisch geprägte sensorische Wahrnehmung, Informationsverarbeitung und Reaktionen haben bei einer gleichzeitig ungenügenden Zusammenarbeit beider Hemisphären.[48]

Das Auftreten von Legasthenie ausschließlich als Neurosensymptom ist nach Schenk-Dan-ziger die Hypothese mancher Tiefenpsychologen. Argumentiert wird dieses Syndrom mit Legasthenie als Antwort auf Frustration emotionaler Art.[49]

Petermann führt weitere Hypothesen wie Störung der Sehfunktion, Störung der selektiven Aufmerksamkeit, Beeinträchtigung der sequenziellen Reizverarbeitung sowie Dysfunktionen des Gedächtnisses als mögliche Ursache der Legasthenie an.[50]

Zusammenfassend, nach Petermann[51], kann man davon ausgehen, dass es nicht nur „die eine Lese- und Rechtschreibstörung" mit ausschließlich „nur einer eindeutigen Symptoma-tik" und „nur einer Ursache" gibt, sondern dass aufgrund neoropsychologischer und neo-rophysiologischer Ergebnisse bei einer legasthenischen Störung unterschiedliche Defizite zusammentreffen können. Diese Defizite können die zeitlichen, sequenziellen, visuellen und verbalen Funktionen der Verarbeitung schriftsprachlicher Informationen betreffen.

## Begleitstörungen der Legasthenie

Die sekundären Begleitsymptome, Verhaltensweisen und Stimmungslagen, die sich als Folgeerscheinung der Legasthenie einstellen, können so gravierend sein, dass sie die pri-mären Symptome der Legasthenie begleiten oder sogar überlagern. Hervorgerufen werden diese Symptome durch unverschuldete, vor allem schulische Misserfolgserlebnisse sowie ungünstige Umweltreaktionen über lange Zeit und meist ohne Unterbrechung.[52]

### Psychische Begleitstörungen

Psychische Begleitstörungen, resultierend aus dem Lese- und Rechtschreibversagen, kön-nen sich in Form von motorischer Unruhe, Aufmerksamschwierigkeiten, Impulsivität, Kon-zentrationsstörungen, allgemeinen Lern- und Leistungsstörungen (vom Überehrgeiz bis hin zum generalisiertem Leistungsversagen), regressiven oder aggressiven Verhalten zeigen.[53]

Schenk-Danzinger[54] verweist auf Untersuchungen, die ergeben haben, dass Legastheniker signifikant häufiger als Nicht-Legastheniker ängstlich, depressiv, stimmungslabil, entmutigt, störbar, aggressiv, unbeherrscht und verschlossen sind. Diese psychische Labilität kann sich darüber hinaus in Erziehungsschwierigkeiten und Hausaufgabenkonflikten bemerkbar machen.[55]

### Psychosomatische Begleitstörungen

Hervorgerufen durch Schul- und Versagensangst können Bauchschmerzen, Übelkeit bis hin zum Erbrechen, Kopfschmerzen, Unruhe, Müdigkeit, erhöhte Krankheitsanfälligkeit sowie diffuse Gelenkbeschwerden der körperliche Ausdruck einer zu großen psychischen Belastung sein. Auffällig ist dabei, dass in der Regel die Symptome am Freitagnachmittag nach Schulschuss bzw. in den Ferien verschwinden, um dann am Sonntagabend bzw. zu Schulbeginn wieder zu erscheinen.[56]

### Soziale Begleitstörungen

Legastheniker zeigen in erhöhtem Maß Verhaltensauffälligkeiten im sozialen Bereich. Frusterlebnisse in der Schule und das daraus mangelnde Selbstbewusstsein und Selbstwertgefühl werden oft mit unangemessenen Sozialverhalten kompensiert. Die Palette reicht vom „Klassenkasper" über Kontaktstörungen, von dissozialem Verhalten (Unwahrheit sagen, Wegnehmen, Schule schwänzen) bis hin zur Kriminalität. Das unangepasste Sozialverhalten kann sich dabei emotional belastend auf die Familiensituation und auf das soziale Umfeld auswirken.[57]

## Aikido als ganzheitliches, pädagogisches Training für Legastheniker

*„Aikido und kreativ Lernen"* ist ein entwickeltes Budo-pädagogisches Trainingsprogramm, vorstellbar in Zusammenarbeit mit Elterinitiativen oder im Rahmen der schulischen Förderung durchzuführen. Ansprechpartner wären hier unter anderem der „Bundesverband Legasthenie und Dyskalkulie e.V.", der „Landesverband Legasthenie und Dyskalkulie Bayern e.V." sowie die jeweiligen Schulpsychologen.

### Zielgruppe

Die Zielgruppe sind Kinder im Alter zwischen neun und elf Jahren mit einer umschriebenen Lese- und Rechtschreibstörung – Legasthenie.

Die Altersgruppe wurde aufgrund des heterogenen Störungsbildes und der Begleitstörungen sehr eng gewählt. Dabei spielt auch der Zeitpunkt der Feststellung einer Legasthenie eine Rolle. Denn die Legasthenie eines Kindes zeigt sich oft erst ab dem dritten Schuljahr.

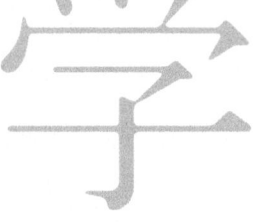

Ausschlaggebend ist hierfür der Zeitpunkt, ab dem ungeübte Diktate geschrieben werden und sich damit verstärkt Misserfolge und Frusterlebnisse einstellen. Ebenso sollen die Kinder sich möglichst in derselben Entwicklungsphase befinden, so dass die Gruppe nicht eine zusätzliche heterogene Komponente erhält in Form von unterschiedlichen, altersabhängigen Entwicklungsständen.

Die Kinder dieser Zielgruppe zeigen über die beschriebenen primär Symptome hinaus zusätzlich leichte Begleitstörungen, wie
- regressive Verhaltensauffälligkeiten (scheu, ängstlich, empfindlich, apathisch ...),
- aggressive Verhaltensauffälligkeiten (streitsüchtig, trotzig, störend, unruhig ...),
- soziale Verhaltensauffälligkeiten (kontaktscheu, Klassenkasper, Raufen ...),
- Lernunlust,
- Konzentrations- und Aufmerksamkeitsstörungen,
- psychosomatische Beschwerden (Bauchschmerzen, Übelkeit, Kopfschmerzen ...),
- Hausaufgabenkonflikte und/oder
- Erziehungsschwierigkeiten.

Kinder mit schweren psychischen Begleitstörungen (schwere Schulangst, chronische Schulverweigerung, Depression mit Suizidalität ...), für die eine teilstationäre oder stationäre Intervention angezeigt ist, sind nicht Teil der Zielgruppe.

### Trainingsprogramm – Theorie und Begründung

*„Aikido und kreatives Lernen"* beruht auf einem holistischen (also ganzheitlichen) Ansatz, in dem der Mensch in seinem Menschsein als Ganzes im Mittelpunkt steht. Dabei werden alle Bereiche parallel fördernd angesprochen, das impliziert die Einbeziehung von Körper, Geist und Seele in alle Übungen des Trainings. Darüber hinaus wird großer Wert auf ein positives Menschenbild gelegt sowie auf die Anerkennung der Individualität des Einzelnen bei gleichzeitiger Integration in die Gesellschaft.

### Trainingsprogramm

Da schlichte Lese- und Schreibübungen die Problematik eines Legasthenikers nur wenig verbessern können,[58] versteht sich das Trainingsprogramm als eine ganzheitlich, pädagogisch begleitende und ergänzende Maßnahme zur überwiegend reinen Lese- und Rechtschreibförderung.

Das Trainingsprogramm ist für einen Zeitraum von 48 Übungseinheiten (sechs Monate) zu je 75 Minuten und zwei Einheiten pro Woche angelegt. Die Unterrichtseinheiten werden in einem Dojo für Aikido (Grund: feste Mattenfläche) abgehalten. Die Gruppengröße ist idealerweise sechs bis max. acht Kinder. Dabei soll die Teilnehmerzahl acht Kinder nicht über- und vier nicht unterschreiten.

Das *Trainingsprogramm* besteht zum einen aus einer äußeren Form in der, der Raum, die Kleidung, die Etikette und die Rituale sowie der Zeitrahmen und Zeitrhythmus festgelegt sind. Diese äußere Form ist fest definiert und dient als Orientierung bis zum Ende des Programms. Zum anderen besteht es aus einer inneren Form, die zwar eine fest definierte Struktur besitzt, aber gleichzeitig in sich variabel ist. Dies ist notwendig, um flexibel auf Probleme, emotionale Stimmungslagen, Lernfortschritte und gruppendynamische Prozesse reagieren zu können. Die Anpassungsflexibilität ist wichtig, da keines der Kinder unter- bzw. überfordert werden soll.

Ziel ist es, die Reizart und -intensität so zu gestalten, dass sich ein kontinuierlicher Lernfortschritt einstellen kann. Das innere Konzept zielt im Wesentlichen auf die Stärkung des mentalen und psychomotorischen Bereichs und der Schulung des Sozialverhaltens ab. Dabei steht die Bewegung – das sich Bewegen, die Erfahrung in der Bewegung, die Wahrnehmung durch die Bewegung, Emotionen in und durch Bewegung, Anregung der Hirntätigkeit wie die sensomotorische Integration durch Bewegung, die Individualität des sich Bewegenden – und das Lernen mit „Hand, Herz und Kopf", das heißt Lernen mit und durch Erfahrung, im Zentrum.

### Begründung

Aikido mit seinem philosophischen Hintergrund, ganzheitlichen Bewegungskonzept und sozial integrativen Wesen eignet sich in besonderem Maße als Medium für die Zielgruppe und die Lernziele. Der besondere Vorteil ist dabei, dass sich Aikido außerhalb der von den Legasthenikern negativ besetzten Bereiche bewegt. Da es sich bei den Legasthenikern sehr häufig um Menschen mit besonderen Talenten und interessanten Hobbys handelt, die darüber hinaus oft sehr geschickt, musikalisch, zeichnerisch, technisch und sportlich begabt sind,[59] wird das auf Bewegung und Erfahrung aufgebaute Programm ihnen emotional entgegenkommen. Sie können sich in einem Bereich bewegen, der für sie Spaß und Freude bedeutet, wo man zudem besondere, nicht alltägliche Fertigkeiten lernt, die darüber hinaus nicht jeder beherrscht. Spaß, Freude und das Gefühl besondere Fähigkeiten zu besitzen, tragen in hohem Maße zu einem gesunden Selbstwertgefühl und Selbstbewusstsein bei. Diese Erlebnisse, Freude und Fähigkeiten mit Gleichgesinnten teilen und praktizieren zu dürfen, vermitteln zusätzlich ein Gefühl von Gruppenzugehörigkeit.

Aber auch die Wertvorstellungen des Aikido sprechen besonders für dieses Medium. Der überaus friedfertige Aspekt, die innere Gelassenheit und das Fehlen jedes Wettkampfes und sich Vergleichens im Aikido ist einmal eine wesentliche Voraussetzung, um mit diesen Kinder Erfolg versprechend zu arbeiten,[60] und bedeutet auch eine innere Haltung, die es bei den Kindern zu erreichen gilt. Denn das Ideal des Aikido ist eine selbstbewusste, selbstbestimmte Persönlichkeit, die im Hier und Jetzt und in der Gesellschaft lebt und sich mit seinen Fähigkeiten und Fertigkeiten fördernd einbringen kann.

Das komplexe Bewegungskonzept des Aikido – mit der umfassenden Fallschule, dem permanenten Wechsel von Anspannung und Entspannung in den Bewegungen/Techniken, der Bedeutung des statischen und dynamischen Gleichgewichts und der richtigen Atmung wie des Energieflusses in den Bewegungen, der anregenden und integrativen Eigenschaften von Hirntätigkeit und sensomotorischer Wahrnehmung, insbesondere der Raum-Zeit-Form Wahrnehmung und Vorstellung, deckt zudem in idealer Weise die angestrebte Förderung des psychomotorischen Bereichs ab.

## Lernziele und Inhalte des Trainingsprogramms

Lernen und Wahrnehmen sind neurologische Vorgänge. Dabei sind vor allem motorische Aktivitäten die Voraussetzung für das Erlernen des Lesens und Rechtschreibens. Sie hängen unmittelbar mit dem neurophysiologischen Wachstum und der biologischen Entwicklung zusammen. Ungeschicklichkeiten im Turnunterricht, schlechte Koordination beim Rennen oder einen Ball nicht ins Ziel werfen zu können, stehen nicht selten im Zusammenhang mit Schwierigkeiten bei dem Erlernen von Lesen und Schreiben.[61]

### *Psychomotorischer Bereich*

Nach Gaddes[62] ist für eine heilpädagogische Behandlung, insbesondere für die des Lesen und Rechtschreibens, die ständige Übung neuromuskulärer Bewegungen von großer Bedeutung, um Wahrnehmung, Verstehen und mündliche und schriftliche Ausdrucksform zu verbessern. Er führt dabei an, dass alles Verhalten ein ganzheitlich-holistisches System aus Input, Integration und Output ist, deshalb sei die beste Art einer heilpädagogischen Behandlung, alle Bereiche des Systems zu aktivieren. Dabei unterstreicht er die Förderung der sensorischen Wahrnehmung sowie der sensomotorischen Integration.[63] Für Ayres[64] spielt dabei das vestibuläre System innerhalb der sensorischen Wahrnehmung und der sensomotorischen Integration für das Lesen und Rechtschreiben eine besondere Rolle.

Ziel des Trainingsprogramms ist daher die Sensibilisierung und Verbesserung der bewussten, differenzierten sensorischen Wahrnehmung. Dabei wird das Hauptgewicht auf die Schulung der sensorischen Wahrnehmung und der sensomotorischen Integration gelegt, d.h. Verbesserung der visuellen Wahrnehmung, von Raum-Lage, Raum-Zeit, Laut-Klang und Laut-Zeit-Orientierung, der Förderung des Gleichgewichtsgefühls und der allgemeinen Körperwahrnehmung. Da die einzelnen sensorischen Bereiche nicht unabhängig arbeiten, sondern interagieren, soll vor allem das Zusammenspiel aller sensorischen Bereiche verbessert werden.

Bei der Erhöhung der auditiven Wahrnehmung liegt das Gewicht auf der Steigerung der Laut-Klang- und Laut-Zeit-Bewusstheit. Die Stärkung der visuellen Wahrnehmung zielt auf die Verbesserung der visuellen Raum-Form-Wahrnehmung – Formdifferenzierung, Erkennung des Details im Ganzen – ab.

In der Verbesserung der kinästhetischen Wahrnehmung liegt das Hauptgewicht auf der Stärkung des vestibulären Systems sowie der differenzierten Ganzköperwahrnehmung in Ruhe und Bewegung. Gleichzeitig soll die Ganzkörperkoordination und somit die Motorik verbessert werden. Darüber hinaus ist es das Ziel, das Bewusstsein für körperliche An- und Entspannung zu schärfen. Dabei wird in dem gesamten Bereich der psychomotorischen Schulung hoher Wert auf die Assoziation mehrerer Sinne und die sinnvolle motorische Umsetzung gelegt.

Zusammenfassend sollen die Kinder eine sensible, differenzierte Wahrnehmung, ein gutes Körpergefühl sowie Motorik entwickeln, die ihnen Sicherheit und Vertrauen der eigenen Körperlichkeit vermittelt.

### Mentaler Bereich

Eine stabile, selbstbewusste Persönlichkeit sowie eine gesunde Motivation zum Lernen sind wesentliche Voraussetzungen für einen erfolgreichen Lernprozess. William H. Gaddes schreibt dazu: „Dem Erfolgsmodell des Lernens muss der Wunsch, etwas zu lernen, dem Lernprozess vorausgehen."[65] Elemente wie Stress, Frustration, Angst, Unlust stehen dabei einem erfolgreichen Lernprozess kontraproduktiv gegenüber.[66] Petermann, Schenk-Danzinger, Eggert und Gaddes verweisen besonders beim legasthenischen Kind, auf die Notwendigkeit der Stärkung des Selbstbewusstseins und Selbstwertgefühls, da diese Kinder aufgrund permanenter schulischer Misserfolge emotional labil sind und psychisch oder sozial verhaltensauffällige Begleitsymptome zeigen.[67]

Ziel des Konzepts ist es vor allem die Stärkung der Persönlichkeit der Kinder. Das negative Selbstkonzept der Kinder soll in ein positives gewandelt werden, d.h. die Stärkung des Selbstbewusstseins, Selbstvertrauens und Selbstwertgefühls. Sie sollen sich ihrer eigenen Stärken bewusst werden und diese in Lernprozessen sowie im allgemeinen Leben einsetzen können. Darüber hinaus sollen die Kinder in die Lage versetzt werden, Emotionen, Wünsche und Interessen wahrnehmen und ausdrücken zu können. Die Kinder sollen nach dem Trainingsprogramm besser zwischen eigenen Anspannungs- und Entspannungszuständen, zwischen Stress und Gelassenheit unterscheiden können.

Das erklärte Ziel ist es, die natürliche Neugierde der Kinder, die Freude am Entdecken und Erforschen wieder zum Vorschein zu bringen und die Flexibilität und die Kreativität in Denkprozessen zu steigern. Ebenso soll die Motivation zum Lernen verbessert werden, vor allem in den negativ besetzten und blockierten Bereichen des schulischen Lernens.

Über die Stabilisierung der Persönlichkeit soll unter anderem die Aufmerksamkeit, die Aufnahmefähigkeit sowie die Fähigkeit, sich über bestimmte Zeiträume auf eine Sache zu konzentrieren, erhöht werden.

### Sozialer Bereich

Verhaltensauffällige Begleiterscheinungen der Legasthenie wie Regression oder Aggression bzw. alle dazwischen liegenden Stufen des Fehlverhaltens wirken sich negativ auf das soziale Verhalten der Kinder aus. Deshalb soll über die Stärkung des psychomotorischen, vor allem des mentalen Bereichs ein angepasstes Kommunikations- und Sozialverhalten erreicht werden.

Dazu gehört zunächst, Vertrauen in sich und andere und in die Situation entwickeln zu können. Die Verbesserung der Eigen- und Fremdwahrnehmung sowie das Erlernen von Rücksichtnahme und Fairness sind dabei eine unbedingte Voraussetzung und Notwendigkeit. Verantwortungsbewusstsein und der Respekt vor sich und den anderen ist eines der weiteren maßgeblichen Ziele. Dabei soll die Sensibilität für Grenzen und deren Achtung erhöht werden, d.h., Bedürfnisse und Meinungen anderer respektieren zu lernen sowie vereinbarte Regeln in der Gruppe einzuhalten. Ebenso sind Anpassungsfähigkeit, Kooperationsbereitschaft und die Fähigkeit zu Interaktion weitere wichtige Lernziele, genauso wie die Fähigkeit, Konflikte gewaltfrei zu lösen.

Die Kinder sollen sich aus den eigenen Fähigkeiten heraus integrativ und selbstbestimmt in einer Gruppe bewegen können und wollen und sich vor allem darin wohlfühlen.

### Methode des Trainingsprogramms

Das gesamte Trainingsprogramm ist auf Bewegung, Erfahrung und Kreativität aufgebaut!

Die Kinder werden in die Gestaltung der einzelnen Übungsabschnitte, insbesondere die der Gymnastik, der Fallschule und des Aikido, aktiv mit eingebunden. Die Übungen, vor allem die Übungsspiele, sind so flexibel, dass sie jederzeit erweitert und modifiziert werden können. Es sollen damit den Kindern verschiedene Lernstrategien angeboten werden und ihnen gleichzeitig die Gelegenheit gegeben werden, sich Lernstrategien selbst zu erarbeiten.

### Trainerrolle

Der Rolle der Übungsleitung kommt in dem Prozess eine besondere Bedeutung zu. Das angestrebte Beziehungsverhältnis zwischen Übungsleitung und Kindern soll positiv, freundschaftlich und von Vertrauen geprägt sein. Eine „Lehrerrolle" im klassischen Sinn wird dabei bewusst vermieden, um zu verhindern, dass die Kinder die Übungsstunden zu sehr mit „Schule" assoziieren. Dies bedeutet Flexibilität der Übungsleitung in den Übungsstunden, um auf besondere Bedürfnisse der Kinder reagieren zu können. [68]

Um die Persönlichkeit der Kinder zu stärken und um ihnen zu ermöglichen, Selbstvertrauen, Selbstbewusstsein und ein Selbstwertgefühl aufzubauen, wird die Übungsleitung die Kinder in Form von Ermutigung, Lob und Anerkennung positiv unterstützen. Innerhalb des gesamten Trainingsprogramms wird bewusst und gezielt mit den Stärken der Kinder gearbeitet, um die Kinder durch dieses Verhalten mental zu stabilisieren. Vor allem am Anfang des Programms, in der Phase des Sich-kennen-Lernens und des Aufbaus eines Vertrauensverhältnisses, wird die Übungsleitung bemüht sein, die Stärken der Kinder aufzuspüren und in den Vordergrund zu stellen, so dass sich die Kinder nicht mehr an ihren Schwächen orientieren.

### *Äußerer Rahmen*

Der für das Programm gewählte Rahmen soll eine warme, angstfreie Atmosphäre vermitteln. Konkret ist damit der Raum, das Dojo, gemeint: ein schlichter, sauberer, mit Aikidomatten ausgelegter Raum, der aufgrund seiner Schlichtheit jeder Reizüberflutung und Ablenkung entgegenwirkt und das Tragen eines GI – eines Aikidoanzugs –, der das „eigene Dojo am Körper" symbolisiert. Der GI wirkt sich zusätzlich fördernd auf das Gefühl von Gruppenzugehörigkeit aus. Zum anderen werden in dem Trainingsprogramm die Etikette und Rituale des Aikido gezielt eingesetzt, um für eine strukturierte, geordnete Übungseinheit zu sorgen. Der äußere Rahmen soll den Kindern Sicherheit und Vertrauen vermitteln. Zudem soll er sich für die Kinder fördernd auswirken in der Konzentration auf die Sache sowie in der Konzentration auf sich selbst.

Die in den Etiketten des Aikido, insbesondere in der Verneigungspraxis, enthaltenen Wertschätzung, sich selbst sowie den Mitübenden gegenüber, unterstützt und fördert darüber hinaus nachhaltig das Selbstwertgefühl wie auch das soziale Miteinander der Kinder.[69] Die Verneigungspraxis ist essenzieller Bestandteil zu Beginn und Ende der Stunde sowie vor und nach jeder einzelnen Übung, sei es mit oder ohne Partner bzw. in der Gruppe.

*Mit Kissen und Tüchern wird im Dojo der entsprechende äußere Rahmen geschaffen.*

### Entspannung

Um den Kindern eine bessere Wahrnehmung und Differenzierung zwischen Anspannung und Entspannung zu vermitteln, werden verschiedene Entspannungs-, Atem- und Energieübungen mit den Kindern praktiziert. Den Kindern soll die Gelegenheit gegeben werden, loszulassen, sich zu erfahren, sich zu spüren und vor allem Ruhe und sich selbst genießen zu können. Gleichzeitig sollen die Übungen die Aufmerksamkeits- und Konzentrationsfähigkeit und Körperwahrnehmung der Kinder fördern.

Die Entspannungsphasen und -übungen setzen sich aus Zazen (der meditativen Versenkung im Sitzen) sowie aus Fantasie- und Märchenreisen zusammen. Dabei ist die Praxis des Zazen essenzieller Bestandteil des Anfangs- und Endrituals der Übungseinheit. Spezielle Atem- und Energieübungen sind im Wesentlichen in die Gymnastikphase wie auch in die Übungsphase des Aikido integriert.

Die Übungen sind in ihrer Art so aufgebaut, dass sie die Neugierde, Fantasie und das Vorstellungsvermögen der Kinder ansprechen.

### Gymnastik

Die Phase der Gymnastik dient im Wesentlichen zur Erwärmung und Vorbereitung des Körpers für die nachfolgenden Übungsphasen. Die Übungen setzen sich dabei aus Atem-, Energie-, Dehn- und Erwärmungsübungen zusammen. Sie sollen zum einen die Durchblutung und Erwärmung der Körpers fördern, zum anderen mithilfe vor allem der Atem-, Energie- und Dehnungsübungen gezielt den Energiefluss und Energieausgleich im Körper anregen. Es soll dadurch den Kindern nicht nur eine bessere Körperwahrnehmung vermittelt sowie die Flexibilität, Koordination und Beweglichkeit geschult werden, sondern die Übungen dienen auch dazu, überschüssige Energie abzubauen. Zusätzlich wirken sich die Übungen förderlich für die Zusammenarbeit beider Gehirnhälften aus.

*Mithilfe der Gymnastik wird in erster Linie der Körper auf die nachfolgenden Übungen vorbereitet.*

### Fallschule

Das Beherrschen zumindest einer „Basisfallschule" ist für alle Aikido-Techniken eine Grundbedingung. Sie beugt Verletzungen vor und schult die Körperkoordination und -reaktion wie die Orientierung im Raum. Zudem vermittelt die Beherrschung der Fallschule Sicherheit, Selbstvertrauen und Selbstbewusstsein in hohem Grad.

Die Kinder sollen vor allem die Vorwärts- und Rückwärtsrolle erlernen. Sie werden dabei langsam an das Sich-fallen-Lassen herangeführt. Da Kinder im Allgemeinen wenig reflektieren und sehr handlungsbezogen sind, werden sie sich schnell in das Rollen einfinden, und so können sie die energetisierende Wirkung des Rollens genießen. Das wirkt sich wiederum fördernd auf Körperwahrnehmung und Körperbeherrschung aus und hilft darüber hinaus, überschüssige Energie abzubauen.

### Aikido

*Aspekt der psychomotorischen Schulung:* Die typischen spiralförmigen, dynamischen Wurf- und Hebeltechniken des Aikido bilden den Schwerpunkt des Trainingsprogramms. Dabei werden aus den zahllosen Aikido-Techniken zirka sechs, auf einfachen Bewegungsabfolgen aufgebaute Techniken ausgewählt und mit den Kindern geübt. Namentlich handelt es sich hierbei um verschiedene KOGYU-NAGE (Atemwürfe), IKKYO, KAITEN-NAGE und SHIHO-NAGE.

Die Techniken wurden zudem so gewählt, dass bereits viele der Eigenschaften geschult werden, die unter der Schulung des psychomotorischen Bereichs aufgeführt wurden, so unter anderem:
- die sensomotorische Integration,
- die sensorische und speziell visuelle Wahrnehmung,
- Raum-Lage,
- Raum-Zeit-Orientierung,
- Förderung des statischen und dynamischen Gleichgewichtsgefühls und
- die Förderung der gesamten Motorik.

Die Techniken wurden aber auch unter dem Aspekt, Anregung der Hirntätigkeit sowie Vernetzung und Verbesserung der Zusammenarbeit der beiden Hemisphären gezielt ausgewählt. Dieser Wahl lagen dabei die Ideen und Elemente aus der von Dr. Paul Dennison entwickelten Brain-Gym(r) zugrunde,[70] d.h., es wurden speziell Aikido-Techniken gewählt, die markant die Mittellinie während des Bewegungsablaufs kreuzen.

Sämtliche aufgeführten Aikido-Techniken werden unter den Aspekten „kindgerecht" und „Förderung der defizitären Bereiche der Legastheniker" den Kindern in aufbereiteter Form dargeboten. Konkret werden die Aikido-Techniken teils in Spielform und/oder in Verbindung von Musik, Laut und Form praktiziert. Es sollen Verbindungen hergestellt werden, die Kinder aufgrund ihrer Störung, Reize umfassender und differenzierter wahrnehmen und besser verar-

beiten lassen. Darüber hinaus sollen sie sich mithilfe dieser Verbindungen Vorstellungen und ein Gefühl von Form und Laut erarbeiten können, d.h. über Körperbewegungen Erfahrungsmuster und Assoziationen aufbauen, die wiederum in Körperbewegungen Ausdruck finden.

Die Verbindungen und Übungsschwerpunkte sehen im Einzelnen wie folgt aus:
- Aikido-Technik – Form, Buchstabe  ➜ Raum-Lage
- Aikido-Technik – Laut  ➜ Raum-Zeit, Raum-Lage, Laut-Klang, Laut-Zeit, Rhythmus
- Aikido-Technik – Musik  ➜ Raum-Zeit, Raum-Lage, Laut-Klang, Laut-Zeit, Rhythmus
- Aikido-Technik – zerlegen, verbinden  ➜ Reihenfolgen, Raum-Lage
- Aikido-Technik – Form, Laut  ➜ Raum-Zeit, Raum-Lage, Laut-Klang, Laut-Zeit, Rhythmus

*Sozial-integrativer Aspekt:* Die Aikido-Techniken werden immer jeweils mit Partner bzw. in der Gruppe geübt. Dies schult in ganz besonderem Maß das Sozialverhalten der Kinder. Sie müssen sich mit ihrem Partner auseinandersetzen, sich auf ihn einlassen, ihn respektieren und ihm vertrauen. Über die Partnerübungen und den direkten Körperkontakt in den Aikido-Techniken erhalten die Kinder sofort Rückmeldung über ihre Aktionen. Sie lernen dabei Verantwortung für sich und andere zu übernehmen. Die Gruppenübungen fördern zudem Anpassungsfähigkeit und Kooperationsbereitschaft. Die Kinder lernen hier ebenso Fairness, ein angepasstes Kommunikationsverhalten und wie man Konflikte gewaltfrei lösen kann.

Unter Verwendung besonderer Vertrauensübungen, z.B. Aikido mit verbundenen Augen, soll die Sensibilität und das Verantwortungsgefühl anderen gegenüber gezielt gefördert werden.

### Exemplarischer Aufbau einer Übungsstunde

Der Aufbau einer Übungsstunde über 75 Minuten lässt sich wie folgt beschreiben:

1. Begrüßungsritual (ca. 5 Min.)
   - Betreten der Matte mit den rituellen Verneigungen
   - Praxis des Zazen
   - Angrüßen mit den rituellen Verneigungen
2. Gymnastik (ca. 15 Min.)
   - Aufwärmspiel (evtl. Fangspiel)
   - Gymnastikübungen
3. Fallschule (ca. 10 Min.)
   - Fallübungen
4. Aikido (ca. 30 Min.)
   - Einüben von Aikido-Techniken
   - Aikido-Spiel (gezielte Förderung defizitärer Bereiche)
5. Entspannungsphase (ca. 10 Min.)
   - Entspannungsübungen (z.B. Fantasie- oder Märchenreisen, Shiatsu)
6. Schlussritual (ca. 5 Min.)
   - Praxis des Zazen
   - Abgrüßen mit den rituellen Verneigungen
   - Verlassen der Matte mit den rituellen Verneigungen

Der Aufbau des Trainingsprogrammsist innerhalb der Begrüßungsrituale variabel, damit auf emotionale Stimmungslagen und Lernfortschritte der Kinder sowie auf gruppendynamische Prozesse flexibel reagiert werden kann.

### Resümee

„Aikido und kreatives Lernen – Ein ganzheitliches, pädagogisches Trainingsprogramm am Beispiel der Legastheniker" wurde ausgehend von der Tatsache entwickelt, dass die sensorische Wahrnehmung am Anfang jedes Lernprozesses steht und Lernen und Wahrnehmen neurologische Vorgänge sind, als auch unter dem Verständnis, dass Lernen ein holistischer Prozess aus sensorischer Wahrnehmung, sensomotorischer Integration und motorischen Ausdrucks ist. Weitergehend erfolgte die Entwicklung aber auch basierend auf der Erkenntnis, dass ständige Übung neuromuskulärer Bewegungen in der Wahrnehmung, im Verstehen, und in der Verbesserung mündlicher und schriftlicher Ausdrucksform eine große Bedeutung haben.[71]

Ebenso stützt sich das Programm auf die Tatsache, dass es für einen erfolgreichen Lernprozess den Menschen als Ganzes bedarf. Dies beudeutet, den Menschen in einem Lernprozess als Einheit von Köper, Geist und Seele zu sehen. So ist das Trainingsprogramm, über den neurologisch integrativen Ansatz hinaus stark von Aspekten verhaltenspädagogischer Arbeit geprägt.

Das Trainingsprogramm ist zunächst theoretisch, daher ist eine Auswertung von konkreten Ergebnissen nicht gegeben. Dennoch anhand der Erfahrungen von Projekten ähnlicher Konzeption für lese- und rechtschreibschwache Kinder[72] ist von einer zusichernden Verbesserung der Lese- und Rechtschreibleistung auszugehen. Dieser positive Ausblick schließt auch die Stabilisierung der Persönlichkeit der Kinder, die Verbesserung der Leistungsmotivation sowie des Sozialverhaltens mit ein. Gerade in den zuletzt angesprochenen Bereichen ist aufgrund der Erfahrung ähnlicher Projekte eine deutliche Verbesserung zu erwarten.

1  vgl. Stevens, J.: Unendlicher Friede. Heidelberg-Leimen 1987
2  vgl. Ueshiba, M.: Budo. Heidelberg/Leimen 1997
3  vgl. Nocquet, A.: Der Weg des Aikido. Berlin 1988
4  vgl. Stevens, J.: Unendlicher Friede. Heidelberg-Leimen 1987
5  vgl. Stevens1987, Nocquet 1988 und Ueshiba 1997
6  vgl. Nocquet, A.: Der Weg des Aikido. Berlin 1988
7  vgl. Häcker/Stapf: Dorsch Psychologisches Wörterbuch. Bern 2004
8  vgl. Krapp/Weidemann: Pädagogische Psychologie. Weinheim 2001
9  vgl. Gaddes, W. H.: Lernstörung und Hirnfunktion, eine neuropsychologische Betrachtung. Berlin/Heidel-
   berg/New York 1991
10 vgl. Liebertz, C.: Das Schatzbuch ganzheitlichen Lernens. München 2003, S. 37
11 vgl. Hannaford, C.: Bewegung – Das Tor zum Lernen. Kirchzarten bei Freiburg 2004, S. 36
12 vgl. Ayres, 2002; Liebertz, 2003; Hannaford, 2004; Meister Vitale Barbara: Lernen kann phantastisch sein.
   Offenbach 2000
13 vgl. Pagel. K.: Jede/r lernt anders. Kirchzarten bei Freiburg 2003, S. 17
14 vgl. Ayres, A.: Bausteine der kindlichen Entwicklung – Die Bedeutung der Integration der Sinne für die
   Entwicklung des Kindes. Heidelberg/New York 2002, S. 105
15 vgl. Ayres, 2002
16 vgl. Liebertz, 2003
17 vgl. Hannaford, 2004, S. 60 f.
18 vgl. Hannaford, 2004, S. 66
19 vgl. Springer, S. P./Deutsch, G.: Linkes – Rechtes Gehirn – Funktionelle Asymmetrien. Heidelberg/Ber-
   lin/New York 1993, S. 56
20 vgl. Sperry 1974, zitiert nach Kai Vogeley 2005
21 vgl. Hannaford, 2004
22 vgl. Springer/Deutsch, 1993
23 vgl. Ayres, 2002
24 vgl. Liebertz, 2003, S. 42; ähnlich Meister Vitale Barbara: Lernen kann phantastisch sein. Offenbach 2000,
   S. 39
25 vgl. Liebertz, 2003
26 vgl. Liebertz, 2003
27 vgl. Ayres, 2002, ähnlich Liebertz, 2003 und Hannaford, 2004
28 vgl. Ayres, 2002
29 vgl. Liebertz, 2003, S. 48
30 vgl. Krebs, C. T./Brown, J.: Lernsprünge – Eine bahnbrechende Methode zur Integration des Gehirns.
   Kirchzarten bei Freiburg 1998
31 vgl. Hannaford, 2004, S. 122
32 vgl. Krebs/Brown, 1998
33 vgl. Liebertz, 2003, S. 49
34 vgl. Petermann, F.: Lehrbuch der Klinischen Kinderpsychologie und -psychotherapie. Göttingen 2002;
   Gaddes, W. H.: Lernstörung und Hirnfunktion, eine neuropsychologische Betrachtung. Berlin/Heidel-
   berg/New York 1991; Schenk-Danzinger, L.: Legasthenie – Zerebral-funktionelle Interpretation Diagnose
   und Therapie. München/Basel 1991; ähnlich auch Warnke, A.: Legasthenie und Hirnfunktion. Bern 1990
35 vgl. Petermann, F.: Lehrbuch der Klinischen Kinderpsychologie und -psychotherapie. Göttingen 2002
36 vgl. Möller, H.-J./Laux, G./Deister, A.: Psychiatrie und Psychotherapie. Stuttgart 2001
37 vgl. Petermann, 2002 und Möller/Laux/Deister, 2001
38 ICD – 10, WHO, International Classifications of Diseases – 10. Fassung, 2000
39 ICD – 10, WHO, 2000, S. 275

[40] vgl. Warnke, Hemminger, Roth, Schneck: Legasthenie – Leitfaden für die Praxis. Göttingen 2002; ähnlich auch Petermann, 2002

[41] vgl. Petermann, 2002; Möller/Laux/Deister, 2001; Schenk-Danzinger, 1991; Warnke, 1990; Warnke/Hemminger/Roth/Schneck, 2002; siehe auch: Firnhaber, M.: Legasthenie und andere Wahrnehmungsstörungen. Frankfurt a. M. 2002 sowie Davids, R. D.: Legasthenie als Talentsignal. München 2000

[42] vgl. Petermann, 2002

[43] vgl. Warnke, 1990

[44] vgl. Petermann, 2002

[45] vgl. Schenk-Danzinger, 1991; Springer/Deutsch, 1993

[46] vgl. Petermann, Ulrike & Franz: Training mit aggressiven Kindern. Weinheim, 2001

[47] vgl. Firnhaber, 2002

[48] vgl. Hannaford, 2004

[49] vgl. Schenk-Danzinger, 1991

[50] vgl. Petermann/Petermann, 2001

[51] vgl. Petermann/Petermann, 2001

[52] vgl. Schenk-Danzinger, 1991

[53] vgl. Petermann, 2002; Möller/Laux/Deister, 2001; Schenk-Danzinger, 1991; Warnke, 1990; Warnke/Hemminger/Roth/Schneck, 2002; Firnhaber, 2002

[54] vgl. Schenk-Danzinger, 1991, S. 104

[55] vgl. Petermann, 2002; Möller/Laux/Deister, 2001; Schenk-Danzinger, 1991; Warnke, 1990; Warnke/Hemminger/Roth/Schneck, 2002; Firnhaber, 2002

[56] vgl. Petermann, 2002; Möller/Laux/Deister, 2001; Schenk-Danzinger, 1991; Warnke, 1990; Warnke/Hemminger/Roth/Schneck, 2002; Firnhaber, 2002

[57] vgl. Petermann, 2002; Möller/Laux/Deister, 2001; Schenk-Danzinger, 1991; Warnke, 1990; Warnke/Hemminger/Roth/Schneck, 2002; Firnhaber, 2002

[58] vgl. Möller/Laux/Deister, 2001

[59] vgl. Schenk-Danzinger, 1991, S. 145; ähnlich Davids, 2000

[60] vgl. Schenk-Danzinger, 1991, S. 146

[61] vgl. Gaddes, 1991

[62] vgl. Gaddes, 1991 S. 425

[63] vgl. ähnliche Ansätze bei Ayres, 2002; Hannaford, 2004; Krebs, 1998; auch: Meister Vitale, 2000; Eggert, D. (Hrsg.): Psychomotorisches Training – Ein Projekt mit lese-/rechtschreibschwachen Grundschüler/innen. Weinheim/Basel 1997

[64] vgl. Ayres, 2002, S. 136

[65] vgl. Gaddes, 1991 S. 461

[66] vgl. Petermann, 2002; Gaddes, 1991; Ayres, 2002; Hannaford, 2004; Krebs, 1998; Meister Vitale, 2000; Eggert, 1997; Pagel. K.: Jede/r lernt anders. Kirchzarten bei Freiburg 2003

[67] vgl. Petermann, 2002; Gaddes, 1991; Eggert, 1997; Schenk-Danzinger, 1991

[68] vgl. Eggert, 1997

[69] vgl. Wolters, J.-M.: Ritual-Praxis der Wertschätzung und Zuneigung in den japanischen Kampfkünsten. In: Kampfkunst International, (I) 05/2001

[70] vgl. Hannaford, 2004

[71] vgl. Gaddes, 1991

[72] vgl. Gaddes, 1991 und Eggert, 1997

Marc Grunske

# Über die Relevanz der Neuro-Logischen Ebenen des NLP für die Budo-pädagogische Arbeit

## Einleitung

Wenn Budo-Pädagogik den Anspruch erhebt, Veränderungen in Einstellungen und Verhaltensweisen von Menschen zu bewirken, und dabei systematisch planend und überprüfbar vorgehen will, muss sie den Weg dorthin transparent aufzeigen und nachweisen können. Das Wissen, Können und die Vorgehensweisen zu reflektieren und darstellen zu können, sind Kennzeichen von Professionalität, die in der pädagogischen Arbeit gefordert werden.

Der nachfolgende Text will einen Beitrag und Orientierungshilfe leisten, um diesem Anspruch gerecht zu werden. Dafür wurde ein grundlegendes Modell des Neuro-Linguistischen-Programmierens auf den Budo-pädagogischen Kontext übertragen und angewandt.

Zunächst wird ein kurzer Einblick in das NLP vermittelt, um dann das Modell der Neuro-Logischen Ebenen vorzustellen. Anschließend wird der Zusammenhang zwischen dem beschriebenen Modell und der Budo-pädagogischen Arbeit gezeigt, indem die Möglichkeiten, die sich aus der praktischen Anwendung ergeben können, dargestellt werden.

## Neuro-Linguistisches Programmieren (NLP)

NLP wurde in den 1970er-Jahren von Bandler und Grinder in den USA entwickelt, und es bildet den Mittelpunkt vieler Methoden, die auf die Bereiche der Kommunikation, des Lernens und der Veränderungsarbeit angewandt werden. Es ist ein Sammelbecken, in dem sich verschiedene Modelle und Interventionstechniken befinden, die durch die Bereiche der Linguistik, der Psychologie, der Philosophie, der Gestalt-, Hypno- und Familientherapie stark beeinflusst sind.[1]

NLP beschäftigt sich mit der Erforschung besonderer Fähig- und Fertigkeiten; extrahiert aus diesen strukturelle, inhaltsfreie Muster, um sie dann wiederum anderen Menschen zu vermitteln. Dieser Prozess, das Modellieren, bildet die Basis des NLP, das sich mit der Struktur der subjektiven Erfahrung eines Menschen auseinandersetzt. Es untersucht wie Menschen ihr Sehen, Fühlen, Hören, Riechen und Schmecken organisieren und strukturieren, wie die „reale" Welt durch die Sinne gefiltert und mittels Sprache beschrieben wird. NLP versucht Veränderungen in der ganzen Persönlichkeit und in unmittelbaren Problemstellungen zu erreichen, wobei das Ziel die Stabilität des inneren psychischen und physischen Gleichgewichts ist.[2] Ziel der Methoden des NLP ist es auch, mehr Wahlmöglichkeiten im Leben zu erschaffen, starre Verhaltensmuster wahrzunehmen und aufzulockern.

Der Begriff „Neuro" bezieht sich auf die Wahrnehmung durch die fünf Sinnesorgane, die neurologischen Prozesse des Gehirns und die physiologischen Reaktionen auf Gedanken und Ereignisse.[3] Es wird davon ausgegangen, dass „durch Wahrnehmung bestimmte neurologische Vorgänge eingeleitet werden, die sich auf das Verhalten niederschlagen"[4].

„Linguistisch" deutet an, dass wir mithilfe der Sprache unser Verhalten und unsere Gedanken strukturieren und mittels Kommunikation diese inneren mentalen Zustände zum Ausdruck bringen. Durch die Sprache wird deutlich, wie sinnliche Repräsentationen ablaufen und wie die Beachtung der Wortwahl direkten Einfluss auf psychische Zustände und Vorgänge hat.[5] Linguistisch bezieht sich dabei auch auf die Körperhaltung, Mimik und Gestik, die unsere Denkweisen und Überzeugungen aufzeigen.[6]

„Programmieren" ist der Computerwissenschaft entlehnt und meint, dass unsere Gedanken, Gefühle und Handlungen „habituelle Programme"[7] sind, die verändert werden können. Weiter steht es für die Wege, für die wir uns entscheiden können, um unsere Gedanken und Handlungen so zu organisieren, dass wir die gewünschten Ergebnisse erreichen.[8]

Unsere Verhaltensweisen bestehen aus erlernten Mustern, die jedoch veränderbar sind. Für Schauer steht „Programmieren"[9] für die Verinnerlichung bestimmter Muster und Verhaltensstrategien auf die im Alltag zurückgegriffen werden kann, ähnlich einem Programm, das automatisch abläuft.

## Die Neuro-Logischen Ebenen des NLP und ihre Funktion

Das Modell der Neuro-Logischen Ebenen wurde von Robert Dilts, einem frühen Entwickler von NLP-Modellen, erarbeitet. Es bildet eine elementare Grundlage der Veränderungsarbeit im NLP. Das Modell wird im NLP verwendet, um Bereiche und Elemente zu beschreiben, die Einfluss auf die Persönlichkeit eines Menschen haben. Weiterhin wird es zur Klassifikation von NLP-Techniken genutzt.

O'Connor und Seymour sehen die Neuro-Logischen Ebenen als „Modell zur Beschreibung von persönlicher Veränderung, Lernen und Kommunikation"[10]. Es bietet einen Kontext, „in dem man die Techniken des NLP einordnen kann, und ... einen Rahmen, um Informationen zu organisieren und zu sammeln, so dass man den besten Punkt identifizieren kann, wo man intervenieren muss, um eine erwünschte Veränderung herbeizuführen."[11] Grundsätzlich können die Neuro-Logischen Ebenen, über die einzelne Persönlichkeit hinausgehend, auch auf Gruppenprozesse angewendet werden. Dabei können z.B. die gemeinsame Identität, die Wertvorstellungen, die Strategien, die Fähigkeiten und die Verhaltensmuster in der Umgebung der Gruppe betrachtet werden.

Nach Dilts[12] ist das Gehirn eines Menschen, wie jedes biologische oder soziale System, in Form von Ebenen organisiert, die Aussagen über die Funktionsweise des Gehirns machen. Aus psychologischer Sicht hält er sechs Ebenen für wichtig, die im Bereich des Lernens, der Kommunikation und der Verhaltensänderung differenziert werden müssen:

| Sinn/Mission/Zugehörigkeit |
|:---:|
| Identität |
| Glauben/Werte |
| Fähigkeiten |
| Verhalten |
| Umgebung |

Der Begriff der Spiritualität von Dilts wurde hier durch Sinn/Mission/Zugehörigkeit ersetzt.[13]

Laut Dilts ist die grundlegende Ebene, die Umgebung in der man lebt. Auf diese Umgebung wirken wir durch unser Verhalten ein. Das Verhalten wird durch unser Modell von der Welt, unsere mentalen Landkarten und unsere Strategien bestimmt, die Teile unserer Fähigkeiten sind. Die Fähigkeiten werden durch Glaubenssätze und Werte organisiert. Diese wiederum sind durch unsere Identität und Zugehörigkeit definiert.[14]

### Umgebung

Alle Ereignisse finden in einer speziellen Umgebung statt. Auf der Ebene der Umgebung finden wir die zeitlichen und räumlichen Umstände eines Ereignisses wieder. Sie enthält die äußeren Bedingungen, Begegnungen und Einschränkungen, auf die eine Person reagiert. Die spezielle Umgebung eines Ereignisses kann mit den Fragen nach dem „Wo?", „Wann?", „Wer?" und „Mit wem?" erfragt werden.

### Verhalten

Auf dieser Ebene finden wir alle Aktionen und Reaktionen von Menschen wieder, die von außen durch andere wahrnehmbar sind. Dazu zählen Mimik, Gestik, Worte, Bewegungen, Handeln und Tun, Tonlage, Motorik und Atmung. Hier fragen wir nach den spezifischen Handlungen die von Personen ausgeführt werden mit der Frage: „Was genau?", „Was wird getan?"

### Fähigkeiten

Auf der Ebene der Fähigkeiten sind alle kognitiven und emotionalen Prozesse verortet, die Menschen befähigen, ein bestimmtes Verhalten zu zeigen. Hier geht es um das Können, Denken, Wissen und Fühlen. Diese Ebene stellt die Frage nach der Richtung, dem „Wie genau?" in den Vordergrund, wie jemand bestimmte Tätigkeiten ausführt und welche inneren Prozesse dabei ablaufen. Fähigkeiten sind innere Prozesse, die von außen nicht direkt wahrnehmbar sind. Sie sind Gruppen oder Klassen von Verhaltensweisen, allgemeinen Fertigkeiten und Strategien, die wir in unserem Leben benutzen. [15]

### Glauben/Werte

Das ist die Ebene der Glaubenssätze, Einstellungen, Überzeugungen und Werte, die den menschlichen Handlungen als innere Kriterien zugrunde liegen. Menschen setzen ihre Fähigkeiten nur dann in Handlungen um, wenn ihre Glaubenssätze dies erlauben. Glaubenssätze entstehen durch die Interpretation früherer Erfahrungen und stellen individuelle Theorien über die Wirklichkeit dar. Glaubenssätze beziehen sich auf Dinge, die niemand wissen kann, und diese beschreiben nach Dilts Verallgemeinerungen über Beziehungen zwischen Erfahrungen. Hier wird die Motivation von Menschen mit „Warum?", „Wofür?" und „Was ist wichtig?" erfragt.

Von O'Connor und Seymour werden Glaubenssätze als „verschiedene Leitideen" beschrieben, „die wir für wahr halten und als Grundlage unseres alltäglichen Tuns benutzen"[16]. Sie können als Berechtigungen (Erlaubnis) und/oder Einschränkungen (Verbote) fungieren. Glaubenssätze sind Überzeugungen und nicht die Realität selbst.

### Identität

Diese Ebene spiegelt das grundlegende Selbstbild einer Person, mit ihren Vorstellungen von sich als ganzes Wesen mit ihrem Verhalten, ihren Fähigkeiten und Überzeugungen. Hier sind die tiefsten, zentralen Werte und Aufgaben bzw. die Mission im Leben verortet. [17] Es wird die Frage nach der Wesensart „Wer bin ich?", „Wie verstehe ich mich selbst?" gestellt.

### Sinn/Mission/Zugehörigkeit

Dilts [18] bezeichnet diese Ebene in seiner Darstellung als Ebene der „Spiritualität". Ich nenne diese Ebene hier „Sinn/Mission/Zugehörigkeit", die alles beinhaltet, was über das eigene Individuum hinausgeht. Nach O'Connor und Seymour [19] ist das die Ebene auf der Menschen metaphysische Fragen betrachten und umzusetzen versuchen. Sie sind der Ansicht, dass diese Ebene das menschliche Leben führt, formt und die Grundlage der Existenz darstellt. Veränderungen auf dieser Ebene haben tiefgreifende Auswirkungen auf alle anderen Ebenen. Hier sind Gedanken, Vorstellungen und Glaubenssätze verortet, die die Individualität überschreiten. Hier geht es um die Fragen „Warum leben wir?", „Warum sind wir hier?", „Was ist der Sinn des Lebens?", „Worin sind wir eingebettet?", des Weiteren um die berufliche, familiale, gesellschaftliche, philosophische oder religiöse Zuordnung.

Die Neuro-Logischen Ebenen folgen der Einteilung in Kategorien vom Allgemeinen zum Konkreten. Sie stehen zueinander in einem hierarchischen Zusammenhang. Nach Dilts [20] ist es die Funktion jeder Ebene, die Information der darunterliegenden Ebene zu organisieren. Eine Veränderung der oberen Ebenen führt notwendigerweise zu Veränderungen auf den darunterliegenden Ebenen, um die Veränderung auf den höheren Ebenen zu unterstützen. Eine Veränderung auf einer unteren Ebene führt aber nicht zwangsläufig zu Veränderungen auf den höheren Ebenen. Angestrebte Veränderungen sollten immer auf der nächsthöheren Ebene angegangen werden, auf denen das Problem verortet ist. Wenn Verhaltensweisen problematisch sind, sollten Veränderungen auf der Ebene der Fähigkeiten oder des Glaubens bewirkt werden, die sich dann auf die anderen Ebenen auswirken. „Wenn es an Fähigkeiten mangelt, arbeiten Sie mit Einstellungen. Glaubenssätze bestimmen oder filtern Fähigkeiten, die Verhaltensweisen filtern, die wiederum unsere Umwelt filtern." [21]

Nach Kritik an dem Modell von Dilts wird davon ausgegangen, dass Veränderungen in den unteren Ebenen auch Einfluss auf die höheren Ebenen ausüben, da sie in enger Verbindung zueinander stehen. Bernd Isert (Gründer und Initiator des Metaforums) stellt sogar eine Verbindung zwischen den Neuro-Logischen Ebenen und dem „Modell der Fünf Wandlungsphasen" (Holz, Feuer, Erde, Metall und Wasser) her und zeigt so, dass sich die einzelnen Ebenen in alle Richtungen gegenseitig beeinflussen.

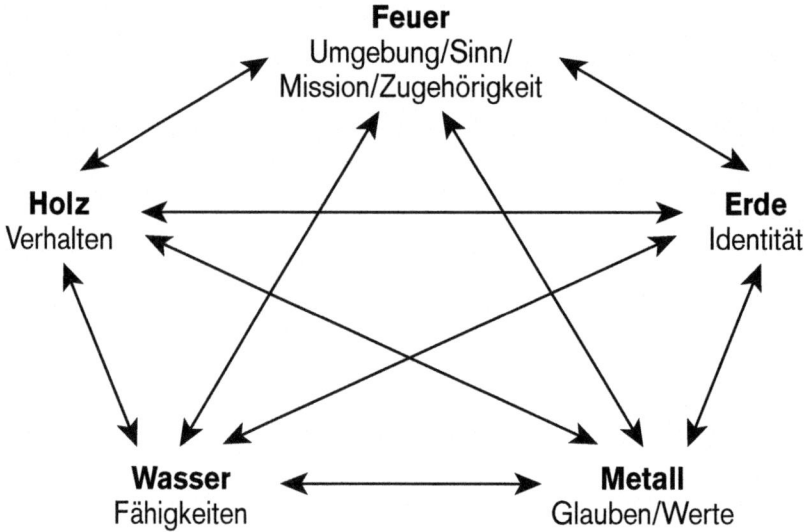

*Modell der Fünf Wandlugnsphasen, Schema angelehnt an Bernd Isert*

In der Theorie der „Fünf Wandlungsphasen", das ein grundlegendes Prinzip fernöstlicher Weltanschauung ist, wird davon ausgegangen, dass sich Veränderungen in fünf Schritten vollziehen. Dabei ist jede Stufe der Veränderung wiederum einem bestimmten Element zugeordnet. Die Theorie der „Fünf Wandlungsphasen" stellt, ebenso wie das Modell der Neuro-Logischen Ebenen, einen Versuch dar, das Leben und die menschliche Persönlichkeit zu begreifen. Der Nutzen des eben dargestellten Zusammenhangs zwischen den Neuro-Logischen Ebenen und den „Fünf Wandlungsphasen" ist, das scheinbar starre, hierarchische Modell der Neuro-Logischen Ebenen aus einer anderen Perspektive zu betrachten, die möglichen Vernetzungen zwischen den einzelnen Ebenen aufzuzeigen und die Komplexität und Vielschichtigkeit persönlicher Veränderung darzustellen. Außerdem wird die ganzheitliche Idee des Budo-pädagogischen Ansatzes deutlich, der nicht nur punktuell intervenieren, sondern alle Ebenen der Persönlichkeit dabei einbeziehen will. Des Weiteren soll der dargestellte Zusammenhang als Anregung zur Reflektion darüber dienen, welche Aus- und Wechselwirkungen Budo-pädagogische Interventionen auf die Persönlichkeit haben (können).

Insgesamt hält auch Dilts [22] eine ganzheitliche Sicht auf die Ebenen für wichtig, denn alle Ebenen der Persönlichkeit müssen aufeinander ausgerichtet sein, damit kongruentes Verhalten entstehen und der Mensch sein Potenzial entfalten kann.

## Die Relevanz der Neuro-Logischen Ebenen des NLP für die Budo-pädagogische Arbeit

Im nächsten Kapitel wird dargestellt, welchen Nutzen das Modell der Neuro-Logischen Ebenen für die Budo-pädagogische Praxis haben kann. Zunächst werden die pädagogischen Ziele der Wesenselemente des Budo auf den Persönlichkeitsebenen abgebildet. Dann wird gezeigt, inwiefern das Modell der Neuro-Logischen Ebenen als praktikables Instrument für die Problemanalyse und Informationssammlung, der Zielerarbeitung und der Planung Budo-pädagogischer Praxiseinheiten dienen kann.

### Der Zusammenhang zwischen den Wesenselementen des Budo und den Neuro-Logischen Ebenen

Die Wesenselemente oder Grundprinzipien des Budo sind im Einzelnen
- die Lehrer-Schüler-Beziehung (Shitei),
- die Philosophie des Weges (Do),
- die Etikette (Reigi),
- der Nicht-Kampf (Bu),
- der Geist (Zen) und
- der Ort der Übung (Dojo).

In diesen Grundprinzipien entfaltet sich das erzieherische Wesen, das im Budo enthalten ist und durch Budo vermittelt wird (Wolters). Aus dem Vorhandensein und dem Zusammenspiel dieser sechs Grundprinzipien ergeben sich verschiedene pädagogisch wirksame Ziele, Aspekte und Bedeutungen, die im Wesentlichen im Rahmen der Weiterbildung zum Budo-Pädagogen erarbeitet worden sind und die im folgenden Abschnitt, meinem Verständnis entsprechend, den Neuro-Logischen Ebenen des NLP zugeordnet werden.

Der Nutzen dieser Zuordnung ist es nun, eine Übersicht und Orientierung zu erhalten, auf welchen Neuro-Logischen Ebenen einer Persönlichkeit die pädagogischen Aspekte und Zielstellungen der jeweiligen Grundprinzipien verortet sind. Damit kann die entsprechende Persönlichkeitsebene evaluiert und der Punkt herausgefiltert werden, wo eine Intervention ansetzen muss, um nachhaltige Veränderungen des Klienten/der Zielgruppe zu bewirken.

## „Bu"

### Sinn/Mission/Zugehörigkeit

- Verwirklichung bzw. Annäherung an das Ideal des Nicht-Kampfes
- Verantwortung, den Frieden mit sich selbst und Anderen herzustellen
- Überwindung der Ich-Gegner-Dualität
- Verbundenheit mit Anderen
- Prinzip der Friedfertig- und Friedlichkeit umsetzen
- Harmonie des Menschen mit der Natur der Dinge realisieren

### Identität

- Rolle, Selbstbild und Selbstwert des Budoka in einer Konflikt- oder Kampfsituation
- Kongruentes, bescheidendes, authentisches und ehrliches Sein
- Eigene Position neutral und bestimmt vertreten
- Friedvolle Identität verinnerlichen und authentisch leben, um nicht in Konflikt-/Kampfsituationen zu gelangen
- Entschlossenheit des Kämpfers, der Autorität und Können angemessen einsetzt, wenn es unter Abwägung der Möglichkeiten notwendig erscheint
- Stärkung von Selbstvertrauen und Selbstbewusstsein
- Entwicklung von Selbstzufriedenheit
- Realistische Selbst- und Fremdeinschätzung
- Entwicklung der Identität des „friedvollen Kriegers" (Wolters)

### Glauben/Werte

- Bewertungen von Kampf- und Konfliktsituationen sowie Schlussfolgerungen die sich daraus auf der Handlungsebene ergeben
- Wichtige Werte, hier z.B. Selbstdisziplin, Toleranz, Verständnis, Harmonie, Friedfertigkeit und Verzicht auf Kampf
- Grundlegende Überzeugungen von „Bu":
- Es ist wichtig zu üben, damit eigene Emotionen erlebt werden.
- Wenn man jemanden schlägt, schlägt man sich selbst.
- Übt man sich beständig im Budo, gerät man nicht in Kampfsituationen.
- Man kann Gewalt friedlich und liebevoll stoppen.
- Ein Sieg über Andere ist nicht wichtig.
- Man ist nicht perfekt und macht Fehler, aus denen man lernen und sich weiterentwickeln kann.
- Gewalt ist ein Zeichen von Unbeherrschtheit, mangelndem Selbstbewusstsein und Schwäche.
- Man muss sich nicht beweisen.
- Vorurteile gegenüber den Konfliktpartnern und das Menschenbild kommen zum Ausdruck
- Glaubenssätze, Werte und deren Verinnerlichung verantworten hier, ob und welche Fähigkeiten und Ressourcen zur Anwendung kommen, um „Bu" auf der Verhaltensebene zu verwirklichen

### Fähigkeiten

- Verortung von Fähigkeiten und Strategien, die eine Person befähigen, ein bestimmtes Verhalten in einem Kampf/Konflikt zu zeigen
- Grundlagen für die Verwirklichung von „Bu" und zugleich Lernziele auf dieser Ebene sind:
- Mentale Handlungsstrategien für den Umgang mit Konfliktsituationen
- Physische und motorische Fähigkeiten wie Ausdauer, Kondition, Schnelligkeit, Kraft und Bewegungskoordination etc.
- Fähigkeit zur Ruhe und Entspannung
- Konzentrationsfähigkeit
- Präzise Technikbeherrschung und -ausführung der Kampfkunst
- Stärken, Schwächen und Ressourcen wahrnehmen, erkennen und nutzen
- Fähigkeiten, komplexe Situationen zu erfassen, einzuschätzen und sich angemessen dazu zu verhalten
- Sensibilität, Willenskraft, Selbstdisziplin, Ausdauer, Körperbeherrschung, Aggressionskontrolle
- Fähigkeit zum Rollenwechsel, Bewegungskoordination, Bewegungsgenauigkeit, Körperhaltung, Orientierung im Raum und Gewandtheit
- Beherrschung von Aggression
- Achtsame Interaktion mit dem Übungspartner
- Wissen um die potenziell zerstörerischen und heilenden Wirkungen der Kampfkunsttechniken
- Wissen um anatomische Zusammenhänge, der Biomechanik und der Atmung
- Rücksicht, Weitsicht, Konfliktfähigkeit
- Steigerung der physischen und psychischen Belastungs- und Leistungsfähigkeit

### Verhalten

Das konkrete Tun in einer Kampf-, Konflikt- oder Übungssituation:

- Reaktion auf den Partner/Gegenüber
- Verhalten, um den Kampf/Konflikt zu beenden oder zu vermeiden
- Körperhaltung, Mimik, Gestik, Sprache, Laute
- Techniken (Waza) der Kampfkünste
- Partnerübungen, Bewegungsabläufe, Dehn- und Atemübungen, Massagen, Mondo und Meditation

### Umgebung

Äußere Umstände der Konflikt-, Kampf- oder Übungssituation:

- Beschaffheit des Ortes
- Beteiligte Übungs- oder Konfliktpartner
- Handlungsspielräume und Gestaltungsmöglichkeiten in zeitlich räumlich-personeller Gegebenheit
- Vorgegebene äußere Umstände unter den „Bu" vermittelt oder umgesetzt wird

## „Do"

### Sinn/Mission/Zugehörigkeit

- „Do" ist ein Lebensweg.
- Umgang mit Grundfragen des menschlichen Lebens (wie Tod, Trennung, Leben, Schmerz, Trauer Liebe und Vertrauen)
- Gemeinschaft derer, die zusammen auf dem Weg sind
- Hingabe an die Übung, innere Zufriedenheit, waches Bewusstsein
- Gemeinsame Entwicklung der Übenden vom „Ich" zum „Wir"
- Aufhebung der Beschränkung durch das „Ich"
- Mensch lebt in Einklang mit der Natur
- Das Große im Kleinen und das Kleine im Großen finden (Yin und Yang)

### Identität

- Entwicklung und Wandlung der Rolle, des Selbstbildes, des Selbstwertes und persönlicher Eigenschaften auf dem Weg des „Do"
- Beständige Übung im Budo und Selbstbeschränkung befreit von Selbstgefälligkeit, Egoismus, Sorgen, Zweifeln und Ängsten.
- Das Erkennen und Integrieren des Selbstbildes, der Rolle, des Wesens, der Werte, der Fähigkeiten und der Ressourcen (in der Umgebung) entwickelt und vervollkommnet eine authentische Identität.
- Entfaltung der Persönlichkeit
- Bewusstsein für Gesundheit

### Glauben/Werte

- Motivation, warum Weg gegangen wird; Glaubenssätze und Werte auf dem Weg
- Hingabe an eine Sache, Selbstdisziplin und Treue
- Unterweisung ist nicht Kritik, sondern notwendig für Fortschritt auf dem Weg.
- Mitmenschlichkeit, Hilfsbereitschaft, Zuversichtlichkeit
- Vertrauen in den Weg und den Lehrer
- Innere und äußere Haltung als zentrale Übung auf dem Weg
- Etikette als zentraler Bestandteil des Weges

**Fähigkeiten**
- Relevante Fähigkeiten und Kenntnisse auf dem Weg
- Wegfortschritt erkennen; Aneignung theoretischen Wissens
- Frustration und Rückschläge aushalten
- Durchhaltevermögen, Fähigkeit zum Lustverzicht
- Überwindung des „inneren Schweinehundes"
- Auseinandersetzung mit Lustlosigkeit
- Wissen um das bisher Erreichte
- Ausgeglichenheit

**Verhalten**
- Konkretes Tun auf dem Weg
- Unablässiges Sich-Üben in der Kampfkunst, der Etikette und Meditation
- Übung an der inneren und äußeren Haltung
- Unterweisungen über Theorie und Praxis des Budo (Mondo)
- Begleitung durch den Lehrer

**Umgebung**
- Äußere Umstände, Ort, Zeit und Personen, die wichtig sind für den Weg
- Dojo, Unterricht, Graduierungen, Schüler und Lehrer
- Zunehmender Transfer der Übungen des „Do" in alltägliches Leben

## Dojo

### Sinn/Mission/Zugehörigkeit

- „Heiliger" Raum und „Ort der Erleuchtung", in dem versucht wird, Zugang zu Spriritualität herzustellen
- Vereinigung aller Elemente des Budo
- Dojo stellt Verbindung zu etwas her, das Größer ist als der einzelne Mensch selbst.
- Ort ritueller und spiritueller Praxis mit symbolträchtiger Bedeutung
- Ort von Gleichgesinnten (Weg-Gefährten), die sich mit einer gemeinsamen Idee identifizieren
- Initiator für Gruppenbildung
- Vermittelt Gruppengefühl
- Ort der Besinnung und gemeinsamen Feierns

### Identität

- Spiegel des Selbst (alles was man in ein Dojo hineinbringt, erhält man zurück.)
- Persönlicher Schutzraum, in den man sein Wesen einbringt, um Lernfortschritte und Veränderungen zu erreichen
- Entwicklung einer eigenen Position und Rolle im Dojo, d.h. Positionierung in Bezug auf andere Schüler und Lehrer
- Prozess der Identifizierung mit dem Weg „Do" und der Kampfkunst findet statt
- Neue Rolle als Teil der Persönlichkeit; in den Alltag integriert (Erweiterung der Persönlichkeit)

### Glauben/Werte

- Verantwortung, Achtsamkeit, Verbundenheit, Wohlwollen, Offenheit für Begegnung und Kontakt, Mitgefühl und Respekt als wichtige Werte im Dojo
- Achtung vor den Zielen des Budo und den anderen Schülern
- Dojo ist unabdingbar für Wegfortschritt
- Hingabe an den Weg
- Verantwortung für Dojo und andere Schüler

**Fähigkeiten**
- Konzentration
- Einhalten der Etikette und das Wissen um Regeln
- Achtsames und respektvolles Verhalten zeigen
- Emphatisches Einfühlungsvermögen
- Sorgen und Ängste des Alltags ausblenden
- Neue Erfahrungen zulassen (psychische und physische Auseinandersetzungen/Grenz-erfahrungen)

**Verhalten**
- Durchführung gemeinsamer Rituale
- Gemeinsames Üben und Meditation
- Befolgen der Etikette
- Geregeltes, strukturiertes Verhalten
- Wenig Worte, da Erfahrung durch Üben gesammelt wird
- Erleben physischer und psychischer Grenzen
- Verantwortungsvolles Verhalten umsetzen (säubern des Dojo etc.)

**Umgebung**
- Dojo ist die Basis und Ort der Übung in der Kampfkunst
- Lehrer und Schüler
- Entsprechend den Anforderungen einer Kampfkunst und nach bestimmten Gesichtspunkten eingerichteter Raum
- Übungsstunden verlaufen nach geregelten Abläufen
- Lehrer strukturiert den Ablauf des Unterrichts

### Reigi

#### Sinn/Mission/Zugehörigkeit
- Festigkeit des Geistes
- Schützt und dient dem Wohl der Gemeinschaft
- Etikette als Ausdruck von Zusammengehörigkeit
- Ermöglicht spüren höherer Werte
- In der Etikette drückt sich Geist (Fortschritt auf dem Weg) aus.
- Vermittelt positives und gerechtes Menschenbild
- Zeigt die Verantwortung des Schülers gegenüber Anderen
- Erlangen von Einsicht durch die „innere" Haltung
- Öffnung des Herzens und Dienst am Anderen

#### Identität
- Position, Rolle, Selbstbild, Selbstwert und persönliche Eigenschaften werden durch die Übung der Etikette beeinflusst und verändert.
- Innere Arbeit an sich selbst
- Sicherheit zu wissen, wo der eigene Platz ist
- Zeigen von Größe und Stärke (Yang) und Demut (Yin)
- Lässt eigene Position und die Position zu anderen bewusst werden
- Etikette als Ausdruck des persönlichen Wegfortschritts
- Persönliches Wachstum durch freiwillige Selbstunterwerfung
- Ausdruck von Stolz, Selbstachtung und Würde
- Fördert ganzheitliche Entwicklung

#### Glauben/Werte
- Verortung wichtiger Werte, Überzeugungen und die Motivation, warum Etikette geübt wird
- Einhalten von Normen und Regeln
- Lernen von Einordnung, Respekt und Bescheidenheit
- Bietet Sicherheit (zur Vermeidung von Unfällen und unkontrollierter Aggression)
- Korrekturen und Kritik haben grundsätzlich positive Absicht
- Vorbildfunktion, denn Vorbild wirkt mehr als Erklärung
- Höflichkeit, Respekt, Anerkennung, Achtung und Dankbarkeit
- Rücksicht auf Gefühle und Rechte anderer
- Ausdruck der Absicht, andere verstehen zu wollen
- Offenheit und Neugier
- Bedürfnis nach Selbstregulierung
- Friedliche Lebensweise
- Wichtiger Schulungsfaktor auf dem Weg und Teil des Weges
- Graduierung: fördert Motivation und zeigt Aufgaben und Verantwortung eines Schülers an
- Zurückhaltung und Bescheidenheit als Ausdruck von Stärke und Souveränität
- Geste der Wertschätzung, Hochachtung und Zuneigung
- Etikette ist wesentliche Übung im Budo

### Fähigkeiten

- Fähigkeiten und Wissen, das durch die Etikette vermittelt wird
- Wahrnehmung der Gefühle, die durch Ausübung der Etikette entstehen
- Kontrolle der Emotionen, des eigenen Körpers und seiner Fähigkeiten
- Ausgewogenheit der Gefühle
- Sich zurückhalten können und Gelassenheit erlernen
- Fairness, Hilfsbereitschaft, Ehrlichkeit, Toleranz
- Kenntnis der bestehenden Regeln, Normen und deren Einhaltung
- Bemühen um Selbstbeherrschung
- Stille Konzentration auf Übung
- Empfinden und Ausdruck von Respekt
- Wissen um die Notwendigkeit und den Nutzen der Etikette
- Etikette ist Handlungslernen

### Verhalten

- Konkrete Handlungen in der Ausübung der Etikette, die „äußere Form"
- Verhalten entsprechend den ritualisierten und geregelten Umgangsformen
- Weniger Worte, viel Bewegung
- Übung der „äußeren" Haltung
- Verneigungen als symbolische Sprache
- Ausführung gemeinsamer Rituale
- Ruhige, kontrollierte Bewegungen
- Einhalten der Regeln

### Umgebung

- Ort und Kontext, in dem man sich in „innerer" und „äußerer" Haltung übt
- Wann man übt und durch wen man unterstützt wird
- Etikette ist Übung im Dojo
- Verhaltensmaßstab im alltäglichen Leben
- Tragen der vorgegebenen Kleidung entsprechend den Graduierungen

武道教育学

## Shitei

### Sinn/Mission/Zugehörigkeit
- Lehrer ist Vorbild für Weg (Vorbild hat positive Kraft für alle.)
- Verbundenheit im Weg – Hingabe zur Sache; geistige Verbundenheit
- Lernen von Verantwortungsbewusstsein
- Lehre von Herz zu Herz
- Schüler soll Kampfkunst mit eigener Seele füllen
- Individuelle, persönliche Beziehung zum Lehrer
- Schülerstatus verpflichtet
- Anerkennung der hierarchischen Beziehung
- Schüler ordnet sich ein – und unter
- Schüler erlangt Verantwortung und Aufgaben für Gemeinschaft

### Identität
- Beschreibt Rolle und Beziehung im Lehrer-Schüler-Verhältnis
- Entwicklung der Identität des Schülers
- Festgelegte Rolle in Bezug auf Lehrer
- Schüler ist eigenständig und loyal zum Lehrer
- Bemüht sich ehrlich, den Anweisungen des Lehrers zu folgen
- Freiwillige Bescheidenheit, Rücknahme des eigenen Egos und Selbstverzicht zugunsten des Wachstums der Persönlichkeit
- Lehrer begleitet die Entwicklung der Identität des Schülers

### Glauben/Werte
- Werte, Überzeugungen und Kriterien in der Lehrer-Schüler-Beziehung
- Motivation des Schülers und des Lehrers in der Beziehung
- Lehrer als natürliche Autorität und Begleiter auf dem Weg
- Beziehung als hierarchisches Verhältnis
- Gegenseitiges Vertrauen, Verständnis, Verantwortung, Respekt
- Beiderseitiges Lernen findet statt
- Lehrer beurteilt nach Grenzen und Möglichkeiten des Schülers
- Kritik hat positive Absicht, nämlich Fortschritt auf dem Weg
- Gewähltes, freiwilliges, loyales Verhältnis

### Fähigkeiten

- Strategien, Fähigkeiten und Wissen, das im Lehrer-Schüler-Verhältnis notwendig ist und vermittelt wird
- Lehrer führt Schüler an physische und psychische Grenzen.
- Lehrer hat Wissens- und Erfahrungsvorsprung und ist daher kompetent.
- Lehrer kennt die Schwierigkeiten auf dem Weg und weiß wie man sie bewältigt.
- Prozess der Selbstaneignung
- Entwicklung von Intuition, Spontaneität und ganzheitlicher Sichtweisen
- Lehrer vermittelt sein Wissen und Können sowie Verantwortungsbewusstsein
- Lehrer vermittelt Theorie und Praxis des Budo
- Lehrer plant und strukturiert Unterricht entsprechend den Möglichkeiten der Schüler

### Verhalten

- Schüler setzen das Gesehene, Vorgegebene und die vermittelten Fähigkeiten in konkrete eigene Handlungen um.
- Verhalten, dass das Lehrer-Schüler-Verhältnis einfordert
- Unterweisung durch Lehrer und regelmäßige Übung unter Anleitung
- Ständiges Bemühen um „äußere Haltung" und Perfektion der Techniken
- Lehrer gibt Übungen vor
- Kritik richtet sich nicht an eine Person direkt.
- Einhalten der Etikette
- Bescheidenes, demütiges Verhalten gegen über dem Lehrer
- Lehrer verhält sich als Vorbild; Schüler bemühen sich nachzueifern

### Umgebung

- Beziehung zum Lehrer entsteht zunächst im Dojo, denn Lehrer wirkt im Dojo.
- Lehrer-Schüler-Verhältnis beschränkt sich aber nicht auf das Dojo, sondern wirkt in den Alltag.

## Zen

### Sinn/Mission/Zugehörigkeit
- Einklang und Harmonie mit der Natur und den Menschen
- Zustand von Mushin, Überwindung der Dualität
- Bewusste Lebensführung und Wertschätzung des Lebens
- Liebe und Barmherzigkeit
- Präsenz und Wachheit des Geistes

### Identität
- Aufgabe von Egoismus
- Ganzheitliches Erkennen persönlicher Potenziale
- Authentizität und Selbstverantwortung
- Integrität, Kongruenz und Leben der eigenen Werte
- Erkennen und Anerkennen des eigenen Wesens

### Glauben/Werte
- Motivation, um Zen zu praktizieren
- Werte der Zen-Philospohie
- Güte, Liebe, Vertrauen, Spontaneität, Mitgefühl und Freude
- Ordnung, Sauberkeit, Pünktlichkeit, Aufrichtigkeit, Würde
- Selbstbeherrschung kann durch Übung stabilisiert werden.
- Für Konsequenzen der eigenen Gedanken, Gefühle und Handlungen einstehen
- Zen ist Essenz des Budo
- Bewusstsein im Hier und Jetzt ermöglicht Handlungs- und Bewegungsfreiheit
- Zen ermöglicht Überwindung der Trennung von Körper und Geist

### Fähigkeiten

- Fähigkeiten und Strategien, die notwendig sind, um Zen zu praktizieren
- Loslassen können, Reflexionsfähigkeit, Selbst- und Fremdwahrnehmung
- Gedanken und Gefühle loslassen; Gedanken vereinnahmen nicht; man wird nicht Opfer seiner Gefühle und Gedanken
- Gleichmut gegenüber Emotionen
- Wachsamkeit, Aufmerksamkeit, innere Ruhe, Absichtslosigkeit
- Beherrschung und Einordnung der Emotionen
- Versenkung, Konzentration und Hingabe an die Handlung

### Verhalten

- Konkretes Tun bei der Übung der Meditation
- Konzentration auf entspannte, tiefe Atmung
- Zentrieren und wahrnehmen des Augenblicks
- Budo als Meditation in Bewegung
- Freie natürliche Bewegung
- Richtige Körperhaltung
- Handeln ohne Absicht
- Sitzen in aufrechter Haltung

### Umgebung

- Kontext der Praxis
- Vollkommen frei von seiner Umgebung
- Haltung wird nicht beeinflusst durch andere Personen oder äußere Umstände
- Zazen als Übung des Zen gemeinsam mit Anderen im Dojo

Alle vorgestellten Ebenen stehen miteinander in engem Zusammenhang, beeinflussen sich gegenseitig und bringen Wechselwirkungen hervor. Dabei lassen sich, entsprechend dem Fokus, auf den einzelnen Wesenselementen und der Betonung derselben, unterschiedliche pädagogische Wirkungen erzielen.

**Die Neuro-Logischen Ebenen als Instrument zur Problemanalyse und Informationssammlung**

Das Modell der Neuro-Logischen Ebenen kann in der Budo-pädagogischen Arbeit auch genutzt werden, um die Problemsituationen der Klienten (bzw. Zielgruppe) konkret zu erfassen, die entweder von den Klienten selbst oder von anderen (z.B. Institutionen, Erziehungsberechtigten etc.) beschrieben werden. Des Weiteren dient es als Instrument zur Informationssammlung über die Lebens- und Alltagssituation der Klienten (bzw. Zielgruppe).

Im Folgenden werden einige mögliche Fragen auf den verschiedenen Ebenen vorgestellt, um Probleme erfassen zu können. Alle Fragen können und sollten dabei grundsätzlich so gestellt werden, dass alle fünf Sinne einbezogen werden, denn menschliche Erfahrungen werden durch die Sinne repräsentiert. Die Aussagen, die von Klienten, über Klienten und die allgemeine Lebenssituation gemacht werden, können dann in die zugehörigen Ebenen des Modells eingeordnet werden. Die folgenden Fragen sind verallgemeinerte Beispiele und müssen im Einzelfall modifiziert werden, um sie der Situation der Klienten (bzw. Zielgruppe) anzupassen.

### Sinn/Mission/Zugehörigkeit

Welche Auswirkungen hat das Problem auf die Familie, auf den Kontakt zu anderen Menschen oder Gruppen?
Wie beeinflusst es die Ziele, die man im Leben erreichen möchte?

### Identität

Wie sieht man sich selbst, wenn das Problem da ist?
Wie wird man von Anderen gesehen?
Woran merken andere, dass man das Problem hat? Welche Rolle nimmt man ein?
Wie groß ist der Teil des Problems im Verhältnis zu den anderen Anteilen des Selbst?

### Glauben/Werte

Warum glaubt man, dass man ein Problem hat?
Warum glauben andere, dass man ein Problem hat?
Was ist postiv an dem Problem?
Was würde man glauben, wenn das Problem nicht da wäre?
Was erlaubt, was verbietet einem das Problem?
Welche Werte und Glaubenssätze sind noch mit dem Problem verbunden?

### Fähigkeiten

Welche Fähigkeiten hat man oder hat man nicht, wenn das Problem da ist?
Was weiß man über das Problem und wie geht man damit um?
Wie nimmt man das Problem wahr?
Welche Erfahrungen macht man mit dem Problem?

### Verhalten

Wie verhält man sich in der Problemsituation? Was tut man genau?
Welche Körperhaltung, Stimmlage, Atmung und Ausdruck nimmt man ein?
Welche Gewohnheiten entstehen durch das Problem?

### Umgebung

In welchem Kontext tritt das Problem auf?
Wer ist daran beteiligt?
Wo und wann zeigt sich das Problem?

Die Einschätzung des Problems und der allgemeinen Lebenssituation der Klienten (bzw. Zielgruppe), die sich aus allen Ebenen als Gesamtbild ergibt, führen zur Formulierung eines pädagogischen Bedarfs, der gleichzeitig die Grundlage für die Erarbeitung von Zielen darstellt.

### Die Neuro-Logischen Ebenen als Instrument der Zielformulierung

Ist ein pädagogischer Bedarf festgestellt worden, sollten nun Ziele festgelegt werden, die die Klienten (bzw. Zielgruppe) oder beteiligten Institutionen erreichen wollen bzw. sollen. Dabei kann nach lang-, mittel- oder kurzfristigen Zielen differenziert werden, um dann einschätzen zu können, ob die Umsetzung im gewünschten Zeitrahmen realistisch erscheint. Ziele sollten grundsätzlich positiv, konkret formuliert und überprüfbar sein. Es ist hilfreich, vorher zu erarbeiten, woran erfolgreiche Veränderungen erkennbar sein werden.

Das Modell der Neuro-Logischen Ebenen kann nun genutzt werden, um festzustellen, auf welcher Ebene das formulierte Ziel verortet und ob es wirklich relevant für die Problembearbeitung ist. Gleichzeitig ermöglicht es die Überprüfbarkeit der Ziele. Weiterhin kann anhand des Modells ein Ökologie-Check (NLP-Intervention) durchgeführt werden, der die Konsequenzen der Zielerreichung erfragt. Denn es kann vorkommen, dass das Erreichen eines Ziels unerwünschte Konsequenzen in einem anderen Bereich zur Folge hat, so dass eine Veränderung unbewusst boykottiert wird. Im Folgenden werden wieder verallgemeinerte, beispielhafte Fragen vorgestellt, die die Verdeutlichung des Zielzustands und die Überprüfbarkeit von Zielen ermöglichen.

### Sinn/Mission/Zugehörigkeit

Was bedeutet Zielerreichung für den Kontakt zur Familie, zu Freunden oder zur Gruppe?
Welche Auswirkungen hat das Ziel auf die Mission im Leben?

### Identität

Wie verändert sich Position oder Rolle, wenn das Ziel erreicht ist?
Wie wirkt sich das Ziel auf das Wesen aus?
Wie verändert sich das Selbstbild?
Wie sehen einen andere?

### Glauben/Werte

Was ist postiv an dem Ziel?
Welche neuen Werte und Glaubenssätze gibt es?
Was erreicht man, wenn man sich verändert hat?
Was glaubt man dann über sich und andere?
Welche Wünsche und Bedürfnisse sind dann befriedigt?
Was kann man alles machen und was nicht?

### Fähigkeiten

Welche Erfahrungen kann man machen und was weiß man mehr?
Welche Gefühle und Fähigkeiten sind damit verbunden?
Woran erkennen andere, dass man das Ziel erreicht hat?
Welche Ressourcen ergeben sich?

### Verhalten

Wie verhält man sich, wenn das Ziel erreicht ist? Was tut man genau?
Wie ist Körperhaltung, Mimik, Gestik, Atmung, Tonlage, Sprache etc?

### Umgebung

Wie reagieren andere nun?
In welchem Kontext nützt das Ziel?
Wo und wann ändert sich nach Zielerreichung etwas?
Welche Situationen und Ereignisse verlaufen nun anders?

Nach Beendigung der Fragen zum Zielzustand, sollten die Klienten alle Konsequenzen der Zielerreichung ausreichend betrachtet haben und in der Lage sein, dem vorher vereinbarten Ziel zuzustimmen, d.h., ihre Einwilligung, ihr „inneres" und „äußeres" Einverständnis (z.B. in Form eines Vertrags) zu geben. Die eindeutige Zustimmung der Klienten ist notwendig, weil nur sie das Ziel erreichen, die professionellen Helfer aber diesen Weg nur begleiten und unterstützen können. Dabei sind sie auf die Kooperation der Klienten angewiesen.

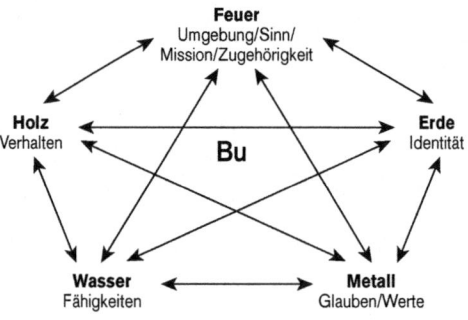

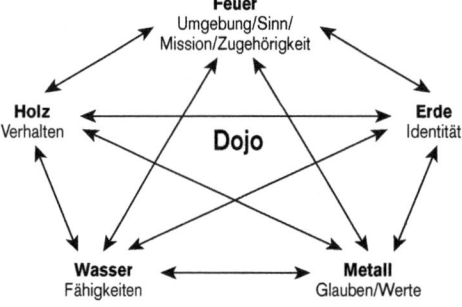

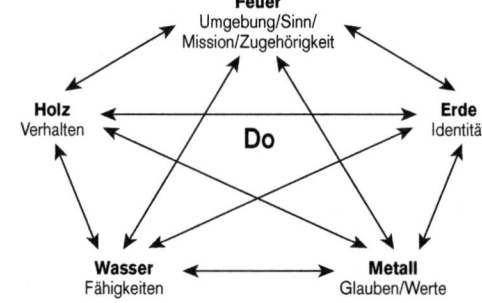

## Budo

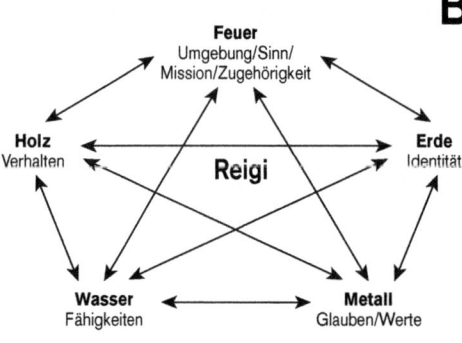

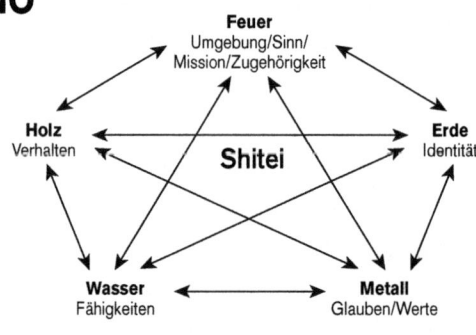

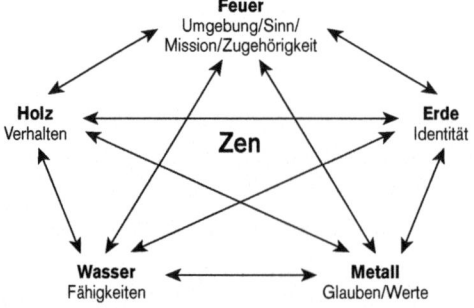

### Die Neuro-Logischen Ebenen als Instrument zur Planung und Strukturierung der Budo-pädagogischen Praxis

Mit der vorgestellten Verortung der Bedeutung und Wirkung der Wesenselemente des Budo auf den Neuro-Logischen Ebenen des NLP ist man nun in der Lage, die aus dem pädagogischen Bedarf abgeleiteten Ziele mit den Zielen der Wesenselemente auf den jeweiligen Ebenen der Persönlichkeit zu vergleichen. Der Übersicht kann dann entnommen werden, welche Ziele durch welches Wesenselement auf welcher Persönlichkeitsebene vermittelt oder betont werden und welche anderen Wesenselemente und Persönlichkeitsebenen die angestrebten Veränderungen besonders unterstützen können. Bei der Planung der Budo-pädagogischen Umsetzung können nun ganz gezielt die erforderlichen Ebenen angesprochen werden, die für effektive Veränderungen von Bedeutung sind. Dazu wählt man aus dem Repertoire der Kampfkünste entsprechende Methoden (z.B. Techniken, Übungen oder Spiele), die die Umsetzung der Ziele unterstützen und kann auf diese Weise einen Ablaufplan Budo-pädagogischer Maßnahmen erarbeiten.

### Schlussbemerkung

Die Anwendung des Modells der Neuro-Logischen Ebenen wirkt beim ersten Eindruck komplex und bedarf einiger Übung, um sicher im Alltag angewendet zu werden. Dennoch ist es, hilfreich, effektiv und vor allem professionell, da sehr konkrete Informationen ermittelt und die Veränderungen der Klienten zielgerichtet begleitet und umgesetzt werden können.

Der praktische Nutzen des Modells ergibt sich weniger aus der theoretischen Beschreibung, sondern lässt sich nur aus der Anwendung in der Praxis erfahren und erschließen. Die vorgestellte Anwendung des Modells der Neuro-Logischen Ebenen auf die Budo-pädagogische Praxis beruht auf meiner derzeitigen Erfahrung und ist Ausdruck eben dieser. Sie soll und kann daher nur als Anstoß wirken, bewährte Modelle in die Budo-Pädagogik zu integrieren und zu nutzen. Die Zuordnung der Wesenselemente zu den Neuro-Logischen Ebenen erhebt nicht den Anspruch auf Vollständigkeit oder Wahrheit. Sie stellt vielmehr den Versuch dar, Anregungen zu geben, das vorgestellte Modell mit eigenen Erfahrungen weiterzuentwickeln und zu konkretisieren, um die Budo-pädagogische Arbeit weiter zu professionalisieren.

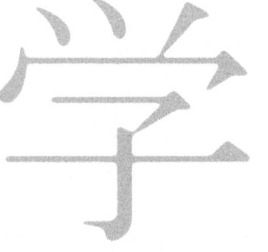

1   vgl. Schauer, Gernot: NLP als Psychotherapie. Junfermann Verlag, Paderborn 1995
2   vgl. Schauer, 1995
3   vgl. O'Connor, J./Seymour, J.: Neurolinguistisches Programmieren: Gelungene Kommunikation und persön-
    liche Entfaltung. 2. Auflage, Freiburg 1993
4   vgl. Schauer, 1995, S. 33
5   vgl. Schauer, 1995
6   vgl. Andreas, S./Faulkner, C.: Praxiskurs NLP. 2. Auflage, Paderborn 1998
7   vgl. Andreas/Faulkner 1997, S. 30
8   vgl. O'Connor/Seymour, 1993
9   vgl. Schauer, 1995
10  vgl. O'Connor/Seymour, 1993, S. 130
11  vgl. O'Connor/Seymour, 1993, S. 130
12  vgl. Dilts, Robert B.: Die Veränderung von Glaubenssystemen. Paderborn 1993
13  vgl. Dilts, 1993
14  vgl. Dilts, 1993
15  vgl. O'Connor/Seymour, 1993, S. 133
16  vgl. O'Connor/Seymour, 1993, S. 133
17  vgl. O'Connor/Seymour, 1993
18  vgl. Dilts, 1993
19  vgl. O'Connor/Seymour, 1993
20  vgl. Dilts, 1993
21  vgl. O'Connor/Seymour, 1993, S. 135
22  vgl. Dilts, 1993

Catrin Franzen

# Budo-pädagogisches Expansions-training für durchsetzungsschwache Kinder an Grundschulen

## Warum durchsetzungsschwache Kinder stärken?

Schon seit vielen Jahren, ja, vielleicht schon seit Jahrzehnten sind aggressive Kinder und Jugendliche wie auch Gewalt an Schulen ein Thema, das unsere moderne Gesellschaft und Politik stark beschäftigt. Man liest und hört immer mehr von Kindern, die aggressiv ihren Willen auch gegen Widerstand durchsetzen, immer im Vordergrund stehen müssen und mit dem Kopf sprichwörtlich durch die Wand wollen. [1]

In diesem Zusammenhang stellt sich die Frage, warum man auch noch diejenigen Kinder, die sich zurückhalten, die Ruhigen, die sich nicht durchsetzen, bestärken und sich damit beispielsweise als Lehrer noch mehr Ärger einhandeln sollte?

Es geht jedoch nicht darum die Zielgruppe der durchsetzungsschwachen Kinder zu aggressiven Individuen zu erziehen oder zu selbstsüchtigen Egomanen zu machen. Sie sollen vielmehr in ihrem Selbstbewusstsein ganzheitlich gestärkt werden und lernen sich auszuwirken, auszudehnen, Raum einzunehmen. [2]

Kampfkunst im Sinne der Budo-Pädagogik macht nicht aggressiv, sondern sie ist eine Charakterschulung und erzieht zum friedfertigen Menschen. Dies belegen die Ergebnisse einer empirischen und erziehungswissenschaftlichen Studie „Kampfkunst als Therapie"[3] – eine mehrjährige Behandlungsstudie an hochgradig aggressiven Gewaltstraftätern im Jugendstrafvollzug, auf der Grundlage eines Karate-Do-Programms als sporttherapeutisches Anti-Aggressivitäts-Training konzipiert, welches vom Verfasser der Studie entwickelt wurde. [4]

Gerade in der Grundschulzeit manifestieren sich Probleme bezüglich des Selbstkonzepts. Der aus dieser Phase hervorgehende Entwicklungsstatus ist sehr grundlegend für die Bewältigung der Entwicklungsaufgaben der darauf folgenden Lebensphasen wie der späten Kindheit und auch dem Jugendalter.

Die mittlere Kindheit (Grundschulzeit) ist somit eine günstige Phase der kindlichen Entwicklung, um mit einer budo-pädagogischen Maßnahme nachhaltig auf diese einzuwirken und langfristige Veränderungen im Empfinden der Selbstwirksamkeit zum Positiven hin zu bewirken. Wie diese Veränderung im Einzelnen aussehen kann wird später näher erläutert.

Kinder mit einem positiven Selbstwertgefühl sind widerstandsfähiger, sind besser dem schulischen Leistungsdruck gewachsen und verkraften auch Niederlagen, ohne gleich ihre gesamte Persönlichkeit infrage zu stellen. Sie haben mehr Gefühl für die eigene Person, sind sich somit eher ihrer eigenen Bedürfnisse bewusst, die sie dann behaupten und, wenn nötig, auch verteidigen können. Kinder, die mehr Raum einnehmen und auch ihre Bedürfnisse umsetzen können, empfinden sich selbst kompetenter Problemen entgegenzutreten und Herausforderungen anzunehmen.

Ein positives Selbsterleben lässt sie auch selbstbewusster auftreten. Damit entsprechen ihre Persönlichkeitsmerkmale auch nicht mehr denen eines typischen Opfers.[5] Wer ein positives Selbstwertgefühl hat, gilt ebenso als pro-sozial. Wer selbstsicher ist, kann also anderen leichter helfen und sie unterstützen, und das wiederum steigert das Selbstbewusstsein.[6]

Kinder, die anderen Kindern helfen können, tragen damit stark zu einem besserem pro-sozialen Schulklima bei und können helfen, die gesamte Schulkultur zum Positiven hin zu verändern.

Aus Untersuchungen zu Gewalt an Schulen geht hervor, dass Schulen mit einem als positiv eingestuftem Klima unter den Schülern wie auch zwischen Lehrern und Schülern ein geringeres Gewaltpotenzial unter den Schülern aufweisen. Das Lernklima wird ebenso als positiv eingeschätzt und beschrieben.[7]

Es ist auch die Aufgabe der Schule als sekundäre Sozialisationsinstanz den Schülern zu Sicherheit und Kompetenz zu verhelfen.

Das Konzept der Budo-Pädagogik, durch einen geschulten Budo-Pädagogen umgesetzt, setzt Elemente aus dem Budo gezielt dafür ein, um beispielsweise, wie bei der Ausführung dieses speziellen Projektes beschrieben, durchsetzungsschwachen Kindern Erfolgserlebnisse durch eigene Expansion auf körperlicher wie auch geistiger Ebene zu verschaffen. Gemäß den Prinzipien und besonderen Wesensmerkmalen einer Kampfkunst kann den Kindern dazu verholfen werden, sich selbst als Körper- und Geistentität zu erfahren. Es wird ihnen ermöglicht, ein Gefühl der Sicherheit zu gewinnen, um auf dieser Basis weitere Stärken zu entwickeln.

„In der traditionellen Kampf-„Kunst" geht es nämlich nicht wie im modernen Kampf-„Sport" um den Sieg über einen Gegner, um Wettkampf, Platzierung, Titel und Pokale, also um rein äußere Leistung oder den messbaren Erfolg. Als jahrhunderte-, wenn nicht jahrtausende-alter Weg der philosophischen, spirituellen Körper-Seele-Geist-Erfahrung geht es in der Kampf-„Kunst" vielmehr um psycho-physische Selbstbeherrschung und Ausgeglichenheit, um persönliches Wachstum und Reife, d.h. primär um die „inneren Werte".[8]

Durch die Übung spezifischer Elemente der Kampfkunst lernen die Kinder sich selbst als wirksam – „auswirkend" – auf ihre Umwelt erleben und bauen eine positive Beziehung zu ihrem eigenen Körper auf.[9] Ebenso hat der Übungsleiter, der nicht nur im technischen Bereich einer Kampfkunst kompetent, sondern auch pädagogisch ausgebildet ist, eine besondere Funktion als Vorbild. Diese Aufgabe erfüllt er nicht nur dadurch, dass er alle Übungen selbst auch durchführt und ausgiebig vorführt, sondern auch mit seiner aufrechten und aufrichtigen Haltung, äußerlich wie innerlich.

Das geplante budo-pädagogische Projekt „Expansionstraining für durchsetzungsschwache Kinder an Grundschulen" wird mit einer eingehenden Zielgruppenanalyse eingeleitet. Hier werden Untersuchungen zum sozialen Umfeld – der Schule als Sozialisationsinstanz – und zur alterstypischen Entwicklung und Entwicklungsaufgaben aufgeführt, um einen entwicklungspsychologischen Hintergrund für die Problemkonstellationen der Zielgruppe des Projektes, der durchsetzungsschwachen Kinder, zu schaffen.

## Zielgruppenanalyse

Mit dem Eintritt in das Schulalter vollziehen sich für das Kind bedeutsame Veränderungen, sie entstehen insbesondere durch neue Eindrücke aus dem Bereich von Schule, Gleichaltrigen und auch neuen anderen Informationsquellen (verschiedene Medien). Steinhausen bezeichnet diesen Entwicklungsabschnitt auch die mittlere Kindheit, „die Phase der größten Erweiterung des sozialen Umfeldes"[10].

Die Möglichkeiten, die sich durch einen Kampfkunstunterricht an Schulen als Beitrag zu einer ganzheitlichen Entwicklung des Kindes darbieten, werden schon im Laufe der Abhandlung in den Kapiteln *Schule als Sozialisationsinstanz* und *Alterstypische Entwicklung und Entwicklungsaufgaben* deutlich. Die Gruppe der durchsetzungsschwachen Kinder umschreibt Grundschulkinder, die einer besonderen Aufmerksamkeit bedürfen. Sie werden im Schulalltag häufig „übersehen", von Lehrern als auch von ihren Mitschülern und das nicht nur, weil es vorwiegend in ihrem Sinn ist, nicht besonders aufzufallen.

Im Vordergrund des Schulalltags stehen vielmehr die aggressiven Kinder, die die ohnehin schon den größten „Raum" einnehmen, sei es im Unterricht, auf dem Schulhof, in der Betreuung oder der aktuellen pädagogischen wie auch politischen Diskussion.

## Schule als Sozialisationsinstanz – das Grundschulkind

Der Erziehungseinfluss der Familie ist in den letzten Jahrzehnten infolge der wirtschaftlichen und gesellschaftlichen Veränderungen zurückgegangen. Es hat eine zunehmende Funktionsverlagerung auf außerfamiliäre Sozialisationsträger stattgefunden. Aufgrund ihres zeitlichen Umfangs und ihrer rechtlichen Verankerung nimmt die Schule eine sehr zentrale Rolle ein. Mit dem Alter von ca. sechs Jahren rückt sie in den Mittelpunkt des außerfamiliären Lebens eines Kindes. Unsere moderne Industriegesellschaft ist eine Leistungsgesellschaft, in der intellektuelle Fähigkeiten und Fertigkeiten im Vordergrund stehen und den sozialen Status wesentlich mitbestimmen. Die Entwicklung verläuft dahingehend, dass der Erziehungsgedanke im schulischen Alltag zugunsten der Leistungsanforderungen zurückgedrängt wurde.[11]

Die Schule kann zwar keine „misslungene" Erziehung durch die Eltern oder die Erziehungsberechtigten ersetzen oder wiedergutmachen, trotzdem wird erwartet, dass sie Erziehungs- bzw. Sozialisationsaufgaben erfüllt.[12] Für das Grundschulkind wird der Lehrer zu einer wichtigen Bezugsperson, sein Verhalten beeinflusst die schulischen Leistungen, das Selbstvertrauen und die Selbsteinschätzung des Kindes.[13] Der Schüler wird auch heute noch in den staatlichen Schulen nur nach seiner für den Lehrer sichtbaren, und damit nach außen hin erkennbaren Leistungen gemessen. Eine Leistung in diesem Sinne erbringt jeder, der sich das von der Schule und durch den Lehrer vermittelte, vorgegebene Wissen aneignet, in sich anhäuft, dann wiedergeben und umsetzen kann. Dieser Ablauf wird von einem Lehrer zensiert und dem Menschen als Spiegel seiner Leistung als Lebewesen vorgehalten.[14]

## Alterstypische Entwicklung und Entwicklungsaufgaben

Der soziale Austausch mit Gleichaltrigen weitet sich mit Eintritt in die Schule aus und gewinnt immer größere Bedeutung. Soziale Fertigkeiten und Erfahrungen über die eigene Position in der Gruppe werden insbesondere durch den Umgang mit Altersgenossen erworben. Das Kind bekommt hier Rückmeldung über die eigene Beliebtheit und Geschicklichkeit auch in außerschulischen Bereichen.[15] Hinsichtlich der Persönlichkeitsentwicklung ist diese Phase der Kindheit besonders gekennzeichnet durch die Ausbildung eines Gewissens und der Stabilisierung des Selbstwertgefühles.[16]

In jeder Lebensperiode gibt es spezifische Aufgaben (Entwicklungsaufgaben) oder Problemkreise, deren Bewältigung eine normale Entwicklung erfordert. Das „Versagen im Rahmen einer Entwicklungsaufgabe macht das Individuum unglücklich, stößt auf Ablehnung durch die gesellschaftliche Umgebung oder führt zu Schwierigkeiten bei der Bewältigung späterer Aufgaben."[17]

Im Grundschulalter setzt sich das Kind wesentlich mit eigenen Leistungsressourcen im Vergleich zu anderen auseinander und versucht sich in der Gleichaltrigengruppe zu orientieren. [18] „Neben Problemen in der Familie mit Eltern und Geschwistern und Anpassungsschwierigkeiten in der Gleichaltrigengruppe werden im Schulkindalter Probleme auf dem Leistungssektor manifest." [19]

Die Auseinandersetzung mit Leistungsproblemen stellt eine große Herausforderung an Selbst und Selbstwert des Kindes dar. Der Schulerfolg ist hiermit also nicht nur bestimmt durch die Intelligenz des Kindes, die Förderung durch das Elternhaus, die Art der allgemeinen schulischen Anforderungen in Form von Lernzielen und Lehrplänen sowie das Klassenklima und das Lehrerverhalten, sondern insbesondere auch von Persönlichkeitsvariabeln, wie sie im Selbstbild zum Ausdruck kommen. [20]

Kinder mit einem positiven Selbstvertrauen und der Sicherheit schulische Leistungen meistern zu können, sehen Lernstoff und Prüfungssituationen als Herausforderung an. Ein niedriges Selbstvertrauen führt eher dazu, dass das Kind mit dem Gefühl der Hilflosigkeit an schulische Anforderungen herangeht und Lernstoff und Prüfungen dienen dem Beweis der persönlichen Qualität. Mit jedem Misserfolg steht die gesamte Persönlichkeit auf dem Spiel und das Kind leidet unter Versagensängsten. Aus solchen Konstellationen entwickeln sich Prüfungs- und Schulangst.

Schulische Leistungsprobleme können zu ganz massiven Selbstwertbeeinträchtigungen führen, wobei die Schule als wichtige Sozialisationsinstanz die Persönlichkeitsentwicklung des Kindes unterstützen sollte.

Wissenserwerb und Karrierevorbereitung stehen jedoch im Vordergrund, und diese kompetitiven Strukturen können bei Kindern mit niedrigem Selbstvertrauen zu Problemen führen. [21] Sie ziehen sich unter solchen Bedingungen immer stärker zurück. Kinder mit psychischen Besonderheiten oder Leistungsdefiziten bleiben unter derartigen Strukturen meist auf der Strecke.

### Durchsetzungsschwache Kinder und mögliche Gefahren

Etwas durchzusetzen, heißt etwas zu erreichen, was man als Person eingebracht hat gegenüber einer anderen Person oder einer Gruppe. Das können Ideen zu einem bestimmten Thema sein oder aber auch eigene Bedürfnisse, um sich mitzuteilen, mehr noch, um sich zu behaupten. Aus dem Bereich der Kinder- und Jugendpsychiatrie sei an dieser Stelle die Definition der Selbstbehauptung als Bewältigungsstrategie nach F. Resch (1999) angeführt: „Angesichts von internen oder externen Stressoren äußert das Individuum in direkter Weise seine Gefühle und Gedanken, um seine Ziele zu erreichen. Selbstbehauptung erfordert aber nicht, dass das Individuum seinen Willen durchsetzt. Sie ist jedoch emotional nützlich, weil dadurch eine Desaktualisierung möglich wird, und gilt als Bewältigungsstrategie."[22]

Folgt man der Definition von Resch, können durchsetzungsschwache Kinder sich vielleicht noch selbst behaupten, ihre Bedürfnisse aber nicht durchsetzen. Die Selbstbehauptung kann somit zwar schon ausreichen, ein Problem zu bewältigen, sie ist aber auch eine Voraussetzung dafür, seinen „Willen" durchzusetzen. Hat ein Kind jedoch häufig Schwierigkeiten, sich durchzusetzen, wird es sehr wahrscheinlich als Persönlichkeit in Vertretung der eigenen Meinung nicht viel Platz/Raum in der Gruppe einnehmen – sich selbst kaum Platz in der Gruppe einräumen können.

Die Wirksamkeit des Selbst wird unter diesen Umständen meist als nicht erfolgreich eingeschätzt und erlebt. Dieses Erleben, das Selbstwirksamkeitserleben, hat einen starken Einfluss auf die Entwicklung des Selbstwertes und Selbstvertrauens als wichtige Komponenten des Selbstkonzepts[23], das sich insbesondere im Vorschul- und Primarschulalter festigt. Im Grundschulalter kann sich ein negatives Selbstbild manifestieren und zu Minderwertigkeitsgefühlen führen.[24]

Unter der Bezeichnung „durchsetzungsschwache Kinder" möchte ich auch diejenigen Kinder einschließen, die als eher schüchtern und sozial gehemmt einzuschätzen sind oder aufgrund mangelnder Impulsivität auffallen. Hier bedingen sich die Beschreibungen nicht zwangsläufig. Es ist aber vielfach der Fall, dass z.B. soziale Gehemmtheit, Schüchternheit, Emotionalität, Regulation und Bewältigung in engem Kontext miteinander stehen.

Die Gefahr als durchsetzungsschwaches Kind auch Opfer von Gewalt zu werden, sei es das der Mitschüler oder anderer Personen, durch verbale Attacken oder körperliche Übergriffe, ist größer als bei einem Kind, dass sehr durchsetzungsstark und selbstbewusst ist.

Dies bedeutet aber nicht im Umkehrschluss, dass alle durchsetzungsschwachen Kinder zu Opferpersönlichkeiten werden. Um diese mögliche Entwicklung und ihre Auswirkung auf ein Kind besser aufzeigen und nachvollziehen zu können, dient der folgende Exkurs.

**Exkurs: Kinder als Opfer psychischer Gewalt an Schulen**

Gewalt an Schulen – dazu gehört auch das Hänseln und Schikanieren, auch als psychische Gewalt beschrieben – beschäftigt nicht nur Eltern und Lehrer, sondern auch die Öffentlichkeit.[25]

Die Schule fordert den Kindern neben ihren „normalen" Entwicklungsaufgaben nicht nur die Kompensation und den Umgang mit einem immer größer werdendem Leistungsdruck ab, sondern setzt sie auch einem immer aggressiver werdendem sozialen Umfeld aus. Diese den Schulalltag erschwerenden Bedingungen fordern von Kindern ein großes Energiepotenzial ab. Ist es jedoch durch schulischen Misserfolg oder andere entwicklungsbegleitende alterstypische Aufgaben erst einmal überfordert oder zeitweise geschwächt, so wächst die Wahrscheinlichkeit, psychischen Attacken anderer Kinder ausgeliefert zu sein. Schüchterne, unsichere, ängstliche Kinder sind häufiger Opfer aggressiver Attacken Gleichaltriger.[26]

Häufiges Schikanieren, das Zurückweisen Gleichaltriger und verbale Attacken führen bei solchen Persönlichkeitsmerkmalen über ein emotionales Unwohlsein hin zu einem negativen Selbstwertgefühl.[27] Die Wahrnehmung eigener Kompetenz in sozialen Interaktionen wird internalisiert und bildet die Grundlage des Selbstkonzepts und der Einschätzung der eigenen sozialen Kompetenz – in solch einem Fall kann es zu einer negativen Selbsteinschätzung kommen.

Kinder, die Opfer psychischer Gewalt werden, müssen besondere Beachtung finden und gezielt pädagogisch oder therapeutisch betreut werden. Der Herausbildung und Vertiefung psychischer Besonderheiten, die die Entwicklung einer Opferpersönlichkeit begünstigen, muss gezielt entgegengearbeitet werden, damit eine Pathologisierung abgewendet werden kann.

## Projektbeschreibung: Expansionstraining für durchsetzungsschwache Kinder an Grundschulen

### Ziele

Die durchsetzungsschwachen Kinder sollen in erster Linie lernen, dass es sich auch „gut" anfühlen kann, sich durchzusetzen. „Zum Aufbau einer gesunden Ich-Stärke, der Selbstachtung und eines […] Selbstbewusstseins gehört die geformte Kraft, das Durchsetzungsvermögen und die reale Selbsteinschätzung, gehören Durchhalten und Ausdauer, Ertragen von Schmerzen, Frustrationstoleranz und Widerstandskraft."[28] Um dies praktisch umzusetzen wird der Schwerpunkt bei diesen Kindern auf die Vermittlung des Go-Prinzips[29] gelegt, wie es im Kampfkunstsystem des KEMPOKAN Heidelberg gelehrt wird.[30]

Die entsprechenden Übungen zu den verschiedenen Elementen werden in ihrer Intensität im Verlauf des Kurses – in Abhängigkeit von den „Fortschritten" der einzelnen Teilnehmer, aber auch der Gruppe als Ganzes – gesteigert. Damit wird versucht, „jeden dort abzuholen, wo er ist", damit jedes Kind im Rahmen seiner Möglichkeiten und Fähigkeiten gefördert und gefordert wird, auf körperlicher wie auch auf geistiger Ebene.

Bei einem wöchentlichen Kurs zu 1½ Stunden über ein Schuljahr hinweg wird davon ausgegangen, dass die im Folgenden genannten Etappenziele, also *Teilziele,* nach einem Schulhalbjahr erreicht werden:
- Sich im Durchsetzen ausprobieren
- Die eigene Stimme in ihrer Lautstärke erproben
- Das eigene Kraftpotenzial kennen und spüren lernen
- Die eigenen Stärken entdecken

Ziele, die nach Abschluss eines Kurses erreicht werden sollen, werden im Folgenden als *Ergebnisziele*[31] aufgeführt:
- Freude daran, „Raum" einzunehmen und sich immer öfter mal durchzusetzen
- Steigerung des Selbstwertgefühls
- Verbesserung der Körperhaltung
- Verbesserung der allgemeinen Kraft, der Beweglichkeit und Geistesgegenwart
- Anerkennung der eigenen Stärken
- Ausweichen aus eigener Stärke heraus
- Lust an der Kraftentfaltung[32] wurde geweckt
- Freude am Wiederaufstehen nach dem „Fallen"
- Erhöhung der eigenen Aktivität in Konfliktsituationen
- Steigerung des sozialen Verhaltens
- Steigerung der körperlichen und psychischen Belastungs- und Leistungsfähigkeit (Körperbeherrschung)

## Das Kampfkunstsystem des Kempokan Heidelberg[33]

### Kempokan-Budo

Das Kampfkunstsystem des Kempokan Heidelberg ist ein ganzheitlicher und vollständiger Schulungsweg. Ganzheitlich bedeutet, dass man den Menschen in seiner körperlichen, seelischen und geistigen Gesamtheit schult. Dazu gehören sowohl die *„äußeren" Schulungselemente* wie die Ausbildung des Körpers und der Kampftechnik als auch die *„inneren" Schulungselemente* wie die Bildung des Charakters, der inneren Kraft, des Bewusstseins, der Meditation und der Selbsterkenntnis. Innen und Außen sind dabei nicht voneinander getrennt, sie beeinflussen sich gegenseitig. So entsteht ein *Schulungsweg* (Do) des gesamten Menschen.

Die Grundlage unseres Systems ist die *Theorie der drei Säulen.* Die drei Säulen sind:
- Körper
- Atmung
- Geist

Bei jeder Übung geht es darum, auf den korrekten Gebrauch des Körpers zu achten, auf die richtige Haltung und die natürliche Bewegung. Außerdem spielt die Atmung eine große Rolle, sowohl im dynamischen Training als auch bei meditativen Übungen. Ebenso ist die dritte Säule, die Geisteshaltung, von großer Bedeutung. Wir üben im Kempokan nicht nur unseren Körper, sondern und vor allem auch den Geist, indem wir auf die Budo-Etikette und das richtige Partnerverhalten achten.

Eine weitere wichtige Grundlage unserer Schule steckt in dem Satz: „Verschiedene Stile, ein System." Im Kempokan Heidelberg praktizieren wir verschiedene Kampfstile aus unterschiedlichen Ländern der Welt. Im waffenlosen Bereich praktizieren wir vor allem zwei Stile, nämlich Kempo und Jiu Jitsu. Im Kempo arbeitet man vor allem mit so genannten „harten" Schlag- und Tritttechniken, im Jiu Jitsu übt man hingegen mehr die „weichen" Wurf- und Hebeltechniken.

Da wir mehrere Stile gemeinsam praktizieren, sind Kempo und Jiu Jitsu im Grunde genommen nur zwei unterschiedliche Methoden, einem körperlichen Angriff zu begegnen. Das Kempo ist dabei die härtere Methode, das Jiu Jitsu die weichere. Hart und Weich werden im Japanischen Go und Ju genannt. Zusammengefasst bilden Go und Ju eine Einheit. Wie Yin und Yang in einem Kreis vereint sind und sich in dieser Einheit dynamisch bewegen, so sind auch das Kempo mit seinem Prinzip des Go und das Jiu Jitsu mit dem Prinzip des Ju nur zwei unterschiedliche Ausdrucksformen, wie man sich bewegen und kämpfen kann. Als Stile sind also Kempo und Jiu Jitsu voneinander zu unterscheiden, doch in ihrer Kombination und Harmonisierung entdeckt man unseren Weg der Kampfkunst.

## Elemente des Kampfkunstsystems des Kempokan Heidelberg und ihre Budo-pädagogische Bedeutung

### Meditative Versenkung – Zazen

Das meditative Sitzen im Fersensitz Seiza wird Zazen genannt und zu Beginn und zum Abschluss einer jeden Unterrichtseinheit geübt. Zazen leitet das Budo-Training ein und schließt es ab. Der Schüler lernt durch Zazen, dass es in der Kampfkunst nicht nur darum geht, sich zu bewegen, sondern auch die Fähigkeit zu entwickeln, ruhig und still zu sein, „einen unbewegten Geist herzustellen, d.h. alles Grübeln und Nachdenken aufzugeben"[34]. Das Zazen macht außerdem den Übergang vom hektischen und lauten Alltag gegenüber der Stille und Sammlung im Dojo deutlich. Ohne einen solchen Ritus wäre und ist es nicht möglich, sich auf die folgenden Übungen einzustimmen.

Für die Kinder bietet sich hier die Möglichkeit zur Ruhe zu kommen, nur für sich zu sein, dem Alltag zu entfliehen und sich zu besinnen. Denn schon viele von ihnen haben einen Tagesplan wie ein Erwachsener und werden häufig von einer Veranstaltung zur nächsten gebracht. Viele unter ihnen genießen schon „allein" die äußere Stille, die ihnen bei der Übung zuteil wird.

### Soziale Bewegungs- und Zweikampfspiele

Nach dem rituellen Angrüßen werden zur sportlichen Aufwärmung und zum gegenseitigen Kennenlernen Spiele durchgeführt. Spiele binden die Teilnehmer in soziale Gruppenprozesse ein, fördern partnerschaftliches Verhalten, Kraft und Ausdauer, ebenso den Kampfgeist. Durch diese Spiele wird auch bewirkt, „dass durch die Beanspruchung aller Muskelgruppen die zur Vorbereitung auf weitere sportliche Belastungen notwendige Erwärmung des gesamten Körpers erreicht wird."[35] Die Spiele werden entsprechend dem jeweiligen Technikprogramm für jede Übungseinheit ausgewählt.

### Beispiele für Gruppenspiele

Im Folgenden seien nur einige exemplarische Übungen aufgeführt, die im Besonderen den Kampfgeist wecken.

Bei dem Gruppenspiel *Kampf um das Berühren angesagter Körperteile* ist das erste Ziel, nicht getroffen zu werden, und an zweiter Stelle steht der Versuch, jemanden aus der Gruppe zu berühren. Beispielsweise sagt die Übungsleitung das Körperteil „Po" an. Nun bewegen sich alle Schüler im Raum und versuchen, nicht getroffen zu werden, aber auch Angriffe herauszufordern und selbst zu punkten, in dem man jemanden am Po berührt, ohne selbst aber berührt zu werden.

Das *Touchrandori* ist eine dem obigen Gruppenspiel ähnliche Partnerübung. Hier wird versucht, den Partner an der Schulter, den Oberschenkeln oder den Waden zu berühren. Oberstes Ziel ist, sich selbst zu schützen und damit die eigene Aufmerksamkeit zu schulen. Ebenso erfordert dieses Spiel bei häufigem Partnerwechsel viel Ausdauer und Kondition. Bei der Zielgruppe der durchsetzungsschwachen Kinder wird bei dieser Partnerübung insbesondere darauf geachtet, dass sie sich gegenseitig fordern, um einen „Angriff" zu wagen. Ebenso sollen sie sich darauf aufmerksam machen, wenn die Deckung schlecht ist.

Ein weiteres Gruppenspiel, bei dem es um eine sehr hohe Teamfähigkeit und Gruppenkoordination geht, ist folgendes: Alle Kinder müssen einen Kreis bilden, sich mit dem Rücken zur Mitte zu stellen und jeder muss sich bei seinem Nachbarn einhaken. Nun bekommen sie ihre Aufgabe gestellt, sich gemeinsam hinzusetzen, und wenn das geschafft wird, auch wieder aufzustehen. Ziel ist, dass sie die Aufgabe als Gruppe lösen und sich hinsetzen und aufstehen, ohne dass der Kreis gebrochen wird. Die Aufgabe gemeinsam zu lösen, spornt viele Kinder an, und schnell merken sie, dass keiner aus der Reihe tanzen darf, indem er sich zu früh oder zu spät ab- oder aufsetzt, weil ansonsten die Kette auseinander bricht.

### Kempo

Weiter oben wurde bereits erwähnt, dass für das Kampfkunsttraining für durchsetzungsschwache Kinder relevante Elemente aus den beiden Kampfkunststilen Kempo und Jiu Jitsu verwendet werden sollen. Aus dem Kempo sind hier vor allem die Übungen des Kihon (Grundschule), des Kumite (Partnerübungen), des Goshin Jitsu (Selbstverteidigung) sowie das Pratzentraining hervorragend geeignet, aus dem Jiu Jitsu haben sich vor allem Ukemi Waza (Falltechniken) und Ne Waza (Bodentechniken) für einen kindergerechten Unterricht empfohlen. Diese Elemente und ihre mögliche Wirkung bezüglich der Zielsetzungen des Projektes möchte ich im Folgenden genauer erläutern.

### 1. Grundschule

Im *Kihon* werden verschiedene Kampfkunsttechniken grundschulmäßig unterrichtet. Die Techniken werden kraftvoll und dynamisch in der Gruppe auf Ansage ausgeführt. Die ständige Wiederholung der Techniken stellt eine große Herausforderung nicht nur an die Muskelkraft dar, sondern auch an das Durchhaltevermögen. Ziel ist es, jede Technik immer wieder so perfekt wie möglich auszuführen, auch wenn es zum dreißigsten Mal geschieht. Die Müdigkeit, die aufkommt, weil die Muskelkraft nach einer Weile abbaut, soll überwunden werden. Der Unaufmerksamkeit, die aufgrund der scheinbar immer wieder gleichen Technik, die wiederholt wird, aufkommt, muss entgegengetreten werden und zwar mit dem „Zen-Geist der Übung".

Jede Übung soll immer wieder neu geübt werden, unabhängig davon, wie sie gelungen ist. Ziel ist es, die Gedanken auszuschalten. Man versucht zu tun, was man gerade tut, ohne sich von Schmerzen oder störenden Emotionen ablenken zu lassen. Man fokussiert den Körper und den Geist auf eine bestimmte Sache. Je länger die Übung andauert, desto eher gewöhnt sich der Körper an das immer wiederkehrende Bewegungsmuster und es kann sich „bei aller Dynamik die Gelassenheit des in sich ruhenden Berges […] entwickeln, wie beim Zazen. […] Fokussieren wir all unsere (ganz neutrale) Aufmerksamkeit auf einen Punkt, hier auf jede einzelne Technik erneut, können wir lernen, alles andere, das störend und unwichtig ist, auszublenden."[36] Dies ist möglich im Budo wie auch im Leben.[37]

Die Ansage der Techniken übernimmt entweder die Unterrichtsleitung oder sie wird an einzelne Schüler abgegeben. Dies ist für die meisten Kinder eine weitere Herausforderung, aber auch eine Besonderheit mit Verantwortung, da hier die gesamte Gruppe auf das eigene (möglichst kraftvolle) Kommando mit der entsprechenden Technik reagieren muss. Hier sind eine hohe Konzentration und Aufmerksamkeit erforderlich. Den Schülern wird die Möglichkeit gegeben die eigene Stimme (als Teil der Körper-Atmung-Geist-Entität) in diesem Zusammenhang zu erfahren und zu üben. Sie werden durch Spiele, aber auch mit bestimmten Übungen dazu angeleitet.

Die Perfektion in der Ausführung der Technik dient als Übungselement. Der Anspruch an die Schüler steigt mit Fortschreiten des Kurses in Abhängigkeit von dem jeweiligen Entwicklungsstand der Einzelnen. Weitere Elemente, die immer zur vollständigen Ausführung einer Technik gehören, sind die Körperhaltung (aufrechte Haltung, gesenkte Schultern, fester korrekter Stand mit vorgeschriebenem Abstand der Füße etc.), der Blick, die Aufmerksamkeit (immer auf die Technik gerichtet) und die Atmung (in Kombination mit der Technik).

Die unterschiedlichen *Stände (Tachi-waza: Heiko-dachi, Kiba-dachi, Kokutsu-dachi etc.)* gehören ebenfalls zur Grundschule und werden in Kombination mit Atemübungen eingeübt. Die dabei angewendeten Übungen sind teilweise aus dem Qi Gong und dem Gongfu entwendet. Über eine Kraftentwicklung in den Beinen hinaus stärken diese Standübungen die „Verwurzelung" – man versucht jeden einzelnen Zeh zu spüren und muss sich vorstellen in den Boden zu wachsen, mit dem Boden eins zu werden, wie ein junger kräftiger Baum. Durch eine gute Verwurzelung wird der Stand kräftiger und die Person widerstandsfähiger, auch im Umgang mit alltäglichen Problemen kann dies zu mehr Stabilität und Ausdauer führen.

Ziel der Standübungen ist es zu einem möglichst tiefen Körperschwerpunkt zu gelangen, eine exakte Gewichtsverteilung zu erreichen und das in einer entspannten Körperhaltung mit entsprechender Bauchatmung (Hara). Diese Stellungen werden ebenfalls mit den oben aufgeführten Arm- und Beintechniken kombiniert. Die Kihon erfordert ein sehr großes Koordinations- und Gleichgewichtsvermögen. [38]

Der Aspekt des Übens und Nicht-Aufgebens, sich gegen die eigenen Schwächen durchzusetzen und immer weiter zu machen, ist besonders für die angesprochene Zielgruppe ein wichtiges Element der Selbsterfahrung. Die hier gemachten Erfahrungen und Lernerfolge können sich auf die Bewältigung von Anforderungen im Alltag positiv auswirken, [39] nämlich zur Übung sich durchzusetzen, den eigenen Wünschen und Bedürfnissen Raum zu geben.

### 2. Partnerübungen

Die Partnerarbeit und auch der Zweikampf spielen im Kempokan Heidelberg eine große Rolle. Es gibt verschiedene Formen des *Kumite*. Im Kempokan Heidelberg üben die Schüler Kumite nach bestimmten Prinzipien. Für Kinderkurse ist es sinnvoll, sich auf die ersten Prinzipien zu konzentrieren.

Nach einer gegenseitigen Verneigung, die auch die Zusicherung beinhaltet, besonders vorsichtig und rücksichtsvoll zu sein, übernimmt ein Partner den Angriff, der andere Partner die Abwehr und die Kontertechnik. Wer welchen Part übernimmt wird vorher festgelegt. Diese Übung bedingt absolute Aufmerksamkeit, das Explosions- und Kontrollvermögen eigener Kräfte wird ausgiebig geübt und auf die Probe gestellt. Der Angreifer greift an, nachdem er sich darüber versichert hat, dass sein Partner bereit ist. Seine Aufgabe ist es, so anzugreifen, dass der Partner weder berührt noch verletzt wird (oberste Regel) und er es trotzdem schafft, mit Kraft und Explosivität anzugreifen, damit der Partner seinerseits auch richtig üben kann. Der Angreifer hat damit eine große Verantwortung für seinen Partner und das Gelingen der Übung.

Der Verteidiger seinerseits muss sich darauf konzentrieren, schnell und sicher auszuweichen. Von ihm ist an erster Stelle ein hohes Reaktionsvermögen und Sicherheit im Stand gefordert. Denn wer zwar schnell genug ausweicht, aber in keinen sicheren Stand gelangt, ist ein „leichtes Opfer". Ausweichen muss intelligent und sicher geschehen, dann ist es ein Zeichen großer Stärke. Geschieht das Ausweichen in einen schwachen Stand oder man bleibt gar reaktionslos stehen, hat man den Kampf verloren. Der Konter muss präzise, kraftvoll und gut überlegt sein und darf den Partner nicht treffen.

In dieser Übung wird bezüglich der Zielgruppe das größere Augenmerk auf die sichere Ausweichübung und ein kraftvolles Kontern gelegt. Sie dient dem Sieg über den größeren Gegner, und das ist meist die Angst vor Konfrontation oder die Resignation.

Des Weiteren erfordert das Kumite, dass man zu seinem Partner Vertrauen aufbauen muss, um effektiv üben zu können. Die Übungsleitung hat die Verantwortung dafür, dass die Übenden sich an die Regeln halten, mit dem Ziel, dass sie auch lernen füreinander Verantwortung zu übernehmen wie auch für das eigene Handeln.

Besonders wichtig für die Gruppe der durchsetzungsschwachen Kinder ist hierbei Folgendes:

1. Sie erfahren, dass Ausweichen auch eine große Stärke bedeutet, wenn man weiß wie, d.h., wenn es einen in eine bessere Situation bringt, in der man sich sicher fühlt, weil man aus der inneren Stärke (Reaktionsfähigkeit: Intelligenz, Weichheit im Sinne von Ju[40]) heraus gehandelt hat. Man hat die Situation im Griff, weil man aufmerksam war und aus einer ungünstigen Lage heraus in eine stabile sichere Position kam.
2. Sie lernen aus einer vorteilhaften Situation heraus zu agieren. Reagieren statt mit sich geschehen zu lassen, das symbolisiert auch der gesetzte Konter nach dem Ausweichen.
3. Sie können lernen anderen zu vertrauen und dass andere ihnen vertrauen.

Durchsetzungsschwache Kinder weichen in Alltagsituationen häufig irgend welchen Konflikten oder Problemen aus. Dies geschieht aber aus einer Schwäche heraus. Meist verfügen sie über keinerlei Kenntnis anderer Reaktionsmöglichkeiten oder das Element des Ausweichens aus Angst wurde schon so gut und oft geübt, dass sie alles andere verlernt haben. Manche unter ihnen sind vielleicht aber auch zu bequem dazu geworden, zu sagen, was sie wollen, da auch das viel Kraft kosten kann, wenn das Gegenüber etwa nicht das Gleiche im Sinn hat.

Bei der Übung des Kumite erfahren durchsetzungsschwache Kinder, dass Ausweichen, was sie ja schon gut beherrschen, „nur" noch etwas ausgefeilter werden muss. Sie lernen ihre Schwäche in eine Stärke zu verwandeln und, mehr noch, sie realisieren durch den Konter eine symbolische Reaktion nach dem Ausweichen. Diese Erfahrung kann zu einer sinnbildlichen Übertragung in die Realität beitragen. Die Kinder lernen zu reagieren.

### 3. Selbstverteidigung – Goshin Jitsu

Im Kempokan Heidelberg wurde ein Selbstverteidigungssystem eigens für Kinder entwickelt. In diesem budo-pädagogischen Projekt lernen die Kinder, sich gegen Angriffe zu behaupten und sich aus Situationen zu befreien, ohne dabei den Angreifer ernsthaft zu verletzen. Diese Technikkombinationen sind für eine Schulhofsituation konzipiert, die es nicht erfordert, zu härteren Mitteln zu greifen.

In einer ersten Phase in der Selbstverteidigung lernen die Kinder das Gespür, dass sie in anderen Kampfkunstübungen für sich entwickelt haben, umzusetzen. Ziel ist es, dass sie sich ihrer eigenen Grenzen immer intensiver bewusst werden, dass sie lernen, wieder auf die Stimme ihres Inneren (Bauchgefühl) zu hören. Denn meist haben Kinder ein sehr gutes Gespür für unangenehme oder gefährliche Situationen. Häufig wird ihnen dieser Sinn jedoch von klein auf wegtrainiert.

Ein Spüren der eigenen Grenzen ist eine Voraussetzung dafür, diese nach außen hin behaupten zu können. Falls die Selbstbehauptung der eigenen Grenzen jedoch zu spät eingesetzt wird oder nicht ausreichend ist, den Angreifer loszuwerden, kommt die Selbstverteidigung zum Einsatz. Hierzu kann es kommen, wenn man unaufmerksam ist und überrascht wird oder aber beispielsweise der Griff am Handgelenk schon besteht (im Spiel begonnen) und vom Gegenüber trotz direkter und klarer Aufforderung nicht gelöst wird. Die Kinder erfahren auf diese Weise im Training Situationen, in denen sie sich erfolgreich aus einer unangenehmen Lage befreien können. Diese Erfahrung stärkt ihr Selbstwirksamkeitsempfinden und das Selbstbewusstsein.

Kinder, die selbstbewusst und sicher auftreten, werden von anderen Kindern weniger gehänselt oder angegriffen. Ebenso haben sie die Möglichkeit, auf ein gelerntes Verhaltensschema zurückzugreifen, falls sie doch einmal in eine ähnliche Angriffssituation geraten sollten.

### 4. Sonstige Übungen: Pratzentraining

Elemente aus dem Bereich des Pratzentrainings werden regelmäßig in den Kampfkunstunterricht eingebaut. Hier werden in Partnerübungen Schläge und Tritte auf Schlagpolster trainiert. Der Schwerpunkt bei den Schlagtechniken liegt beim Handballenschlag; hier besteht die geringste Verletzungsgefahr für das Kind, wenn es diese Technik einsetzt. Wichtig sind die mit dem Schlag kombinierte Ausatmung, die laut und kraftvoll sein soll und der Einsatz des ganzen Körpers bei jeder Technik. Die Härte des Schlages muss mit dem Partner abgesprochen werden; er bestimmt, wann es ihm zu viel wird.

Schüchterne Kinder haben häufig das Problem, laut auszuatmen oder zu schreien. Beim Pratzentraining und auch bei der Grundschule (Kihon) ist es für sie hilfreich, die Technik in der Gruppe bei der Ausatmung mitzuzählen. Auf diese Art können sie sich langsam an den Klang ihrer Stimme gewöhnen und können die Lautstärke steigern, ohne Schreien zu müssen. Sie spüren wieviel Kraft sie aus sich herausnehmen können und wie es ist, auf Widerstand zu treffen. Sie lernen nicht aufzugeben und mit aller Kraft mal dagegen zu schlagen, sich auszuwirken, auszupowern. Darüber hinaus geht es um ein „Durchschlagen", denn das Schlagpolster ist nicht das Ziel, das anvisierte Ziel liegt hinter dem Polster. Der Lehrer wird für jedes Kind einmal die Rolle des Pratzenhalters einnehmen und es anspornen und dazu animieren, seine komplette Kraft einzusetzen. Diese Erfahrung, die Lust an der Kraftentwicklung zu wecken und auszuleben, schürt keine Aggressivität, solange sie durch Regeln kanalisiert wird.

Auf den Alltag übertragen symbolisiert das Schlagpolster Probleme, die im Leben auftreten, sei es in der Schule, bei den Hausaufgaben oder im Berufsleben. Menschen werden immer wieder mit problematischen Situationen konfrontiert, die sie herausfordern. Ohne diese Herausforderungen würde die Entwicklung stillstehen. Die Vorstellung durch das Schlagpolster hindurch zu schlagen, fördert die Kraftentwicklung körperlich wie auch geistig, eine Kraft, die gebündelt und ausgerichtet werden muss. Die Kinder spüren am eigenen Leib, dass ein starker Wille Kraft geben kann. Dieses Erlebnis ermöglicht ihnen, ein Gefühl von eigener Stärke und Durchsetzungsvermögen zu erfahren. Von diesem Gefühl können sie zehren, sei es bei der Auseinandersetzung mit Entwicklungsaufgaben, in Konfliktsituationen oder anderen Problemkonstellationen, die ihnen das Leben bereitet.

### Jiu Jitsu

Jiu Jitsu ist „die Kunst des Nachgebens". Jiu Jitsu umfasst verschiedene Technikbereiche wie Fallschule, Würfe, Hebel und Bodentechniken. Aus diesen Bereichen werden den Kindern verschiedene ausgewählte Techniken gelehrt, die dieser speziellen Gruppe angemessen sind. Die Jiu Jitsu-Techniken werden durch entsprechende gymnastische Aufwärmübungen und spielerische Vorbereitungsübungen eingeleitet.

#### Fallschule (Ukemi-waza)
„Nur wer nicht voranschreitet, kann niemals straucheln. Ein Fall ist keine Niederlage, wenn man sich wieder erhebt."[41]

Je älter ein Mensch wird, umso größer wird für ihn der Abstand zur Erde. Dieses Phänomen trifft insbesondere auf unsere westliche Gesellschaft zu, denn hier tragen die meisten Menschen ihr Körperzentrum im Kopf. Sie denken, analysieren und kalkulieren, sie versuchen alles zu berechnen und in seine Einzelteile zu zerlegen, sprachlich wie auch praktisch. Meist wird alles Handeln vom Kopf, dem Gehirn, gesteuert.

*Die Techniken der Fallschule bilden eine Grundlage des Jiu Jitsu.*

Der Abstand vom Zentrum des Körpers zur Erde hat sich immer weiter weg nach obenhin verlagert. Dem zufolge ist es umso wichtiger, wieder den ursprünglichen Kontakt zur Erde, das Gefühl für sich in Einheit mit der Erde, dem Boden auf dem man steht, wiederherzustellen. Kleinkinder und Kinder sind dem Boden noch sehr nahe, was natürlich auch mit ihrer Körpergroße zu tun hat. Man weiß aber auch, dass sie auch noch nicht so sehr von ihrem Kopf gesteuert sind, sie folgen noch ihrem Herz und ihrem Bauch. Sie erforschen die Welt mit Neugierde und sind unbedarft, sie bewegen sich natürlich und geschmeidig. Von diesem Er-leben der Welt werden sie im Laufe ihrer Entwicklung systematisch entwöhnt.

Viele Kinder verbringen zu viel Zeit vor dem Fernseher oder dem Computer. Und schon mit dem Beginn der Schulzeit sind sie gezwungen, entgegen ihrer Veranlagung viele Stunden am Tag auf Stühlen zu sitzen, sich kaum zu bewegen und nur zu denken und zu reden. Die Zeit, die sie draußen in der Natur zum Spielen verbringen wird immer weniger.

Bei Babys und Kleinkindern sind die so genannten „Nah-Sinne" (Taktile Wahrnehmung, Gleichgewichtssinn, Tiefen- und Stellungssinn) noch sehr ausgeprägt – sie sind die ersten Sinne, die ein Menschenkind entwickelt, schon im Mutterleib. Im Lauf der Entwicklung verlagert sich der Schwerpunkt auf die „Fern-Sinne" (Geschmackssinn, visuelle und auditive Wahrnehmung, Riechsinn). Der Schwerpunkt innerhalb der „Fern-Sinne" liegt hier bei den meisten Menschen wohl auf dem auditiven Sinn, unserem Organ der Augen – auch im Kopf platziert.

Körperlich wie geistig müssen wir versuchen, unseren Schwerpunkt nach unten hin zu verlagern, vom Kopf zum Bauch hin. Geistig wird dies im Zazen praktiziert, in Atemübungen, aber auch in unterschiedlichen Körperübungen, in denen der Geist (Qigong) und mal der Körper (z.B. Taijiquan) in Bewegung ist.

Durch das Üben des Fallens (Ukemi-waza) und auch der Haltegriffe auf dem Boden (Ne-waza) wird versucht, den Kontakt zum Boden wiederherzustellen. In vielen Vorübungen lernt man, sich wieder spüren durch den Widerstand, den einem die Erde gibt. Man kann sich wieder vertraut machen mit den eigenen Wurzeln, mit dem Boden, der einen trägt. Man verliert die Angst vor dem „Aufprall", man kann eins werden mit dem Boden, in ihn übergehen.

„Die gute Beherrschung der Falltechniken ist nicht nur für die Sicherheit des Ausübenden von großer Bedeutung, sondern fördert auch seine Entwicklung auf dem Weg (DO). […] Das Training bereitet […] große Freude, und es lösen sich alle geistig-seelischen Spannungen und körperlichen Verkrampfungen, die als Folge der im Leben geforderten ‚strammen Haltung' entstanden sind. Man fällt sich frei."[42]

Diese Form des sich Spürens, kombiniert mit einem sicheren Aufstehen nach dem Fallen, ist eine Form der Selbstwahrnehmung, die sehr positive Auswirkungen auf das Körperselbst haben kann. Kinder werden auch hierdurch selbstsicherer. Wer sich selbst gut kennt, sich in seiner Haut, in seinem Körper zu Hause fühlt, wohl fühlt, der fühlt sich sicher und gestärkt. „Dann kann einen nichts mehr so schnell umhauen." Und wenn man dann doch wieder zu Fall kommt, weiß man, wie man aufsteht. Denn Fallen, Fehler machen, mit Problemen konfrontiert werden, das alles gehört zum Leben dazu und ist für die Entwicklung notwendig. Man muss „nur" lernen, immer wieder aufzustehen, durchzuhalten, sich nicht unterkriegen zu lassen. Man kann die Kraft aus dem Fallen, die Energie, die sich hier entwickelt, nutzen, um wieder kraftvoll aufzustehen. So ist es in der Kampfkunst wie auch im „wahren" Leben.

### Bodentechniken (Ne-waza)

Aus dem Jiu Jitsu-Bodenprogramm des Kempokan Heidelberg werden für diesen Kurs zwei Haltegriffe ausgewählt. Diese beiden Techniken werden immer mit Partner geübt. Im Wechsel nimmt jeder die Rückenlage und Halteposition ein. Neben dem oben beschriebenen Sich-spüren-Lernen geht es hier auch darum, auf dem Boden in Kontakt mit einem anderen Menschen zu „kommunizieren". Es werden Kräfte spielen gelassen, man lernt sich in einer anscheinend nachteilhaften Rückenlage zu bewegen und Kräfte zu entwickeln. Die Partner müssen sich aufeinander einlassen, um ihre Technik weiterentwickeln zu können.

*Bei den Bodentechniken tritt man in Kontakt mit einem anderen Menschen – man „kommuniziert".*

### Exkurs: Spielerisches Kämpfen – kämpferisches Spielen [43]

Neben den gymnastischen Aufwärmübungen werden zur Vorbereitung oder Nachbereitung der Bodentechniken Rauf- und Rangelspiele geübt. Hier geht es um ein kämpferisches Spielen, ein partnerschaftliches Raufen und Rangeln am Boden. Auch hier gibt es einen festen und strengen Verhaltenskodex. Jede Übung beginnt und endet wieder mit einem rituellen Gruß vor dem Partner.

Bei der Zielgruppe der durchsetzungsschwachen Kinder geht es darum, sie zu motivieren, miteinander Spaß an der Bewegung zu haben, sich kräftezehrend zu verausgaben. Es geht um ein ganzheitliches Spüren seines Selbst durch das „Aufbringen letzter Kräfte und ganzem Willen. Lebendigkeit, Präsenz und Authentizität sind wesentliche Elemente des in der laufenden Auseinandersetzung am eigenen Leib Gefühlten."[44] Der Prozess der Auseinandersetzung steht hierbei im Vordergrund und nicht das Endergebnis (wie bei den meisten sportlichen „Kämpfen"). Man macht sich durch eine wertschätzende Art auf seine Schwachstellen aufmerksam. Ohne einen Partner ist es nicht möglich, auf diese Art und Weise zu wachsen, über sich selbst hinaus zu gehen.

„Der kindlich-kämpferische Umgang mit Oben und Unten (leibhaftig, also ganz real; ebenso ideell), mit Stärke und Schwäche (eigener und der der Anderen), mit Macht und Ohnmacht, Gut und Böse, Mut und Angst usw. erlaubt es, in einem relativ geschützten, weil nicht wirklich gefährlichen Rahmen, wichtige Erfahrungen zu machen, die im späteren Leben von Bedeutung sein werden."[45]

Es ist von großer Wichtigkeit, als Kind spielerisch kämpfen zu können/dürfen, um dadurch zu lernen, Impulse, Affekte und Kräfte zu dosieren. „Erst die Aggression (als normale Qualität) und Aggressivität (als rein destruktives Verhalten) spielerisch erfahren und ausleben zu dürfen, ermöglicht die Bearbeitung dieses Phänomens."[46]

Besonders für die Gruppe der durchsetzungsschwachen Kinder ist es wichtig, sich auf dieser Form zu erleben, um eigene Kräfte zu mobilisieren, aufleben zu lassen und lenken zu lernen, damit sie nicht eines Tages durch dauerhaftes Anstauen explodieren.

## Gespräche und Kampfkunstgeschichten

Zu Beginn oder zum Abschluss einer jeden Einheit (je nach Bedarf und auf die Gruppe abgestimmt) werden mit den Kindern Fragen bezüglich der Kampfkunst besprochen, oder aber sie haben die Möglichkeit, Erfahrungen, die sie die Woche über gemacht haben, zu erzählen. Hier wird besonderer Wert darauf gelegt, dass nur derjenige spricht, der sich gemeldet und das Wort erteilt bekommen hat. Wenn einer erzählt, wird ihm mit voller Aufmerksamkeit und Respekt zugehört, d.h. dass wir beispielsweise alle zusammen im Kreis sitzen und der Erzählende auch angeschaut wird. Jeder bekommt die Möglichkeit sich zu äußern. Ab und zu werden „Kampfkunstgeschichten" erzählt, wobei es sich häufig um eine Art spirituelles Märchen oder auch Fabel mit moralischen Aussagen handelt.

Diese Form der Gespräche ist sehr wichtig für die Gruppendynamik und auch die geistige Entwicklung der einzelnen Kinder bezüglich eines möglichen Verständnisses der Kampfkunst-Philosophie. Sie lernen einander besser kennen, zuhören und vertrauen.

## Abschlussbemerkung

Ziel des Expansionstrainings ist es, dass die Kinder durch diese budo-pädagogische Maßnahme lernen, ihre eigenen Bedürfnisse wahrzunehmen, um sich dann dazu zu motivieren, eben diese Bedürfnisse ernst zu nehmen und sich dafür einzusetzen.

Kampfkunst „richtig" praktiziert kann heilende Wirkung auf den menschlichen Körper haben, aber auch bei einem sporttherapeutischem Judo oder anderen sporttherapeutisch ausgerichteten Methoden ist eine „gesund machende" Wirkung vorhanden. Im Unterschied hierzu liegen die heilenden Aspekte der Kampfkunst in einem viel tieferen Wirkungsgeflecht, gegeben dadurch, dass es sich hierbei um eine taoistische Körper- und Bewegungsarbeit handelt, die von konfuzianischer Ethik und buddhistischer Spiritualität gestützt wird. Diese philosophischen sowie religiösen und ethischen Lehren basieren auf den gleichen Aspekten wie die asiatische Heilkunst (Yijing, Tao, Qi, Yin &Yang, Wuxing). Somit kann Budo, als wichtigstes Element der Budo-Pädagogik, als besonderes Mittel der Erziehung verstanden werden. Das systematische Üben bestimmter Budo-Elemente kann nicht nur heilend auf den Körper wirken, sondern dehnt sich aus auf Geist und Seele.

1   vgl. Schneider, H. J.: Gewalt in Erziehung und Schule aus kriminologischer Sicht. In: Krebs/Forster 2003, S. 166
2   Aggressive und gewalttätige Individuen leiden meist an geringem Selbstwertgefühl (vgl. auch Schneider 2003, S. 168f).
3   vgl. Wolters, J.-M.: Kampfkunst als Therapie. Stade 1997
4   vgl. Wolters, J.-M.: Kampfkunst in der Kinder- und Jugendpsychiatrie – Das ungewöhnliche Normale für die normalen Abweichler. In: Becker, P./Koch, J. (Hrsg.) (1999): Was ist normal? Normalitätsstrukturen in Jugendhilfe und Jugendpsychiatrie. Weinheim 1999, S. 176
5   vgl. Exkurs: Kinder als Opfer psychischer Gewalt an Schulen
6   vgl. Oerter, R./Montada, L. (Hrsg.): Entwicklungspsychologie. Weinheim 2002
7   vgl. Schwind, H.-D.: Kriminologie. Eine praxisorientierte Einführung mit Beispielen. Heidelberg 2006, insbesondere S. 214–238; auch Bründel, H./Hurrelmann, K.: Gewalt macht Schule. München 1997
8   vgl. Wolters 1999, S. 175
9   vgl. Wolters 1997, S. 114
10  vgl. Steinhausen, H.C.: Psychische Störungen bei Kindern und Jugendlichen. Lehrbuch der Kinder- und Jugendpsychiatrie. München 2006, S. 12
11  vgl. Brusten, M./Hurrelmann, K.: Abweichendes Verhalten in der Schule – Eine Untersuchung zu Prozessen der Stigmatisierung. München 1976, S. 12ff.
12  vgl. Schwind, 2006, S. 221f, 237

[13] vgl. Oerter/Montada, 2002, S. 215; Steinhausen 2006, S. 12

[14] vgl. Brusten/Hurrelmann, 1976, S. 16

[15] vgl. Oerter/Montada, 2002, S. 215

[16] vgl. Resch, F. et al.: Entwicklungspsychologie des Kindes- und Jugendalters. Weinheim 1999 S. 19 f.

[17] vgl. Resch, 1999, S. 19

[18] vgl. Resch, 1999, S. 19, S. 290 f.

[19] vgl. Resch, 1999, S. 291

[20] vgl. Resch, 1999, S. 292

[21] vgl. Resch, 1999, S. 292 f.; Schwind, 2006, S. 222

[22] vgl. Resch, 1999, S. 237

[23] vgl. Resch, 1999, S. 203; Oerter/Montada 2002, S. 217 f., 704

[24] vgl. Resch, 1999, S. 21

[25] vgl. Schwind, 2006, S. 225 ff.

[26] vgl. Krebs, U./Forster, J. (Hrsg.): Vom Opfer zum Täter? Gewalt in der Schule und Erziehung von den Sumerern bis zur Gegenwart. Bad Heilbrunn 2003, S. 170 f.

[27] vgl. Oerter/Montada, 2002, S. 252 ff.

[28] vgl. Rieder, Hermann: Sport als Therapie. Frankfurt a.M. 1977, S. 152

[29] Zum Prinzip von Go und Ju: vgl. unter Abschnitt „Das Kampfkunstsystem des Kempokan Heidelberg"

[30] Bei der Zielgruppe einer aggressiven Klientel würde der Schwerpunkt auf dem Prinzip des Ju (Weichheit) liegen.

[31] vgl. auch Wolters 1999, S. 85, zu den Ergebnissen eines Karate-Do-Kurses mit stationären Psychiatrie-Patienten, als Budo-pädagogische Unterstützung der Psychotherapie und Sozialtherapie.

[32] vgl. Rieder, 1977, S. 153

[33] vgl. auch unter www.kempokan.de, 20.12.2006, 20 Uhr. Die Beschreibungen in diesem Kapitel stammen ebenso aus intensivsten Gesprächen mit dem Leiter und Sensei des Kempokan Heidelberg, Thomas Schmidt-Herzog.

[34] vgl. Wolters, 1997, S. 230

[35] vgl. Wolters, 1997, S. 205

[36] vgl. Wolters, J.-M.: Karate und Karate-Do (2): Worin zeigt sich das „Geistige" in den Grundübungen der Kampf-Kunst? JKA-Karate, 03/2001, S. 26

[37] vgl. auch Bollnow, O. F.: Vom Geist des Übens. Eine Rückbesinnung auf elementare didaktische Er-fahrungen. Stäfa 1991

[38] vgl. auch Wolters, 1997, S. 200 f.

[39] vgl. Wolters, 1997, S. 216 f.

[40] vgl. zum Prinzip von Go und Ju unter „Das Kampfkunstsystem des Kempokan Heidelberg"

[41] vgl. Brand, R.: Aikido. Lehren und Techniken des harmonischen Weges. Niedernhausen 1989, S. 84

[42] vgl. Brand, 1989, S. 85

[43] vgl. Wolters, J.-M.: Rangeln, Raufen & Ringen. Vom sozialpädagogischen Wert kindlichen Kämpfens. In: Jugend und Sport, UJ 05/2003, S. 195–201

[44] vgl. Wolters, 05/2003

[45] vgl. Wolters, 05/2003, S. 197

[46] vgl. Wolters, 05/2003

Kristin Herold

# Budo(-Padagogik) und Gesundheits-
# förderung

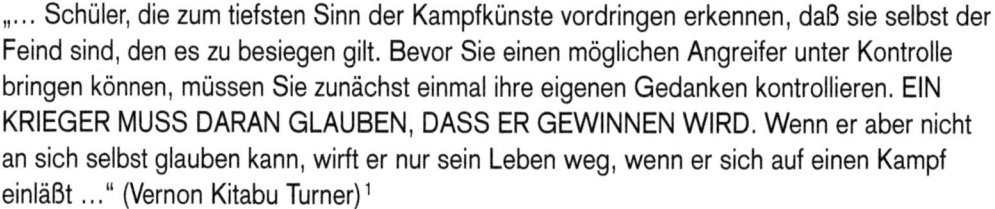

„… Schüler, die zum tiefsten Sinn der Kampfkünste vordringen erkennen, daß sie selbst der Feind sind, den es zu besiegen gilt. Bevor Sie einen möglichen Angreifer unter Kontrolle bringen können, müssen Sie zunächst einmal ihre eigenen Gedanken kontrollieren. EIN KRIEGER MUSS DARAN GLAUBEN, DASS ER GEWINNEN WIRD. Wenn er aber nicht an sich selbst glauben kann, wirft er nur sein Leben weg, wenn er sich auf einen Kampf einläßt …" (Vernon Kitabu Turner) [1]

In der vorliegenden Arbeit versuche ich aufzuzeigen, dass BUDO eine Möglichkeit darstellt, um die Gesundheit der Menschen zu fördern. In den ersten beiden Kapiteln wird erläutert, was aus heutiger Sicht unter Gesundheit und Gesundheitsförderung verstanden wird; im Anschluss daran wird das Wesen des Budo erörtert. Weiterhin wird verdeutlicht, dass Budo ein wesentlicher Bestandteil der Gesundheitsförderung sein könnte, vor allem in der Schule und im Kindergarten.

## Gesundheit

Eine eindeutige begriffliche Bestimmung von Gesundheit ist sehr schwierig. Dennoch hat die Weltgesundheitsorganisation (WHO) vor einigen Jahren Gesundheit als „Zustand vollkommenen körperlichen, seelischen und geistigen Wohlbefindens" definiert. [2] Trotz der utopischen und umstrittenen Gesundheitsdefinition ist sie durchaus als positiv zu bewerten, da nicht nur die körperliche Dimension der Gesundheit zum Ausdruck kommt. Außerdem wird in der Definition das Wohlbefinden eines Menschen angesprochen. Wohlbefinden ist nach dieser Definition eine subjektiv erlebte Befindlichkeit, die verschiedene, sich ergänzende Seiten der Persönlichkeit umfasst. Die WHO distanziert sich somit vom klassischen medizinischen Gesundheitsverständnis, das die körperliche Unversehrtheit bzw. das Freisein von Krankheit in den Mittelpunkt stellt und damit körper- und krankheitsorientiert ist. [3]

### Das Gesundheitsverständnis der Psychologie

In der Psychologie, wie auch in anderen wissenschaftlichen Bereichen, gibt es keine eindeutige Theorie bzw. Definition über Gesundheit. Die Psychologie beschäftigt sich vor allem mit der seelischen Gesundheit eines Menschen. Aus der Sicht der psychosomatischen Psychologie wird im Folgenden die Theorie von Prof. Dr. Peter Becker erörtert.

### Theorie der seelischen Gesundheit

Becker (1986) versteht unter der seelischen Gesundheit die Fähigkeit, externe und interne Anforderungen zu bewältigen.[4] In seiner Publikation von 1986 beschreibt er den aktuellen seelischen Gesundheitszustand anhand von sieben Indikatoren:

1. Positive vs. Negative emotionale Befindlichkeit
2. Hohes Energieniveau vs. Antriebsschwäche
3. Expansivität vs. Defensivität
4. Leistungsfähigkeit vs. Funktionsstörung
5. Selbsttranszendenz vs. Selbstzentrierung
6. Autonomie vs. Hilfe suchen und Abhängigkeit
7. Hohes vs. Niedriges Selbstwertgefühl[5]

Ob jemand einen positiven oder negativen seelischen Gesundheitszustand hat, hängt wohl davon ab, auf welcher Seite sich der Zustand bewegt. Das heißt, für einen positiven seelischen Gesundheitszustand sind folgende Eigenschaften notwendig: positive Befindlichkeit, ein hohes Energieniveau, Expansivität, Leistungsfähigkeit, Selbsttranszendenz, Autonomie und ein hohes Selbstwertgefühl. Er unterscheidet weiterhin zwischen dem aktuellen und habituellen Wohlbefinden. Das *aktuelle Wohlbefinden (AW)* ist ein Oberbegriff zur Charakterisierung des momentanen Erlebens einer Person, das positiv getönte Gefühle, Stimmungen und körperliche Empfindungen, sowie das Fehlen von Beschwerden umfasst.[6] Im Gegensatz zum aktuellen Wohlbefinden handelt es sich beim *habituellen Wohlbefinden (HW)* um eine relativ stabile Persönlichkeitseigenschaft. Eine Person mit einem stark ausgeprägten HW befindet sich relativ häufig in einem Zustand des Wohlbefindens.[7] Einige Jahre später ergänzte Becker (1991) seine Theorie folgendermaßen: Ein dynamisches Gleichgewicht und ein optimaler Rhythmus von aktuellem und habituellem Wohlbefinden, von Anstrengung und Erholung, Anspannung und Entspannung sind wichtige Faktoren für eine erfolgreiche Befindlichkeitsregulation. Weiterhin seien „positive" Fähigkeiten, wie die Fähigkeit, die „kleinen Freuden des Alltags" genießen zu können, ein positives und stabiles Selbstwertgefühl, die Wertschätzung durch andere, die Erfüllung sinnvoller Aufgaben und die Verankerung in einem tragfähigen Wertesystem Voraussetzung für eine gelungene Lebenserfahrung.[8] Anhand wissenschaftlicher Untersuchungen und Arbeiten von Peter

Becker wurde nur eine Möglichkeit der Erklärung des Gesundheitsbegriffs vorgestellt. In den letzten Jahren ist das Interesse an der Psychologie der Gesundheit enorm angestiegen. Wie man erkennen konnte, distanziert sich auch die Psychologie (Gesundheitspsychologie) von dem klassisch medizinischen Gesundheitsverständnis und bezieht seelische und soziale Komponenten in ihre Betrachtungsweise mit ein.

## Das Gesundheitsverständnis innerhalb der Soziologie

Wenn man über den Gesundheitsbegriff sprechen will, muss man ebenfalls die wissenschaftlichen Arbeiten von Antonovsky (1979) berücksichtigen. Antonovsky bezeichnet sein Modell als SALUTOGENESE-Modell. Wie die Begriffsbestimmung vermuten lässt, spricht er sich ebenso gegen das klassische Verständnis aus (PATHOGENESE). Aus soziologischer Sicht vertritt Antonovsky einen ressourcenorientierten Ansatz. Er spricht von „heilsamen Ressourcen".

### Eine soziologische Theorie zur Gesundheit

Antonovskys Modell zeigt eine Abkehr vom traditionellen pathogenetischen Gesundheitskonzept, das sich an den Ursachen und an der Entstehung von Krankheiten orientiert. Beim letzteren wird davon ausgegangen, dass Pathogene krankheitserregend wirken könnten. Der Kerngedanke der traditionellen Auffassung besteht darin, die Ursachen der Krankheit zu suchen um dann die krank machenden Faktoren im Vorfeld zu verhindern oder sie zu eliminieren.[9] Antonovsky stellt sich hingegen die Frage, warum Menschen, die mit einer Vielzahl von Gesundheitsrisiken und Stressoren behaftet sind, gesund bleiben, während andere erkranken?

Seiner Auffassung nach ist nicht Krankheit die Abweichung von der Norm, sondern die Gesundheit, was er in epidemologischen Studien zu belegen versuchte. Er entwickelte ein Gesundheits-Krankheits-Kontinuum, wobei Gesundheit und Krankheit die beiden Pole bilden. Der salutogenetische Ansatz betrachtet den Kampf in Richtung Gesundheit als permanent und nie ganz erfolgreich. Er fokussiert die Aufmerksamkeit auf die gesund erhaltenden Faktoren, die aktiv für eine Bewegung in Richtung auf den Gesundheitspol verantwortlich sind. Diese bezeichnet er als „heilsame Ressourcen" (salutary recources) und „generalisierte Widerstandsressourcen".[10] Die „generalisierten Widerstandsressourcen" setzen sich hauptsächlich aus den Faktoren Selbstwertgefühl, soziale Unterstützung und materielle Ausstattung zusammen. Sind genug Widerstandsressourcen vorhanden, kann sich ein *„Kohärenzgefühl"* entwickeln.[11] Die Antwort, die Antonovsky schließlich auf die salutogenetische Fragestellung gibt, bezeichnet er als *„The sense of coherence"*.

Das Kohärenzgefühl ist eine globale Orientierung, die das Ausmaß ausdrückt, in dem jemand ein Gefühl des Vertrauens hat, dass erstens Anforderungen strukturierbar, vorhersagbar und erklärbar sind, zweitens die Ressourcen verfügbar sind, die nötig sind, um den Anforderungen gerecht zu werden, und drittens, dass diese Anforderungen Herausforderungen sind, die Investition und Engagement verdienen:

1. Das „Gefühl der Verstehbarkeit" (Sense of Comprehensibility)
2. Das „Machbarkeitsgefühl" (Sense of Managebility)
3. Das „Gefühl der Bedeutsamkeit" (Sense of Meaningfulness) [12]

Die Stärke des Kohärenzsinnes entscheidet darüber, wie eine Person den Anforderungen des Lebens begegnet und wie fähig sie sich fühlt, Bewältigungsstrategien zu entwickeln, um ihre Gesundheit in die eigenen Hände zu nehmen. Je mehr das gelingt, desto positiver ist das allgemeine Wohlbefinden, das Gefühl von Glück, Zufriedenheit und Gesundheit. Am deutlichsten wird das Vorhandensein dieser generalisierten Widerstandsressourcen im Selbstwertgefühl des Menschen. [13] Gesundheit ist also die gelungene Bewältigung von der Lebensherausforderung und den Alltagsherausforderungen. Gesundheit kann verstanden werden als eine verbesserte „Neuanpassung" an eine Ausgangssituation.

## Gesundheitsförderung

Es ist Ziel der Gesundheitsförderung, über die *Stärkung von Ressourcen* die Gesundheit der Bevölkerung zu verbessern. Individuen und Gruppen sollen befähigt werden, ihre Gesundheitschancen durch *selbstbestimmtes Handeln* zu erhöhen und in die Lage versetzt werden, die Einflussfaktoren auf Gesundheit und Wohlbefinden positiv zu beeinflussen.

Im Folgenden wird der Begriff der Gesundheitsförderung näher erklärt. Basis dafür bildet die Charta der WHO, die 1986 auf der ersten Internationalen Konferenz zur Gesundheitsförderung verabschiedet wurde. In der Ottawa Charta (1986) deklarierte die WHO die Gesundheitsförderung zur gesellschaftlichen und politischen Aufgabe. Als wesentliche Grundlage für einen Gesundheitszustand betont sie individuelles Verhalten und legt den Fokus der Gesundheitsförderung auf salutogene Ressourcen:

> Gesundheitsförderung ist der Prozess, allen Menschen ein höheres Maß an Selbstbestimmung über ihre Gesundheit zu ermöglichen und sie damit zur Stärkung ihrer Gesundheit zu befähigen. [14]

Diese Definition zeigt, dass die Gesundheitsförderung sich nicht mehr primär am Risikomodell orientiert, sondern versucht vorhandene Gesundheitspotenziale und -kräfte zu fördern und zu vermehren. In den 1990er-Jahren entwickelte die WHO deshalb einen neuen Ansatz. Dieser ist heute unter dem Namen „Life Skills"-Ansatz bekannt.

### „Life Skills" – Lebenskompetenzen

Dieser Ansatz zielt vor allem auf die Förderung der psychischen Gesundheit, indem psychosoziale Kompetenzen entwickelt und gestärkt werden sollen. Lebenskompetenzen (Life Skills) sind diejenigen Fähigkeiten, die einen angemessenen Umgang sowohl mit unseren Mitmenschen als auch mit Problemen und Stresssituationen im alltäglichen Leben ermöglichen.[15] Nach der WHO (1994) sind genau diese Fähigkeiten bedeutsam für die Stärkung der psychosozialen Kompetenzen. Die Weltgesundheitsorganisation hat fünf Gruppen von „Life Skills" vorgeschlagen, in denen die entsprechenden Kompetenzen entwickelt werden sollen.

**„Life Skills":**
- Entscheidungsfindung und Problemlösung
- Kritisches und kreatives Denken
- Kommunikation und Interaktion
- Selbstwahrnehmung und Empathie
- Umgang mit Emotionen und Stressoren.[16]

Die Gesundheitsförderung ist ein salutogenetisch ausgerichtetes Konzept. Schneider spricht davon, dass die Gesundheitsförderung die Welt voller Möglichkeiten sieht.[17] Beim Versuch die Begriffe Gesundheit und Gesundheitsförderung zu erklären, taucht immer wieder der Begriff des Wohlbefindens auf.

Im Abschnitt „Gesundheit" wurde in groben Zügen aus psychologischer Sicht erklärt, was unter Wohlbefinden zu verstehen ist. Dennoch ist es notwendig den Begriff des Wohlbefindens spezieller zu definieren, da dieser immer wieder im Zusammenhang mit dem Gesundheitsverständnis auftaucht und einen erheblichen Beitrag zum Verständnis des Begriffs der Gesundheit leistet. Wie schon dargestellt, bezeichnet die WHO Gesundheit als vollkommenes körperliches, seelisches und geistiges Wohlbefinden. Antonovsky spricht in seinem „Salutogenese-Modell" von einem Gesundheits-Krankheits-Kontinuum, wobei es Ziel ist, sich in Richtung von Wohlbefinden/Gesundheit zu orientieren. Es besteht damit ein Zusammenhang zwischen dem Wohlbefinden und der emotionalen Befindlichkeit einer Person.

## Emotionale Empfindlichkeit und Gesundheit

Die Begriffe „subjektives emotionales Empfinden", „Wohlbefinden" oder auch einfach „Befindlichkeit" tauchen immer häufiger in psychologischen, soziologischen und pädagogischen Arbeiten auf, die sich mit dem Thema Gesundheit befassen.

Nach Krause entsteht die emotionale Empfindlichkeit „aus einer Vielzahl von situationsspezifischen emotionalen Zuständen"[18]. Befindlichkeit drückt sich in Form von Emotionen aus und wird dementsprechend erlebt. Emotionale Zustände sind immer auch mit kognitiven Prozessen verknüpft. Alle vom Menschen zu verarbeitenden Informationen werden bewertet und lösen somit psychische Erregungszustände aus, die ein bestimmtes Verhalten nach sich ziehen. Das ist erst recht der Fall, wenn es sich um selbstbezogene Informationen handelt, denn „Informationen über die eigene Person sind ‚heiß', das bedeutet, sie haben eher als andere Informationen mit unserem Wohlbefinden zu tun und wirken darauf ein."[19]

### Emotionale Empfindlichkeit nach C.H. Krause

Emotionale Empfindlichkeit ist ein durch Emotionen, Kognitionen und Motivation geprägtes subjektives Erleben eines Individuums, das sich auf einem Kontinuum von positiver bis negativer Befindlichkeit bewegen kann. Positive emotionale Befindlichkeit wird dabei als Wohlbefinden verstanden. Emotionale Befindlichkeit kann in aktuelle und habituelle Befindlichkeit differenziert werden.[20]

Wenn man Gesundheit nach dem salutogenetischem Modell von Antonovsky definiert, wird deutlich, dass die Gesundheit einer Person abhängig ist von der emotionalen Befindlichkeit. Demzufolge stehen auch die emotionale Befindlichkeit und der Selbstwert einer Person in gegenseitiger Beeinflussung und Wechselwirkung. Genauso wie die emotionale Befindlichkeit wird auch das Selbstwertgefühl durch die „Life Skills", die „salutogenetischen Ressourcen", bedingt, gestärkt und gefördert. Das Ausmaß des Selbstwertgefühls hat direkten Einfluss auf das Wohlbefinden. Antonovsky unterteilte den „Kohärenzsinn" in drei wichtige Elemente:

- Der *„Sense of Managebility"* ist ein Teil des *Selbstkonzepts* und eine wichtige Grundlage für ein positives Selbstwertgefühl. Selbstwertgefühl ist begrifflich zu unterscheiden von der Selbsteinschätzung sowie von dem Selbstkonzept. Das Selbstkonzept besteht aus den Kognitionen einer Person über sich selbst. Das sind Zuschreibungen von Eigenschaften ohne Bewertung derselben.
- Die *Selbsteinschätzung* beinhaltet die affektiven Komponenten, d.h. die positiven und negativen Bewertungen der einzelnen Kognitionen.
- Das *Selbstwertgefühl* ergibt sich aus der Summe der Selbsteinschätzungen, d.h. der Summe der bewerteten Kognitionen.[21]

Die Sozialpsychologie sieht alle drei Komponenten als sozial bedingt an. Hierbei stellt sich nun die Frage, wie man den Selbstwert einer Person erhöhen kann, um im Sinn der Definition der WHO gesundheitsfördernd zu arbeiten. Denn mangelndes oder vermindertes Selbstwertgefühl sind oft Ursachen psychischer Störungen.[22]

### Welche Faktoren beeinflussen die Selbsteinschätzung und das Selbstwertgefühl?

Wenn man davon ausgeht, dass sich das Selbstwertgefühl aus der Summe der Selbsteinschätzungen ergibt, gelangt man zur Frage nach der Gewichtung der einzelnen Dimensionen der Selbsteinschätzung. In einer konkreten Situation sind nicht alle Dimensionen der Selbsteinschätzung gleich wichtig, sondern die jeweils aktualisierten Aspekte des Selbst (z.B. Einfallsreichtum, Intelligenz usw.). Es wird angenommen, dass eine aktualisierte Dimension kurzfristig das gesamte Selbstwertgefühl dominiert, d.h., andere Faktoren der Selbsteinschätzung treten in den Hintergrund. Dies ist abhängig von der Bedeutsamkeit, die die betreffende Dimension für die Person besitzt. Eine weitere Frage, die ausführlich erforscht wird, ist die nach den Einflüssen auf Selbsteinschätzung und Selbstwertgefühl. Die Forschung nennt fünf wichtige Faktoren:
1. Selbstdarstellungen
2. Erinnerungen
3. Selbstaufmerksamkeit
4. Vergleichsgruppen und -personen
5. Attributionen

In Versuchen wurde festgestellt, das Personen, die instruiert wurden, positive *Selbstdarstellung* zu formulieren, anschließend einen höheren Selbstwert hatten als vor dem Versuch und als eine Vergleichsgruppe, die neutrale Aufgaben bearbeitete. Auch aktualisierte *Erinnerungen* ergaben in Versuchen diesen Effekt der Selbstwerterhöhung; hier wurden Versuchspersonen angewiesen, sich all ihrer positiven Seiten zu erinnern.

In gleicher Richtung geht die Frage nach der *Selbstaufmerksamkeit*: Die Lenkung der Aufmerksamkeit auf einen positiven oder negativen Aspekt der Persönlichkeit aktualisiert die affektiven Komponenten desselben, was eine Affektverstärkung bewirkt. In Erhebungen dazu wurde bei der Aufmerksamkeitslenkung auf einen positiven Aspekt ein signifikanter Anstieg des Selbstwertes beobachtet, für den negativen Aspekt ist die Beweislage allerdings nicht so klar.

Zur Bedeutung von *Vergleichsgruppen und -personen* wurden in Bewerbungssituationen Proband/innen während der Ausfüllung eines Fragebogens zum Selbstwert nebenbei mit angeblichen Mitbewerber/innen von unterschiedlichem Status konfrontiert. Das hatte bei „schlampiger" Konkurrenz einen Anstieg der Messung auf der Selbstwertskala zur Folge.

Entsprechend sank jedoch auch der Wert bei erfolgreich wirkender Konkurrenz. Dadurch wird deutlich, dass eine partielle Selbsteinschätzung kurzfristig generalisiert wird, d.h. das gesamte Selbstwertgefühl beeinflusst.

Die Zuschreibung von Ursachen für Misserfolge hat in weiteren Versuchen ergeben, dass *externe Attributionen* entlastend, *interne Attributionen* belastend auf das Selbstwertgefühl wirken, d.h., wenn eine Aufgabe als schwer bezeichnet wird, ist die Schuld für das Versagen nicht so groß und die Selbstwerteinbuße entsprechend geringer als bei einer leichten Aufgabe.

Bei all diesen Versuchen gibt es allerdings keine Messungen über langfristige Effekte; es ist anzunehmen, dass diese abhängig von verschiedensten Faktoren sind.[23] Betrachtet man diese Ergebnisse, so ergeben sich daraus für die Gesundheitsförderung im Sinne der Stärkung des Selbstwertgefühls einige interessante Aspekte. Zu beachten wäre beispielsweise, unter welchen Bedingungen Menschen besonders positive und ihren Selbstwert stärkende Erfahrungen machen können. Das könnte unter Beachtung der *Attributions-Hypothese* bedeuten, dass eine Person mit niedrigem Selbstwertgefühl eine Aufgabe gestellt bekommt, von der man annimmt, dass sie diese ohne größere Probleme bewältigen kann. Das teilt man ihr jedoch nicht mit, sondern betont, dass diese Aufgabe nicht so leicht zu lösen ist. Dementsprechend ist die Person motivierter, diese Aufgabe anzugehen und zu lösen, denn bei einem Scheitern hätte sie ein externes Moment, das das Scheitern erklärt und folglich den eigenen Selbstwert nicht schädigt. Wenn die anleitende Person nun die Klientin bzw. den Klienten gut eingeschätzt hat, wird diese/dieser die Aufgabe bewältigen und dadurch, dass es tatsächlich eine leichte Aufgabe war, eine Selbstwerterhöhung in dieser Dimension erfahren.

## Inwiefern kann Budo die Gesundheit der Menschen fördern?

Was wir bisher erörtert haben, stellt eine Hinführung zum Thema „Gesundheitsförderung durch Budo" dar. Es wurde versucht, einen Überblick darüber zu geben, was man aus heutiger Sicht unter Gesundheit und Gesundheitsförderung versteht. Dabei spielt die emotionale Befindlichkeit bzw. das Selbstwertgefühl einer Person eine entscheidende Rolle. Nun geht es darum, den Begriff *Budo* zu definieren. Diese Thema an sich ist sehr interessant, dennoch scheint es zunächst einmal notwendig zu sein, das Phänomen des Budo zu erklären. Dabei bezieht man sich vor allem auf die Ausarbeitungen der Weiterbildung bzw. auf das Wissen, welches dort erworben wurde. In der Weiterbildung ging es darum Budo-Pädagoginnen und Budo-Pädagogen auszubilden. Der Begriff *Budo-Pädagogik* geht dabei auf Wolters (1999) zurück.

### Budo

Der japanische Begriff Budo ist ein Oberbegriff für alle asiatischen Kampfkünste. Innerhalb der Weiterbildung wurde der Begriff weiter gefasst. Demnach werden Gesundheitsübungen, Meditationsformen sowie originär spirituelle (Körper-Geist-) Wege mit eingeschlossen. Das heißt, neben japanischen Systemen wie Judo, Karate-Do, Aikido usw. sind mit Budo auch chinesische, koreanische, vietnamesische, indonesische, philippinische u.ä. Kampfkunstsysteme vertreten. Außerdem werden Übungen aus dem Yoga, Tai chi ch`uan und dem Qi Gong, aber auch Zazen und andere Systeme darunter definiert.[24] In den traditionellen, d.h. durch die asiatische Philosophie maßgebend beeinflussten Budo-Künsten geht es im Unterschied zum Kampfsport nicht um äußere Erfolge, also Sieg oder Niederlage, sondern um den Sieg über sich selbst. Man kann sagen, Budo ist ein originär spiritueller Schulungsweg („DO") der psycho-physischen und geistig-emotionalen Selbsterfahrung, -beherrschung und -erkenntnis.[25] Nach Wolters (2000) ist Budo die geistige Haltung, einen Kampf/Konflikt zu vermeiden.[26]

Nach dieser Definition kann man annehmen, dass Budo eine Möglichkeit ist, das Selbstwertgefühl bzw. die Gesundheit der Menschen zu fördern. Es ist klar, dass durch Budo auch physische Komponenten ausgebildet werden, welche die Gesundheit fördern, der Hauptteil dieser Arbeit bezieht sich jedoch auf die Förderung von psychischen und sozialen Komponenten durch Budo.

Demnach versteht Wolters (1999) unter Budo-Pädagogik Folgendes:

> *Budo-Pädagogik* basiert auf dem Verständnis der asiatischen Kampfkunst als „Weg", als Methode systematischer Selbsterziehung mit dem Ziel, durch konsequente Übung (Auseinandersetzung mit sich selbst) zunehmende psycho-physische, d.h. körperliche wie geistig-emotionale Selbstbeherrschung und schließlich die diesbezügliche Meisterschaft (Reife) zu erreichen.[27]

Dieser Definition nach hat Budo bzw. Budo-Pädagogik das Ziel, die Gesundheit der Menschen zu fördern. Queckenstedt (1999) beschreibt Budo als eine Praxis der menschlichen Selbstführung mittels Kampfkunst. Der Zweck des Budo ist die Erleichterung des Lebenskampfes und die Freisetzung von Energie für menschliches Wachstum.[28] Aus dieser Erkenntnis stellt sich nun die Frage, welche Elemente des Budo bzw. welche Übungen des Budo wirksam sind

- bei der Stärkung des Selbstwertgefühls („Ich bin Ich"),
- bei der Schaffung positiver emotionaler Befindlichkeit,
- bei der Bildung von Leistungsfähigkeit,
- bei der Selbsttranszendenz,
- bei der Schaffung von Autonomie,
- bei der Selbstwahrnehmung,
- bei Empathie, Kommunikation sowie
- bei sozialer Unterstützung etc.

Im nächsten Abschnitt werden drei besondere gesundheitsfördernde Elemente/Übungen oder Arbeitsmöglichkeiten des Budo vorgestellt. Die drei Elemente sind

- die Etikette der Kampfkunst,
- die Zazen-Meditation und Atemübungen und
- das Weg-Lehr-Prinzip und deren systemimmanente Theorie- und Praxis-Prinzipien: Shu-ha-ri, Dokan, Sensei, Ishin-Denshin, Uchi-Deshi, Soto-Deshi etc.

### Gesundheitsförderung durch Budo

Gesundheitsbewusstsein stellt ein mentales System dar, in das kognitive, affektive und konative Einstellungselemente eingebunden sind. In der kognitiven Komponente äußern sich Kenntnisse, Wissen und Meinungen über das Einstellungsobjekt Gesundheit. Die affektive Komponente bezeichnet subjektive Bewertungen hinsichtlich einer gesunden Lebensführung und bezieht das Erleben gesundheitsbezogener Verhaltensweisen ein. Der konative Anteil des Gesundheitsbewusstseins drückt schließlich individuelle Handlungsabsichten aus, sich gesundheitsgerecht verhalten zu wollen.[29] Ein Hauptziel des Budo ist die Erhaltung und Förderung des Selbstwertgefühls der Schülerinnen und Schüler durch die Bereiche Selbstwahrnehmung und Empathie, Kommunikation und Interaktion sowie der Umgang mit Stress und Emotionen.

### Die Etikette

Wenn man über das Wesen des Budo spricht, muss man auch über die Budo-Etikette sprechen, da sie – vor allem bei Wolters (siehe auch seine grundlegenden Ausführungen in diesem Buch) – einen zentralen Stellenwert einnimmt. Die Etikette spiegelt demnach die innere und äußere Haltung desjenigen, der Budo betreibt, wider. Ein weiteres Hauptziel des Budo ist es, Selbstbeherrschung zu erlangen bzw. zu entwickeln oder zu stabilisieren. Die Etikette ist ein Relikt des Verhaltens- und Ehrenkodexes der Samurai, die auf der geistig-kulturellen Grundlage asiatischer Philosophie basiert. Sie ist vergleichbar mit einer eigentümlichen fremden „Sprache", deren „Vokabular" zusätzlich zu den körperlichen Abläufen erlernt werden muss. Sie verkörpert die Ideologie des Weges insgesamt.[30]

Jedes eigene Fehlverhalten (auch außerhalb des Budo) schadet dem Ansehen, jedes positive Verhalten dient dem Ganzen. Die Etikette hat daher nicht nur den Sinn, bestimmte Abläufe im Training zu regeln, sondern Verantwortung zu übernehmen und sich sowohl um eigene Selbstbeherrschung zu bemühen als auch Vorbild zu sein.

Im Zentrum der Etikette steht der Respekt: Respekt meint dabei eine innere Haltung der Würde und Würdigung. Nach Wolters bedeutet Würde die Empfindung und den Ausdruck einer gewissen Feierlichkeit, Erhabenheit, Ernst, Anstand, Selbstachtung und Stolz. In der Etikette hat der RESPEKT gegenüber:

- sich selbst,
- dem anderen und
- dem Weg gegenüber

einen hohen Stellenwert.[31] Ein weiteres Ziel besteht darin, durch die Etikette die Schülerinnen und Schüler zur Demut zu erziehen, d.h., durch die Übung der Demut soll Selbstlosigkeit entwickelt und „Edelmut" kultiviert werden. Die Demut definiert die Ritterlichkeit des „Friedvollen Kriegers oder der Friedvollen Kriegerin".[32]

Um eine nähere Erläuterung zu geben, was man unter einen „Friedvollen Krieger" versteht, werden einige Leitsätze eines „Friedvollen Kriegers" oder einer „Friedvollen Kriegerin" vorgestellt:

1. „Der „Friedvolle Krieger" ist ein zum Sanftmut fähiger und Gewaltverzicht entschlossener „Ritter".
2. Den Kampf mit sich selbst führt er nicht im DOJO – sein Schlachtfeld ist der Alltag als Übung.
3. Er praktiziert die höheren Kampfkünste des Budo als Weg der Selbsterfahrung, -erforschung und -erkenntnis".[33]

## Was hat die Etikette mit Gesundheit zu tun?

Interessant ist die Verbindung zwischen Etikette im Dojo einerseits sowie die Etikette im täglichen Alltag andererseits. Man kann annehmen, dass die Etikette der Kampfkünste ein geeignetes Medium ist, um die von der WHO genannten „LIFE SKILLS" auszubilden, vorrangig die Selbstwahrnehmung und Empathie sowie die Kommunikation und Interaktion. Aus psycho-sozialer Sicht wird angenommen, dass die Entwicklung von Selbstwahrnehmung und Empathie zur Steigerung des Selbstwertgefühls beiträgt und das Erlernen von Kommunikationsfähigkeiten Störungen in den zwischenmenschlichen Beziehungen vermeiden hilft, bei produktiver Konfliktlösung einsetzbar ist und damit das Wohlbefinden erhöht.[34] Der absolute Gewaltverzicht ist Voraussetzung, um ein „Friedvoller Krieger" oder eine „Friedvolle Kriegerin" zu sein.

Ein Ziel der Gesundheitsförderung ist es ebenfalls, die Menschen zu einer friedvollen Kommunikation und Interaktion zu erziehen. Die Etikette ist eine geeignete Methode dazu. Vor allem Kinder und Jugendliche könnten sich mit dem „Friedvollen Krieger" oder der „Friedvollen Kriegerin" gut identifizieren. Eine Möglichkeit wäre, in der Schule oder sogar bereits im Kindergarten gesundheitsfördernd zu arbeiten. Denkbar wäre die Einführung von Gesundheitstagen. Die Etikette und deren Prinzipien sind absolut sinnstiftend demzufolge salutogen.

### Zazen-Meditation und Atemübungen

Die positive Wirkung der Zazen-Meditation auf die Psyche ist vielfach nachgewiesen worden.[35] Die Meditation erleichtert, über sich und sein Verhalten nachzudenken, sich „neutral" wahrzunehmen und sich selbst mit „Abstand" zu betrachten. Es hilft uns dabei, den Weg für die Realität zu schärfen, und sensibilisiert die Persönlichkeit für äußere und innere Eindrücke. Außerdem ist die Meditation eine Möglichkeit, die Konzentrationsfähigkeit zu schulen.

Durch eine bestimmte Atemtechnik lassen sich muskuläre Verspannungen lösen. Dadurch kann das allgemeine Wohlbefinden gesteigert werden. Atemübungen dienen nicht nur der Entspannung und verhelfen zu einer angestrebten inneren Ruhe, sondern fördern auch die aktive Aufmerksamkeitslenkung.[36] Begibt sich ein Mensch in die Situation der Entspannung/ Meditation, so hat das physiologische Reaktionen zur Folge. Durch die Entspannungsübungen wird eine allgemeine Muskelentspannung hervorgerufen, was eine periphere Gefäßerweiterung ermöglicht, „die vom Übenden als Wärme empfunden wird"[37]. Darüber hinaus sinkt die Atemfrequenz bei zunehmender Bauchatmung und einer stabilen Herz- Kreislauffunktion.[38] Nach Lange (1992) stehen mentale und neuromuskuläre Erscheinungen in einem interdependenten Zusammenhang. Man kann also sagen, dass es bei neuromuskulärer Entspannung bzw. Wohlfühlen auch zu einer mentalen, also geistigen Entspannung kommt. Das kann heißen, dass eine Person in einer Stresssituation Entspannungsverfahren anwendet und sich danach besser fühlt und andere Probleme besser zu lösen vermag, da sie mentale Energie gesammelt hat. Wie schon erwähnt, nimmt die Atmung bei der Meditation einen wichtigen Stellenwert ein. Richtiges Atmen ist Voraussetzung für eine angemessene Entspannung.

### Das Atmen

Der Atemprozess hat Auswirkung auf das gesamte psychische Wohlbefinden. Mithilfe der Atmung können Erregungszustände beeinflusst werden und somit die Befindlichkeit des Menschen.[39] Es besteht ein enger Zusammenhang zwischen der Atmung und den Emotionen, d.h., emotionale Änderungen führen unweigerlich zu einer Änderung des Atemverhaltens

### Zazen, Meditation und Gesundheit

In der Wissenschaft scheint es eindeutig bewiesen zu sein, dass durch Meditation die emotionale Befindlichkeit einer Person positiv gesteigert werden kann. Dabei nimmt die Atemtechnik einen hohen Stellenwert ein, da physiologische und psychologische Veränderungen in Richtung des positiven Gesundheitsverständnisses vollzogen werden können. Meditation bedeutet die ununterbrochene Konzentration auf einen Punkt. Durch die Übung steigt die Konzentrationsfähigkeit während der alltäglichen Handlungen. Zielstrebigkeit und Willenskraft werden entwickelt.

Die Fähigkeit, die „kleinen Dinge des Lebens genießen" zu können, werden durch die Meditation wieder erlernt. Das würde bedeuten, dass durch Meditation das psychische Wohlbefinden einer Person gesteigert bzw. gefestigt werden kann. Meditation ist also eine mögliche Methode zur Erhaltung der Gesundheit. Durch die Meditation nimmt man sein eigenes Ich war, d.h., durch das Üben von Zazen wendet man sich seiner emotionalen Befindlichkeit zu. Zazen ist eine geeignete Methode zur Selbstreflexion.

### Das „WEG-LEHRE-PRINZIP"

Das „Weg-Lehre-Prinzip" geht zurück auf die Traditionen der Kampfkünste. Durch diese Prinzipien sollen die Schüler das Wesen des Budo kennenlernen und nach gewissen Regeln leben. Diese Regeln sollen ihnen dabei helfen, mit dem Leben besser klarzukommen und gesteckte Ziele und Wünsche zu erreichen. Die Regeln, die im jeweiligen Kampfkunstsystem erlernt werden, haben immer den Bezug zum Alltag, d.h., das, was Budo lehrt, muss und kann auch im Alltag angewendet werden. Eine kurzes Beispiel: Als oberstes Ziel der Kampfkünste gilt es, niemals Gewalt anzuwenden und seine Mitmenschen als Partner und Freunde anzusehen, soweit das möglich ist. Die Übertragung in den Alltag besteht in diesem Fall darin, dass Gewaltanwendung jeglicher Art außerhalb des Dojo untersagt ist. Der Budoka muss bei Verletzung der Etikette die Kampfkunstschule bzw. das Dojo sofort verlassen.

Wie schon dargestellt, ist Budo eine Methode zur Entwicklung und Stabilisierung der Persönlichkeit. Im Folgenden werden drei Prinzipen vorgestellt:

### *Shu-ha-ri*
Zum ersten Leitsatz zählt das Prinzip des *Dokan*[40]. Es gibt keinen Anfang und kein Ende. Für die pädagogische Vermittlung bedeutet Dokan Folgendes: Man sollte den Schülern erklären, dass sie sich immer ihren Schwächen und natürlich auch ihren Stärken bewusst sein sollten. Arroganz ist dabei nicht erwünscht, selbst wenn sie eine Technik perfektioniert haben.

Es gibt keinen Anfang und kein Ende. Jeder ist Übender. Auch wenn man persönlich der Auffassung ist, dass man am Ende seiner Perfektion ist, wird man zwangsläufig feststellen müssen, dass es dennoch Schwächen geben kann. In Bezug auf Gesundheit könnte man sagen, dass die Gesundheit kein statisches Gebilde ist, sondern immer wieder neu hergestellt werden muss. Die Schülerin oder der Schüler hat dabei beachten, dass man sich immer wieder um die eigene Gesundheit bemühen muss. Das kann auch bedeuten, dass die Schülerinnen und Schüler sich immer wieder ihre momentane Situation ins Gedächtnis rufen und sich selbst Fragen stellen, wie z.B.: „Halte ich die Etikette der Kampfkünste ein?" oder „Habe ich immer noch den Anfängergeist, wie vor einem Monat?" oder „Halte ich mich immer noch an den Regeln der Friedvollen Krieger?" usw. Wichtig dabei ist der Transfer auf den Alltag der Budokas.

### Der Sensei – der „Meister"

Der *Sensei* nimmt einen hohen Stellenwert ein, insbesondere am Anfang einer Ausbildung zum Budoka. Als Vorbild hat er vor allem zu Beginn die Verantwortung gegenüber den Schülern, diesen das Wesen des Budo zu vermitteln. Ein wichtiges Ziel der Gesundheitsförderung ist die Erhöhung des Selbstwertgefühls. In Abschnitt über „Emotionale Empfindlichkeit und Gesundheit" wurden einige Untersuchungen zur Erhöhung des Selbstwertgefühls vorgestellt. Ein wichtiger Komplex der Untersuchung war das Feld *Vergleichsgruppen und -personen.* Es wurde deutlich, dass eine partielle Selbsteinschätzung kurzfristig generalisiert, d.h., das gesamte Selbstwertgefühl beeinflusst wurde. Als Lehrer, Meister oder Sensei hat man einen starken Einfluss auf das Selbstwertgefühl der Schülerinnen und Schüler. Daher sollte der Sensei genau darauf achten, welche Aufgaben gestellt werden und anhand welcher Mittel den Schülern das Wesen des Budo vermittelt wird.

### „DO" – DER WEG

Ohne Bescheidenheit ist kein Fortschritt möglich. Es gibt kein Ende des Weges. Der Schüler oder der Meister befindet sich immer in einem Prozess des Lernens. Die Schüler sollen zur Bescheidenheit und zum Anfängergeist erzogen werden, d.h., sie sollen sich darin üben, sich ihrer eigenen Schwächen bewusst zu werden. Wichtig beim Prozess des Lernens ist es, nicht aufzugeben und seinen individuellen Weg zu gehen. Hier ist es von Bedeutung, die erworbenen Kenntnisse in den Alltag zu transferieren. Im Alltag könnte eine schwierige Prüfung zu Nervosität und Unbehagen führen. Mithilfe von Budo kann die Bewältigung dieser Prüfung mit einer inneren Ruhe erfolgen. Wenn der Abschnitt des Wegs erfolgreich gemeistert wird, steigt das Selbstwertgefühl an. Das Machbarkeitsgefühl wird daraufhin gestärkt.

### Das „Üben" im Budo

Weg und Ziel im Budo ist die Übung selbst. Der „besondere Geist des Übens" und der pädagogische Wert dieser „Budo-Didaktik" zielen auf Persönlichkeitsförderung ab. Derentwillen praktizieren viele Menschen Budo. Durch die Übung wird versucht, bereits Gelerntes zu festigen und zu verbessern, unter verschiedenen, auch erschwerten Bedingungen wird das Gelernte wiederholt. Das didaktische Element des Übens ist vom Lernen zu unterscheiden. Gerade beim Üben komplizierter Bewegungen, die im Prinzip schon gekonnt werden, lassen sich wichtige neue Erfahrungen in der Sache und auch in Bezug auf die eigene Person machen.[41] Das Üben ist ein wesentliches Merkmal der Kampfkünste. Durch die Betonung des Weges bekommt das ÜBEN eine Bedeutung.[42] Durch das ständige Üben einer Form oder durch das ständige Üben von Zazen soll die ganzheitliche Aufmerksamkeit wieder herausgebildet werden.

Das Budo-methodische Prinzip des Übens hat das Ziel, die ganzheitliche Aufmerksamkeit des Menschen zu fördern. Nach dem asiatischen Verständnis, wird der Mensch, wenn er nur nachdenkt, schnell „kopflastig". Durch dieses einseitige Denken läuft der Mensch Gefahr, in eine von der konkreten Praxis abgehobene und von Vorurteilen geprägte Scheinwelt abzugleiten.[43] Das Prinzip des ständigen Übens bezieht sich auf alle Handlungen, ob es im Alltag ist oder im Dojo. Wichtig ist, dass die Aufmerksamkeit nicht einseitig ausgerichtet ist. Das Training hilft dabei, sich auf das „Hier und Jetzt" zu konzentrieren und sich somit ganzheitlich zu erfahren. Anscheinend braucht die heutige Leistungsgesellschaft wieder „einfache Prinzipien", wie das eben vorgestellte Prinzip des „Hier und Jetzt", da die heutige moderne Zivilisation zu viele Reize auf den Menschen ausstrahlt. Der Mensch ist nicht dafür konzipiert, sich immer stärkeren Reizen auszuliefern.[44]

Im Leistungssport soll die Übung zu einer perfekten Leistung führen. Mit dem Erreichen dieser sicht- oder messbaren Leistung hat die Übung im Leistungssport ihren Zweck erfüllt. In den Budo-Disziplinen hat die Übung jedoch einen doppelten Sinn, denn hier gilt die Übung als Weg nicht nur zur Erlangung einer vorzeigbaren Leistung, sondern auch als Übung zur inneren Reife. In der westlichen Denkweise steht dagegen meistens der Leistungsgedanke im Vordergrund, d.h., ein genau definiertes Ziel muss erreicht werden, und somit steht die Zeitfrage an erster Stelle. Im asiatischen Denken wird die Zeitfrage überhaupt nicht angesprochen.[45]

### Zwischenfazit

Präventive und gesundheitsfördernde Maßnahmen beginnen anscheinend zu spät. In einigen wissenschaftlichen Arbeiten wird darauf aufmerksam gemacht, dass die Zielgruppen der gesundheitsfördernden Maßnahmen zu alt sind, bzw. dass die präventiven Maßnahmen schon im Kindesalter von fünf bis sieben Jahren eingesetzt werden sollten.[46] Das Ministerium für Arbeit, Gesundheit und Sozialordnung von Baden-Württemberg stellte fest, dass

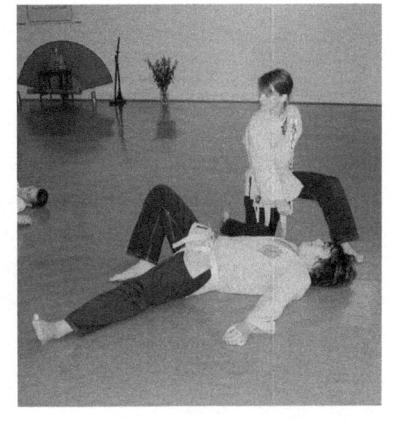

familienergänzende Erfahrungsräume an Bedeutung zunehmen. Zu diesen Erfahrungsräumen zählen Kindertagesstätten, Schulen und ähnliche Institutionen. Anhand dieser Ergebnisse wird deutlich, dass es immer wichtiger wird, bereits im Kindergarten gesundheitsfördernde Projekte ins Leben zu rufen. Entscheidend ist aber, dass ähnliche Projekte dann auch an Schulen angeboten werden, damit die gesundheitsfördernde Erziehung fortgeführt werden kann. Genau hier kann Budo ansetzen und versuchen gesundheitsfördernde Projekte zu konzipieren.

## Gesundheitsförderung an Schulen

Die Schule nimmt einen wesentlichen Platz im Bereich der öffentlichen und privaten Gesundheitsförderung ein. Aus diesem Grund eignet sich die Schule für die Ausführung von gesundheitsfördernden Maßnahmen. Denn wie keine andere Institution bietet die Schule den Zugang zu fast allen Kindern und Jugendlichen, strukturiert und bestimmt dabei einen relevanten Teil ihrer Lebenszusammenhänge. Empirische Untersuchungen allerdings belegen, dass die Schule für viele Schülerinnen und Schüler psychisch stark belastend ist. Versagensängste, Leistungsdruck, Prüfungsstress sind nicht nur Lernkiller, sondern oft Ursachen psychosomatischer und körperlicher Erkrankungen.[47] Nach Ratschinsky (1996) ist die soziale Dimension der wichtigste Aspekt einer ganzheitlich konzipierten Gesundheitsförderung, denn viele Probleme, die sich in den Schulen ergeben sind sozialer Art.[48] Mit sozialer Art meint er z.B. die zunehmende Gewalt an Schulen, Stress an den Schulen und der soziale Umgang miteinander.

### Gesundheitsförderung an Schulen durch Budo

Budo kann eine geeignete Methode sein, gesundheitsfördernd zu arbeiten. An einigen Schulen wurden Projekte ins Leben gerufen, um die Persönlichkeit der Schülerinnen und Schüler positiv zu beeinflussen. Bei einigen Projekten ging es auch um die Prävention von Gewalt und Aggressionen an Schulen.[49] Dass durch Budo die Aggressionen der Menschen abgebaut werden können und parallel die soziale Orientierung steigen kann, wurde in einer empirischen Untersuchung von Wolters nachgewiesen.[50] Bei dieser Untersuchung handelte es sich um inhaftierte Jugendliche. Ob diese positiven Ergebnisse auf die ebenfalls Schule zutreffen, muss erst noch wissenschaftlich bewiesen werden. Dennoch kann Budo bereits in der Schule einen erheblichen Teil dazu beitragen, gegen Aggressionen und Gewalt zu arbeiten.

### Mögliche Durchführung eines „Gesundheitstages" durch Budo

Es können so genannte „Gesundheitstage" an den Schulen etabliert werden. Ziel eines solchen Projekts ist es, kontinuierlich über das Schuljahr mit den Kindern und Jugendlichen zusammenzuarbeiten. Während der Zusammenarbeit werden verschiedene Themen behandelt, wobei nicht nur praktisch gearbeitet wird, sondern auch theoretisch. Die Gesundheitstage können unterschiedliche Themen aufgreifen, wie z.B.

- Entspannung und Stressbewältigung: „Welche Methoden helfen mir, damit ich nicht immer so unruhig bin bzw. damit ich ruhig bleibe" etc.,
- Gewalt an unseren Schulen,
- „Ich bin Ich"- Selbstwertsteigerung,
- Meditation oder
- Kommunikation und Interaktion: „Wie gehe ich mit meinen Mitschülern um?" etc.

Die optimale Zusammenarbeit zwischen Budo-Pädagogen/innen und Schulleitung müsste bereits mit dem Eintritt der Kinder in die Schule beginnen. Die Einführung der „Gesundheitstage" müsste so früh wie möglich erfolgen. Um diesen vielleicht utopischen Vorschlag zu realisieren, benötigt man ein kompetentes Team, das aus Budo-Pädagogen/innen und Lehrer/innen bestehen würde. Voraussetzung hierfür ist der Wille zur Zusammenarbeit von Seiten der ausgebildeten Budo-Pädagogen/innen und den Schulen.

Das Problem besteht nun darin, dass in der Öffentlichkeit Budo oft mit dem Kampf gleichgesetzt wird (Kumite). Die anderen Elemente dieser Kampfkunst, die in der Praxis den gleichen Stellenwert haben, sind meist unbekannt. Genau aus diesem Grund ist es nicht einfach, mit Budo an die Schulen bzw. Kindertagesstätten zu gelangen. Budo ist dennoch eine geeignete Methode, um an den Schulen gesundheitsfördernd zu arbeiten. Doch aufgrund der aktuellen Situation, dadurch, dass Kampfsportarten mit Schlagtechniken im Schulsport nicht zulässig sind, wird es schwierig Budo in den entsprechenden Institutionen zu etablieren.

In einzelnen Bundesländern wurde Budo dennoch in den Schulsport integriert. Das Problem liegt wahrscheinlich an der Unkenntnis der meisten Eltern, Lehrerinnen und Lehrer über das eigentliche Wesen des Budo. Es ist demnach Aufklärung in zweierlei Hinsicht nötig: Zum einen sollen geistige und ethische Rituale der Kampfkunst transparent gemacht werden, um sie dann in zutreffender Weise dem Publikum zu vermitteln und ihnen gegenüber bestehende Vorurteile abbauen zu können. Zum anderen müssen die maßgeblichen Ausprägungen, die dem Wesen von Karate entstammen, dargestellt und anhand von empirisch belegbaren und nachvollziehbaren Fakten wissenschaftlich gestützt werden.[51]

## FAZIT

Budo ist eine geeignete Methode, um die Gesundheit der Menschen zu fördern, da das Ziel des Budo darin besteht, den Alltag friedfertig und erfolgreich zu bewältigen. Das neue Gesundheitsverständnis innerhalb der wissenschaftlichen Bereiche lehrt uns, wie wir unseren Alltag erfolgreich bewältigen und dass wir an unsere eigenen Fähigkeiten glauben sollen. In der Realität haben viele Menschen Probleme, ihre Fähigkeiten optimal einzusetzen, d.h., den meisten fehlt es an Selbstvertrauen. Vor allem im Kinder- und Jugendbereich ist es notwendig, dieser Lage entgegenzuwirken. Es ist allgemein bekannt, dass fehlendes Selbstvertrauen zur Ausübung von Gewalt und unsozialen Verhalten führen kann. Meiner Meinung nach, ist Budo eine Möglichkeit, den Menschen dabei zu helfen ihre Fähigkeiten wieder zu entdecken. Für uns Budo-Pädagogen/innen bedeutet diese Tatsache, dass wir die positiven Möglichkeiten des Budo in der Öffentlichkeit vertreten müssen. Eine Möglichkeit der Öffentlichkeitsarbeit besteht darin, an die Schulen heranzutreten und mögliche Konzepte vorzulegen. Das Problem jedoch besteht darin, an die Schulen zu gelangen. Zu verdanken ist dies vor allem der Tatsache, dass innerhalb der Bevölkerung eine gewisse Skepsis gegenüber den Kampfkünsten besteht. Es liegt daher ans uns Budo-Pädagogen/innen diese Vorurteile zu beseitigen. Erforderlich hierfür ist die Entwicklung überzeugender Konzepte und Strategien. Nur auf diese Weise ist eine optimale Zusammenarbeit mit den jeweiligen Institutionen möglich.

1   vgl. Turner, K.-V.: Das Schwert der Seele. Weg und Geist des spirituellen Kriegers. Freiburg 2000, S. 13

2   vgl. Krause, C. H.: Ich bin Ich – Gesundheitsförderung durch Selbstwertstärkung. Ein Bericht über ein Projekt zur Gesundheitsförderung in Grundschulen. Göttinger Beiträge zur erziehungswissenschaftlichen Forschung Nr. 15 1998; zitiert nach WHO 1986

3   vgl. Krause, 1998, S. 3

4   vgl. Becker, Peter: Psychologie der seelische Gesundheit. Band 1: Theorien, Modelle, Diagnostik. Göttingen 1995, S. 53

5   vgl. Becker, 1995, S. 186

6   vgl. Abele, A. & Becker, P. (Hrsg.): Wohlbefinden – Theorie – Empirie – Diagnostik. Weinheim, München 1991, S. 13

7   vgl. Abele/Becker, 1991, S. 15

8   vgl. Becker, 1995, S. 23

9   vgl. Antonovsky, A.: Gesundheitsförderung versus Krankheitsforschung. In Franke, A./Broda, M. (Hrsg.): Psychosomatische Gesundheit: Versuch einer Abkehr vom Pathogenese-Konzept. Tübingen 1993: Forum für Verhaltenstherapie und psychosoziale Praxis, Bd.20, 1993, S. 3–14

10  vgl. Veidt, A.: Wie und warum bleiben Menschen gesund? Salutogenese – individuelle und soziale Ressourcen stärken. In: Prävention 2/1998, 21.Jahrgang. S. 46 f.

11  Die Diskussion einer Salutogenese versus Pathogenese fasste Antonovsky (1993) mit folgender Metapher zusammen: „Ich gehe davon aus, dass wir alle, bildlich gesprochen, während unseres Lebens in einem Fluss voller Gefahren schwimmen. Oder, um eine (…) Metapher zu wählen, dass wir alle eine lange Skipiste herunterfahren, an deren Ende ein unumgänglicher und unendlicher Abgrund ist. Die pathogenetische Orientierung beschäftigt sich hauptsächlich mit denjenigen, die an einen Felsen gefahren, mit einem Baum oder mit dem Skifahrer zusammengestoßen sind oder in eine Gletscherspalte fielen. Weiterhin versuchen sie uns zu überzeugen, dass es das Beste ist, überhaupt nicht Ski zu fahren. Der salutogenetische Ansatz beschäftigt sich damit, wie die Piste ungefährlicher gemacht werden kann und wie man Menschen zu sehr guten Skifahrern machen kann." (Zitiert nach Antonovsky, 1993, S. 11)

12  vgl. Veidt in: Prävention 2/1998, 21. Jahrgang, S. 46

13  vgl. Antonovsky, 1993, S. 4

14  vgl. Stone, U.: Gesundheit und Schule- Empfehlungen des für Bildung zuständigen Bundesministers. In: Prävention 4/1995, 18.Jahrgang. S. 107

15  vgl. Krause, 1998, S. 6

16  vgl. Krause, 1998, S. 7

17  vgl. Schneider, V.: Gesundheitsförderung heute: Möglichkeiten, Grenzen und Konzepte. Freiburg i. Br. 1993, S. 77

18  vgl. Krause, 1998, S. 16

19  vgl. Krause, 1998, S. 17, zitiert nach Filipp, S.-H.& Frey, D.: Das Selbst. In: Funkkolleg Psychologie. Verhalten bei Mensch und Tier. Studienbegleitbrief 8, hrsg. v. Dt. Inst. für Fernstudien an der Uni Tübingen. Weinheim, Basel; 1987, S. 36

20  vgl. Krause, 1998, S. 17

21  vgl. Frey, D./Benning, E.: Das Selbstwertgefühl. In: Emotion und Kognition, hrsg. von Mandl H./Huber G. L., München 1983, S. 149

22  vgl. Krause, 1998, S. 18, zitiert nach Ernst, H.:Gesundheitsressourcen im Alltag. In: Lutz, R./Mark, N. (Hrsg.) Wie gesund sind Kranke? Göttingen 1995

23  vgl. Frey/Benning, 1983, S. 151 ff.

24 vgl. Wolters, J.-M.: „BUDO". Arbeitsunterlagen zum Seminar 10.12–12.12.1999. Weiterbildung zum BudoPÄDAGOGEN/INNEN, Dez. 1999, Material „Budo", S. 1

25 vgl. Wolters, J.-M.: Soziale Sporttherapie; In: Stimmer, F. (Hrsg.): Lexikon der Sozialpädagogik und Sozialarbeit; München, 2000, S. 653

26 vgl. Wolters, J.-M.: Kampfkunst als Gewaltprävention – Eine Zusammenfassung von Guido Francescon. In: Kampfsport als Gewaltprävention? Kampfsport als Gewaltprävention! Dokumentation einer Fachtagung am 28.10.2000; Landessportbund Hessen e.V.; S. 19 (unveröffentlicht)

27 vgl. Wolters, 1999, S. 3

28 vgl. Queckenstedt, H.: Der spirituelle und meditative Aspekt des Budo. Arbeitsunterlagen zum Seminar 10.12.–12.12.1999. Weiterbildung zum Budopädagogen. Gauting 1999 (unveröffentlicht), S. 4

29 vgl. Droste, I./Robben-Pohle, C.: Motivation und Orientierung bei Streßbewältigung und Entspannung. In: Prävention 3/1996, 19. Jahrgang, S. 99

30 vgl. Wolters, 1999, „Material Etikette", S. 4 ff.

31 vgl. Wolters, 1999, „Material Etikette", S. 8 f.

32 vgl. Wolters, 1999, „Material Etikette", S. 10 ff.

33 vgl. Wolters, 2000, Fachtagung, S. 18

34 vgl. Krause, 1998, S. 7

35 vgl. Wolters, J.-M.: Über Karatedo und Gewaltbereitschaft; In: Liebrecht, E. (Hrsg.): Geist -Technik – Körper. Schriften zu den Hintergründen der Budo-Künste. Band II; Landau, 1993, S. 108

36 vgl. Petermann, Ulrike & Franz: Entspannungsverfahren bei Kindern und Jugendlichen. In: Vaitl, D./Petermann, F. (Hrsg.): Handbuch der Entspannungsverfahren. Weinheim 1993, S. 327

37 vgl. Lange, R.: Entspannung, Körpererfahrung, Meditation- Ein Beitrag zu einer ganzheitlichen Gesundheitserziehung. In: Theorie und Praxis Sankt Augustin: Academica 1992, S. 24

38 vgl. Lange, 1992, S. 26

39 vgl. Förster, A.: Atmung und Bewegung: Über die psycho-physiologische Wirkung von Atemübungen auf dem Organismus: In: Funke, J./Treutlein, G./Sperle, N. (Hrsg.): Körpererfahrung in traditionellen Sportarten. Wuppertal 1986, S. 268

40 Dokan bedeutet der Weg ist eine Kreis.

41 vgl. Grupe, Ommo/Krüger, Michael: Einführung in die Sportpädagogik. Schorndorf 1997, S. 80

42 vgl. Förster, 1983, S. 35

43 vgl. Tiwald, H.: Psycho-Training im Kampf- und BUDO-Sport: zur theoretischen Grundlegung des Kampfsports aus der Sicht einer auf dem Zen-Buddhismus basierenden Bewegungs- und Trainingstheorie. 1981, S. 45

44 vgl. Dürckheim, K. Graf: Sportliche Leistung – Menschliche Reife. Referat vor der Bundestagung der Deutschen Olympischen Gesellschaft. Frankfurt a. M. 1969, S. 8 ff.

45 vgl. Bonfranchi, R.: Judo mit Lern- und Geistigbehinderte. In: Praxis der Psychomotorik, 3/1979, S. 91

46 vgl. Blank, J./Windisch, R.: Zur Notwendigkeit eines Paradigmawechsels in der professionellen Haltung. In: Prävention 1/1997, 20. Jahrgang, S. 12

47 vgl. Paulus, Peter: Die gesunde Schule. In: Schulische Prävention und Gesundheitsförderung. 1996, S. 16

48 vgl. Ratschinsky: In: Schulische Prävention und Gesundheitsförderung. o. O. 1996, S. 17

49 vgl. Krause, 1998, S. 14

50 vgl. Wolters, J.-M.: Erlebnisorientierter Sport mit gewalttätigen Jugendlichen; In: Zeitschrift für Erlebnispädagogik, 9/1994, S. 55

51 vgl. Liebrecht, E. (Hrsg.): Geist-Technik-Körper. Schriften zu den Hintergründen der Budo-Künste, Band II, Landau (Universitätsverlag), 1993, S. 10 f.

武道
教育
学

武道

# Budo-Pädagogik

## Perspektiven

Jörg-Michael Wolters

# Budo, Budo-Pädagogik und die Perspektiven

### Anstelle eines Nachworts

Ob Taiji in der Schule, Kung Fu im geschlossenen Kinderheim, Karate im Knast, Judo in der Kinder- und Jugendpsychiatrie, Aikido mit geistig Behinderten, Taekwondo im Krankenhaus oder Yoga mit Blinden – beinahe alle Kombinationen von Budo-pädagogisch akzentuierten Kampfkünsten und besonderen Zielgruppen sind möglich und weitestgehend auch bereits in verschiedenen durchaus erfolgreichen Projekten in der Praxis erprobt. Die Budo-Pädagogik als neue Disziplin und in den letzten Jahren sich zunehmend etablierende sozial-, heil- und sonderpädagogische Methode hat durch die Qualifizierung geeigneter Profis mittlerweile eine feste, ebenso theoretisch fundierte wie praktisch bewährte Basis in erzieherischen, sozialen und auch therapeutischen Feldern.

Auch im Personal- und vor allem Führungskräfte-Coaching gewinnt die Budo-Pädagogik bzw. die Anwendung passender Budo-pädagogischer Elemente und Bausteine an Bedeutung, womit dieser noch junge Ansatz mit jedem neuen, auf unterschiedliche Adressaten zugeschnittenen Konzept an Vielfalt und Tiefe zunimmt. Die innovative Potenz der Budo-Pädagogik als eigenständiges Instrument der Bildung und des Lernens, der Förderung von Persönlichkeit und Verhalten, des Ausbaus und Trainings von Fähigkeiten und Fertigkeiten im Kontext von Pädagogik, Therapie und Coaching scheint auch ob der Vielfalt möglicher Variationen von Angebot und Zielgruppe noch zu wachsen.

Die grundlegenden, vor allem die für die besondere Wirksamkeit wesentlichen Bausteine der Budo-Pädagogik (trotz der Unterschiedlichkeit von „weichen chinesischen" und „harten japanischen" Budo-Systemen) verbinden auf essenzielle Weise alle hier behandelten traditionellen fernöstlichen Kampfkünste miteinander. Dies ist auch der Grund dafür, dass persönliche Vorlieben und Präferenzen, Neigungen und Kompetenzen der Anbieter sowie sach- und zieldienliche Modifikationen in Auswahl und Anwendung von Inhalten „frei" wählbar bleiben. Einzig die Zielgruppe und ihr konkreter Bedarf definieren den Arbeitsauftrag und die professionelle Vorgehensweise.

Natürlich kann nicht jede/r alles, weil die eigene ausgeübte und das Lehren erst legitimie-rend gekonnte Budo-Disziplin notwendige Prioritäten setzt, sofern man nicht aus dem Pool auch anderer Budo-Künste ausreichend schöpfen und jene Elemente übernehmen bzw. ver-wenden kann, um die Grenzen eigener Budo-Bezogenheit und somit -„Blindheit" zu über-winden. Manche Budo-Künste sind von vornherein für bestimmte Zielgruppen geeigneter als für andere, wie z.B. die extrem offensiv agierenden Nahkampf-Kung Fu-Stile (Wing-Tsun WT, VT, WC, VC usw.) eher für solche Menschen gedacht sind, denen es an Aggression, Aggressivität, an Aktivität und Energie, Durchsetzungswillen usw. mangelt, denn diese Budo-Kampfkunst zielt primär auf Energetisierung, Initiative, auf Empowerment ab. Sie wäre (pädagogisch, therapeutisch) für ohnehin aggressive, sehr expansive Menschen nicht die erste Wahl, dies würde eher für introvertierte, ängstliche oder depressive passen. Die Tat-oder gar „Täter"-Typen würden sicher eher von „beruhigenden" (Cool-down-) Systemen profitieren, während die eher Tatlosen oder „Opfer"-Typen wiederum weniger von Taichi o. Ä. hätten, es sei denn, es handelte sich um eine dynamische, expressiv-powervolle Variante (z.B. mit Schwert). Aber auch das ansonsten verbreitete eigentlich eher (Real-)Kampf-orientierte WT lässt sich statt aggressionsfördernd auch „taoistisch", sensibel, sinneswahr-nehmend und -schulend, ja meditativ-spirituell praktizieren …

So gibt es bald unzählige Variationen. Und doch: Die Klientel bestimmt das Vorgehen, das, was sie an professioneller Hilfe benötigen und erwarten. Nicht die eigene Budo-Disziplin. Eine Meisterin, ein Meister eines Kampfkunstsystems zu sein, ist ganz klar von Vorteil (Autorität), jedoch ist auch die Fähigkeit, für die Zielgruppe und den Arbeitsauftrag geeignete Übungen aus anderen Systemen und Stilen zu übernehmen und anzuwenden, eine hohe Budo-pädagogische Fachkompetenz. Schließlich gilt es, jene Übungen aus dem gesamten Budo-Repertoire (seines eigenen Systems oder eben auch aus anderen) zu wählen und zu einem Programm zusammenzustellen, das das Ziel (und die Teilnehmer) auch erreicht. Nur das verdient den Namen „professionell". Hier ist noch nicht die gesamte Breite ausgeschöpft, noch nicht die gesamte Tiefe dessen, was möglich (wie sinnvoll und verantwortbar) ist, ausgelotet.

Perspektivisch mag die Voraussetzung, in einer Kampfkunst hinreichende Erfahrungen zu besitzen, für die zukünftige Ausbildung zu Budo-Pädagoginnen und -Pädagogen ein „Hemmschuh" sein, denn derart doppelt Qualifizierte (nämlich Budoka und Pädagoge zu sein), findet man nicht zuhauf – und natürlich immer weniger (je mehr wir von den wenigen bereits ausgebildet haben). Budo-Pädagogik wird somit kein Mode- oder gar Massen-phänomen werden können. Aber darin liegt natürlich auch eine besondere Chance von Qualitätssicherung – sofern dem Wildwuchs jener, die ohne jede Qualifikation und Kompe-tenz (als bloße Kampfsportler) auf den „Zug aufspringen" wollen, Paroli geboten wird.

Scharlatanerie und Größenwahn scheinen leider in der Szene durchaus verbreitet zu sein, denn hier darf ja ungeschützt jede/r sich zum „Meister" aufschwingen und vom Ruf der seriösen Lehrer und Profis, hier besonders der Budo-Pädagogen, zu profitieren. Ihre dilettantische Arbeit (gern als Anti-Gewalt-Kurs etikettiert) gefährdet das Renommee der ordentlich ausgebildeten Fachleute, aber auch des Budo insgesamt.

Um so mehr müssen die Standards der Aus- und Weiterbildung, wie sie vom Institut für Budo-Pädagogik in Stade entwickelt wurden, am Institut für Jugendarbeit Gauting im letzten Jahrzehnt der Ausbildung etabliert sind und vom Berufsverband der Budopädagogen BvBP vertreten werden, hoch gehalten werden.

Viele Sportverbände haben versucht, „nachzuziehen" und legen ihrerseits pädagogische Fortbildungen für ihre Mitglieder auf. Das wird ebenso begrüßt, wie gleichzeitig als nicht ausreichend zur Qualifizierung für „unsere" Aufgaben bewertet, sind doch unserer Adressaten nicht die, die im „normalen" Sportverein trainieren, sondern die, die besondere Schwierigkeiten haben … oder machen, und uns als professionelle Experten auf den Plan ruft. Dennoch: Für das Budo wie auch die Kampfsportszene ist die Budo-Pädagogik eine Bereicherung, wenn nicht sogar eine Aufwertung.

Welchen thematischen Schwerpunkt neben den hier vertretenen Autoren die Absolventen in ihren bisherigen Abschlussarbeiten gelegt haben, zeigt exemplarisch die (nicht ganz vollständige) nachfolgende Liste:

## Exemplarische Abschlussarbeiten

Tai Ji Quan unter Budo-pädagogischen Aspekten für Kinder im Kinderwohnheim – oder wie man der Frage nachgeht: „Warum kann der goldene Hahn nur auf einem Bein stehen?"
Kampfkunst als heilpädagogische Maßnahme. Shorinji-Ryu-Karate-Do mit Morbus Menière- und Tinnitus-Betroffenen
Budo-Pädagogik als Element im Konfliktmanagement
Budo-Pädagogik und WingTsun in der Drogentherapie
Aikido – Anwesenheit im Körper, Freiheit in der Bewegung. Projektbericht: Budo-Pädagogik im Rahmen ambulanter Psychiatrienachsorge
Budo-Pädagogik in der Arbeit mit benachteiligten männlichen Jugendlichen am Beispiel der Kampfkunst Aikido
Friedliche Jungs durch Kampfkunst. Ein Budo-pädagogisches Konzept im Aiki Jiu Jitsu-Unterricht für männliche Kinder und Jugendliche zur Verminderung der Gewaltbereitschaft
Zusammenhänge von Budo-Pädagogik und Hooliganismus

Das Original Dschungel-Buch von Rudyard Kipling – Betrachtung unter Budo-pädagogischen Gesichtspunkten

Starke Mädchen. Starke Jungs. Stärkung der Persönlichkeit bei Heranwachsenden durch die Arbeit an der inneren und äußeren Haltung, aufgezeigt am Beispiel des Kobayashi-Aikido

Möglichkeiten und Gefahren der Lehrer-Schüler-Beziehung im Budo

Kampfkunst für Hortkinder unter Berücksichtigung von budopädagogischen Erkenntnissen. Am Beispiel einer Kindertagesstätte

Taekwondo aus Budo-pädagogischen Gesichtspunkten mit übergewichtigen Kindern

Die Entwicklung zum friedvollen Krieger/zur friedvollen Kriegerin – Besondere Fragestellung: In welchen Schritten ist die Entwicklung (…) konstruktiv und sinnvoll?

Empowerment durch Budo-Pädagogik für Grundschulkinder

Die Relevanz des Modells der Neuro-Logischen Ebenen des NLP für die Budo-pädagogische Arbeit

Gesundheitsförderung durch Budo

„Starke Kids" – Kampfkunst mit Kindern. Ein Budo-pädagogisches Angebot für Kinder im Alter von 7–9 Jahren unter Berücksichtigung von Elementen des Karate-Do

Kampfkunst Karate-Do als Medium männlicher Identitätsfindung Jugendlicher in der offenen Jugendarbeit

Budo-Pädagogik in einer Hauptschule. Anpassung eines budopädagogischen Konzeptes durch die Situationsanalyse der Gruppe am Beispiel der Aikidogruppe an der Kiderlinschule Fürth

Vergleich Budo-pädagogischer und psychomotorischer Methoden der Persönlichkeitsförderung

Karate-Do als Gewaltprävention an Schulen

Karate-Do in der sozialpädagogischen Arbeit mit verhaltensauffälligen jugendlichen Frauen im Alter von 13–17 Jahren

Budo-Pädagogik als neuer Ansatz. Konzept eines Budo-pädagogischen Aikido-Projekts für sehbehinderte Kinder und Jugendliche

Tischspiel: Budo – Eine fantastische Reise zur eigenen Mitte

Taiji-Schwert mit Kindern und Jugendlichen. Wege zur Sanftmut

Entwicklungs- und Persönlichkeitsförderung für Kinder durch Karate-Do

Kein Anfassen auf Kommando – Ein Budo-pädagogisches Grundschulprojekt zur Prävention gegen sexuellen Missbrauch von Kindern

Budo-pädagogisches WingTsun-Kung Fu mit Alkoholabhängigen

Erzieherische Aspekte der Kampfkünste im Allgemeinen und im traditionellen Aikido Iwama Ryu im Besonderen

Budo-Pädagogik und Arbeitslosigkeit. Karate-Do als Hilfsmittel zur Reintegration von Arbeitslosen in die Gesellschaft

Judo Schule Rehetobel – Konzept: Arbeitsgrundlage der Budo-pädagogischen Arbeit

Aikido: Helfen statt Austricksen

Aikido und kreatives Lernen. Ein ganzheitliches pädagogisches Trainingsprogramm am Beispiel der Legastheniker

Budo für Kids. Ein pädagogischer Beitrag zur Gewaltprävention mittels Kampfkunstunterricht für Kinder im Grundschulalter

Neue Impulse für die Trainerausbildung der Bayerischen Taekwondo Union auf der Grundlage der Budo-Pädagogik

Karate-Do mit gewaltbereiten Fußballfans

Starke Jungs! – Budo-pädagogisches Gewaltpräventions-Projekt für Jungen

Gewalt, Aggression und Mobbing bei Kindern und Jugendlichen im Schulkontext als Budo-pädagogisches Präventions- und Interventionsfeld

Budo-Pädagogik und gestalttherapeutische Möglichkeiten der philippinischen Stockkampfkunst Balintawak

Budo-Pädagogik mittels Kali in einem Projekt für Jugendliche mit Störung des Sozialverhaltens

Budo-Pädagogik im Umfeld politischer Krisenregionen. Ihre möglichen Einflüsse zur Prävention von gewaltbelasteten Beeinträchtigungen

Budo-Pädagogik mit epilepsiekranken geistigbehinderten Menschen am Beispiel der Kampfkunst Taekwondo

Gewalt an Schulen – ein Weg aus der Ohnmacht: Aikido-Coolnesstraining. Ein Budo-pädagogisches Projekt zur Gewalt an Schulen

Shotokan-Karate-Do in der offenen Jugendarbeit. Pilotprojekt eines subjektorientierten Kampfkunstprogramms zur gemeinwesen-orientierten primären Drogenprävention

JuDô in der offenen Jugendarbeit – ein Budo-pädagogisches Projekt

Die Budo-pädagogische Didaktik – Ein möglicher Leitfaden für die praktische Umsetzung Budo-pädagogischer Arbeit an der Schule für Erziehungshilfe – Aufgezeigt am konkreten Beispiel der Kampfkunst Capoeira

Die Grundlagen des Shodo, als unterstützende Einheit einer Budo-pädagogischen Maßnahme

Sechs Prinzipien der Budo-Pädagogik und deren Umsetzung in der Intensiven sozialpädagogischen Einzelbetreuung

Vom Budo zur Budo-Pädagogik – Die Philosophie des Weges aufgezeigt am Beispiel eines Budo-pädagogischen Projektes über ein Selbstwert- und Selbstbewusstseinstraining für junge Mädchen auf der Grundlage der koreanischen Kampfkunst Taekwondo

Aikido gegen ADS. Überlegungen zu einem budo-pädagogischen Angebot für Kinder mit Aufmerksamkeitsdefizit-Syndrom

Budo-Pädagogik in der Musik. Eine Aufstellung der Gemeinsamkeiten zwischen Karate und Musik und was die Disziplin im Karate für einen Musiker, in Körper und Geist, fördern kann

Budo-Pädagogik – Ein geeigneter Weg in der Arbeit mit benachteiligten jungen Menschen in berufsvorbereitenden Maßnahmen zur Kontrolle von Aggressivität und Erweiterung der sozialen Kompetenz?

Budo-Pädagogik am Beispiel von Taekwon-Do-Unterricht mit Kindern

Entwicklungsförderung von Kindern im Alter von 6 – 12 Jahren im physischen, psychischen und sozialen Bereich durch die chinesische Kampfkunst Chi Sim Ving Tsun

Budo-pädagogischer Stockkampf als Konzept zur ganzheitlichen Förderung von adipösen Jugendlichen. Philippinische Kampfkünste für ein positives Körpergefühl

Expansionstraining für durchsetzungsschwache Kinder an Grundschulen

Budo-Pädagogik als Schlüssel zur Entwicklung der emotionalen, sozialen und körperlichen Kompetenz. Philosophie und integrative Praxis ausgewählter fernöstlicher Kampf-, Bewegungs- und Entspannungssysteme für erwachsene Menschen mit kognitiver Behinderung

Budo-Pädagogik mit jungen Frauen, basierend auf Wing Tsun Kung Fu und Yoga

Aikido bei ADS und/oder Störungen des Sozialverhaltens

Budo-pädagogisches Judo mit hör- und sprachbehinderten Kindern

Budo-Pädagogik bei aggressiven, gewaltbereiten Kindern und Jugendlichen im Schulkontext

Konflikte faustlos Lösen. Schulentwicklung als gewaltfreier Prozess an Brennpunktschulen

Budo-Pädagogik als Sonderform bewegungsorientierter Erlebnispädagogik, aufgezeigt am Beispiel des Karate-Do in der Heimerziehung

Ein Budo-pädagogisches Angebot für schüchterne, introvertierte Frauen und Mädchen von 13 bis 17 Jahren

Budo-pädagogische Förderung prosozialen Verhaltens und Persönlichkeitsentwicklung bei Kindern und Jugendlichen

Budo-pädagogisches Karate-Do als eine Methode der Gewaltprävention

Budo-pädagogisches Taekwondo zum Aufbau von Selbstbewusstsein mit gehemmten, ängstlichen und depressiven Patienten in der Kinder- und Jugendpsychiatrie

Takemusu Aiki – Budo-pädagogisches Aikido und seine Wirkungsweise in stationären und teilstationären Einrichtungen. Ein Projekt mit verhaltensauffälligen Kindern und Jugendlichen

Judo-Unterricht mit emotional gestörten Kindern in einer Förderschule für Erziehungshilfe

Sensorische Integration von Kindern mit Problemen in der Wahrnehmungsverarbeitung und Bewegungsentwicklung mittels Budo-pädagogischer Bewegungsmuster

Förderung pro-sozialen Verhaltens bei Kindern von 6 – 9 Jahren durch Budo-Pädagogik mit Judo

## Fazit

Eine weitere wissenschaftliche Fundierung und praktische Erprobung wird der Budo-Pädagogik zu noch mehr Bedeutung und Umsetzung verhelfen. Ihre Vertreterinnen und Vertreter, die sich regelmäßig in festen Fortbildungszyklen treffen, sich in kooperativen Netzwerken engagieren und fachlich weiterqualifizieren (vom „Practitioner"- über den „Master"- und „Instructor"-Grad), arbeiten, im BvBP organisiert und frei, auch an ihrer berufspolitischen Etablierung. Damit wird die aktuelle, bisher stetig gestiegene und mutmaßlich mit zunehmendem Erfolg und Bekanntheitsgrad noch steigende Nachfrage an Budo-pädagogisch ausgebildetem Fachpersonal in erzieherischen, sozialen und therapeutischen Feldern besser befriedigt werden können. Jugend- und Jugendsozialarbeit oder ganz allgemein Pädagogik, Therapie und Coaching dürften an den neuen Konzepten, der Bereicherung des Angebotsspektrums und unverkennbaren besonderen Attraktivität wie Effektivität der Budo-Pädagogik immer mehr Gefallen finden, ja vielleicht eines Tages auch nicht mehr an ihr vorbeikommen können. Für die Adressaten wäre es sicher zum Wohle, der Gesellschaft ein Gewinn.

Jeannine Schröder, Ralf Gelowicz

# Berufung – Beruf – Berufsverband

### Berufung als ideale Grundlage für den Beruf

Sich für etwas berufen zu fühlen, meint im wahrsten Sinne des Wortes, das Verspüren eines Rufes für eine bestimmte Lebensaufgabe. Wie in der Berufsfindung (siehe dazu Abschnitt: Entwicklung im Beruf – orientiert an dem Weggedanken des Budo) fragt sich der Berufene „Wer bin ich?", „Was kann ich?", „Passt die Entscheidung zu meinen anderen Lebensumständen?" und geht somit zu seinen eigenen Wurzeln zurück, um zu erkunden, welcher Beruf geeignet ist? Hier verlassen sich die Menschen nicht nur auf ihre Vernunft, sondern vielmehr auch auf ihr Gefühl. – Ist es stimmig? Liegt mir die Aufgabe? Berufung ist also mehr als eine logische, vernunftbezogene Entscheidung. Sich für einen Beruf berufen zu fühlen, meint nicht nur im religiösen, sondern auch im weltlichen und insbesondere im Sinne der asiatischen Kampfkünste, dass sich der Berufene mit sich im inneren Frieden und innerer Freiheit fühlt. Deshalb kann gesagt werden, dass die Berufung eine Entscheidung des Herzens ist. Ebenso wie der Kampfkünstler mit „Kopf, Herz und Hand" seine Kampfkunst ausübt und auf seinem Weg (Dô) vorangeht.

Es ist daher nicht verwunderlich, dass bei einigen Berufen besonderer Wert auf die Berufung des Einzelnen gelegt wird/gelegt werden sollte: so z.B. Pfarrer, Arzt, Lehrer ... Diese Berufe befassen sich direkt mit der Seele, dem Körper und dem Geist des/der Menschen und erfordern sehr vielmehr intuitives, sensibles Handeln, das sich direkt an den Bedürfnissen des/der Menschen orientiert, als Berufe, die sich mit Waren, Gegenständen und Zahlen beschäftigen.

Die Berufspraktiker, die sich mit dem Menschen selbst befassen, können somit ihre eigene Lebensphilosophie in ihrem Beruf verwirklichen und erscheinen somit authentisch (z.B. in ihrer Wertevermittlung, Toleranz, dem individuellen Bilde vom Menschen) und repräsentieren ihre innere Aufgabe oder Botschaft nach außen.

Für den inneren Frieden und die individuelle Freiheit ist es für die Berufsausübenden aller „Berufsgruppen" wichtig, dass sie sich einen Beruf gewählt haben, bei dem sie das Gefühl haben, dass er ihnen liegt, ihnen nicht schwer fällt und sie Spaß dabei haben, sich also nicht täglich überwinden müssen.

## Der Beruf als Lebensweg

### Begriffsklärung

Nach allgemeiner Ansicht ist der Beruf eine institutionalisierte Tätigkeit gegen Entgelt bzw. für Dritte, zu der jemand ausgebildet oder berufen ist/wird. Laut Grundgesetz ist er „eine auf Dauer angelegte Erwerbstätigkeit, die zur Sicherung und Erhaltung der Lebensgrundlage dient" (Art. 12 GG). Oft glauben wir, „wenn wir den Beruf unseres Gegenübers kennen"[1], denjenigen selbst auch zu kennen. Das mag daran liegen, dass bestimmten Berufsgruppen bestimmte Eigenschaften zugeordnet werden, die sich aus nicht nur erworbenen, sondern vor allem mitgebrachten Fähigkeiten und Kenntnissen ergeben. Denn diese sind meist ausschlaggebend für die Berufswahl.

### Entwicklung im Beruf – orientiert an dem Weggedanken des Budo

Unterscheidet man Kampfsport und Kampfkunst, so ist für das Budo (asiatische Kampfkünste) der Weggedanke (Dô) charakterisierend. Dô begleitet den Menschen über die Kampfkunst in seiner Persönlichkeitsentwicklung und fordert ihn zu neuen Entwicklungsschritten. So laufen der Weg der Kampfkunst und der Lebensweg nicht parallel zueinander, sondern sind vielmehr eins. Verschiedene Entwicklungsetappen, die das Leben maßgeblich beeinflussen, werden auf diesem Weg ganz individuell beschritten. Dabei gilt in den Lehren asiatischer Kampfkünste: „Der Weg ist ein Kreis" (Dokan). Angelehnt an den Weggedanken des Budo soll im Folgenden die (positive) Entwicklung im Beruf, die unausweichlich eine Lebensaufgabe ist, dargestellt werden (siehe Abb. „Dokan – der Weg ist ein Kreis").

#### *Sich auf den Weg begeben – die Lehrzeit*

Eine der vielen Entwicklungsaufgaben eines Jugendlichen ist die Persönlichkeitsfindung. Über die Fragen „Wer bin ich?", „Was will ich?", „Was kann ich?", „Was ist mein Lebensweg?" und „Wie lassen sich meine Vorstellungen mit anderen Zielen und Lebensumständen vereinbaren?" entdeckt der Jugendliche sich in seiner Umwelt und seiner Gesellschaft neu und schafft Visionen für seinen weiteren Lebensweg. So orientiert sich der Jugendliche auch mit seinen Fähigkeiten, Kenntnissen und Zukunftsplänen in der Berufswelt und sucht den passenden Beruf. „Idealerweise treffen sich individuelle Fähigkeiten, Neigungen und Erwartungen in einem Zielberuf, der ein Leben lang ausgeübt wird."[2]

Grenzt sich das Berufsfeld ein, *begibt sich* der zukünftige Auszubildende *auf den Weg*. Er erlernt sein Handwerkszeug, um sich gut zu verkaufen, bewirbt sich und übt sich in strukturellem Vorgehen. Bei aller undurchschaubaren Vielfalt an Möglichkeiten, in die Berufswelt einzusteigen, beginnt der Ausbildungssuchende bestenfalls direkt mit einer Berufsausbildung. Er erlernt die Grundtechniken seines Handwerks und legt damit den Grundstein für sein weiteres Berufsleben. Ähnlich dem Wegbeginn eines Kampfkünstlers, der sich seine

*Grundtechnik (Kihon)* durch Imitieren und Lernen nach Vorbildern aneignet. Sowohl im Beruf als auch in der Kampfkunst ist hierbei der Anleiter, Ausbilder bzw. Lehrer, Meister, Begleiter in der *Lehrer-Schüler-Beziehung (Shitei)* für die Entwicklung des „Zöglings" maßgeblich und richtungweisend. Neben der Technik erlernt der Auszubildende die Strukturen des Arbeitslebens, und er weiß sie anzuwenden und sich danach zu verhalten, denn der Beruf gewährleistet elementare Sozialerfahrungen, genau so wie der Kampfkünstler die *Etikette (Reigi)* – die Verhaltensregeln der Kampfkunst anerkennt.

### Der erste Dan – vom Lehrling zum Meister

Hat der Auszubildende seine Berufsausbildung erfolgreich beendet, kann er mit einem Kampfkünstler verglichen werden, der seine technische Grundausbildung beendet hat und den *ersten Dan* verliehen bekommt. Denn mit dem erfolgreichen Abschluss einer Berufsausbildung ist der Berufsanfänger noch lange nicht fertig. Er hat sein Handwerkszeug, welches er nun gezwungen ist zu verfeinern und auszubauen, um darin sowohl im wörtlichen als auch im übertragenen Sinne *Meister* zu werden. Tritt der Berufsanfänger seine erste Anstellung an, lernt er erstmals, völlig selbstständig zu agieren und sich dabei weiterhin an einem erfahrenen Kollegen oder Vorgesetzten zu orientieren und weiterzuentwickeln.

Die in einem Beruf notwendigen Fähigkeiten und Kenntnisse werden demnach in der Ausbildung, in der Berufspraxis oder im Selbststudium erworben: Erst im Lauf der Zeit kann davon gesprochen werden, dass jemand sein Beruf KANN. Die Berufsausübung „geht nun teilweise wie von selbst", ähnlich dem Autofahren, Radfahren oder ähnlich einem Kampfkünstler, der völlig in seiner *Kata* (stilisierte „Form" eines Kampfes) aufgeht. Keiner der Praktizierenden muss mehr nachdenken und ist trotzdem professionell genug, sich ab und an zurückzunehmen, von außen zu betrachten und zu reflektieren, um sich dann vor neue Aufgaben zu stellen, d.h., bei aller positiver Routine kann sich jeder selbst verbessern und ändern und dabei „gleichzeitig gegen das eigene Ego, das während des Wachstums größer wird, stark kämpfen".[3]

*Der Gürtel symbolisiert in den asiatischen Kampfkünsten den Fortschritt der Ausbildung.*

### Dokan – der Weg ist ein Kreis

In einer ausgiebigen Reflexionsphase entdecken sowohl Berufsanfänger wie auch Kampf-künstler ihre Stärken in der jeweiligen Disziplin und können diese auf den Alltag übertragen. Nun werden Zusammenhänge deutlich, die bisher „nur" übernommen wurden, und Theorie und Praxis verschmelzen miteinander. Der eine oder andere sieht Weiterbildungsbedarf oder muss sich neuen Herausforderungen stellen. Vielleicht ergibt sich aus dieser Phase auch eine Neuorientierung, weil der Praktizierende erkennt, dass sich die Fragen, die er sich am Anfang des Kreises gestellt hat, nicht (mehr) zufriedenstellend erfüllen lassen. Dies wäre eine Folge aus der Reflexionsphase. Andere setzen die Erkenntnisse ihrer Reflexion in z.B. Spezialisierung (von Fachkenntnissen), Ausstieg oder Selbstständigkeit um. Hier beginnt nun der Kreis, auf einem anderen, bestenfalls höheren Niveau von neuem:

**„Dokan – der Weg ist ein Kreis".**

„Erwerbsarbeit und Beruf sind im Industriezeitalter zur Achse der Lebensführung gewor-den."[4] Setzt sich der Berufspraktiker zur Ruhe wird er vielleicht zurückblicken und seine Memoiren schreiben oder ehrenamtlich etwas Berufsverwandtes oder Berufsfremdes beginnen. Vielleicht schließt der ehemalige Berufspraktiker auch gänzlich mit seinem Berufsleben ab. Aber so wie der Weggedanke den Kampfkünstler bewusst beeinflusst, ist und bleibt auch für den Rentner/Pensionär sein Berufsleben im höchsten Maße für dessen Lebensweg und seine Persönlichkeitsentwicklung prägend.

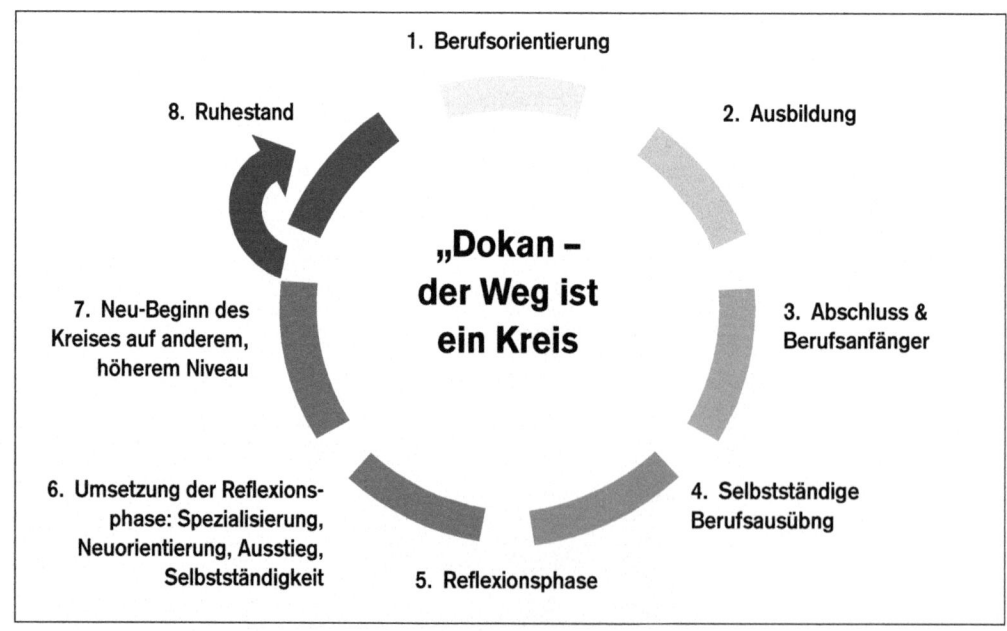

*„Dokan – der Weg ist ein Kreis": Berufsweg & Lebensweg*

## Spezialisierung im Beruf – eine Notwendigkeit

Es ist bekannt, dass die Mehrheit der existierenden Berufe das Ergebnis fortschreitender Differenzierung der Arbeit ist. Die Industrialisierung überholt viele Berufe, die eine hohe technische Fertigkeit erfordern und erst durch viel Erfahrung und Tradition meisterliches Geschick (ähnlich den traditionellen asiatischen Kampfkünsten) entwickeln.

In der Marktwirtschaft werden Spezialisierungen von Fachkräften in Industrie-, Handwerks- und Handelsbetrieben/-unternehmen ständig gefordert. Die stete Entwicklung von neuen Produkten und Dienstleistungen erfordert neue Berufe. Der Markt ruft diese sogar ab und sendet Mitarbeiter in Weiterbildungsmaßnahmen, um national und international standhalten zu können. Zwar brauchen die neuen Berufe etwas Zeit, um sich zu etablieren, doch investieren die Unternehmen der freien Marktwirtschaft im Sinne der Umsatzsteigerung gern und profitieren selbst sofort.

In den sozialen Berufen kann eher beobachtet werden, dass bei den Fachkräften und Trägern sozialer Einrichtungen der Bedarf für spezialisiertes pädagogisches Personal tatsächlich besteht, doch kann hier aufgrund von vorgegebenen Finanzrahmen nicht so (schnell) reagiert werden, wie es der „Markt" erfordern würde. Nicht nur die Nachfrage in der Wirtschaft ändert sich immer wieder, auch die gesellschaftlichen Bedingungen, auf die die Pädagogik reagieren muss, entwickeln sich. Weiterhin müssen sich in der Wissenschaft allgemein anerkannte Erkenntnisse erst in der Fachwelt und in der Gesellschaft etablieren und da scheint es, als haben es die Sozialwissenschaften gegenüber der Marktwirtschaft deutlich schwerer.

Zum Beispiel haben Wissenschaftler (u.a. Schwabe 1998[5], Weidner u.a. 1997[6], Wolters 1998[7]) bereits in den 1990er-Jahren den Bedarf für eine Abwendung von der so genannten „Kuschelpädagogik" erkannt. Die „Nachwehen" der antiautoritären Erziehung aus den 1970er-Jahren blockierten Pädagogen und Eltern in der Umsetzung eines autoritativen Erziehungsstils, gekoppelt mit authentischer Wertschätzung, in dem Maße, wie es genau jetzt als pädagogisch sinnvoll empfunden wird. Das Fernsehen, als ein Spiegel für einen Teil der Gesellschaft, demonstriert, wie sich konfrontative Pädagogen scheinbar hoffnungsloser Kinder und Jugendlicher annehmen, ihnen Grenzen aufzeigen und, bei aller Härte, empathisch auf die Bedürfnisse eingehen, ohne gesetzte Regeln zu verletzen. Die fachlichen Diskussionen zeigen auf, dass dieses Thema auch bzw. insbesondere für „Kampfkunst in Therapie und Pädagogik"[8] eine essenzielle Rolle spielt und sich nicht mehr nur auf Selbstverteidigungskurse für Frauen beschränkt. Die von Dr. Jörg-Michael Wolters entwickelte Budo-Pädagogik (siehe nächsten Abschnitt) ist ein Beispiel dafür, dass der in der Pädagogik/Wissenschaft erkannte Bedarf für neue spezialisierte Berufe erst mehrere Jahre später seine gesamtgesellschaftliche Lobby erhält. Doch nun können Budo-Pädagogen/innen, die bereits erfahren und von ihrem Berufsfeld überzeugt sind, auf den „Markt" treten und die „Nachfrage" durch versierte „Angebote" bedienen.

Bei aller Spezialisierung kann der Eindruck entstehen, dass Spezialisierung auch Eingrenzung bedeutet und die Flexibilität auf dem Arbeitsmarkt einschränkt. Als Berufsanfänger zu wenig spezialisiert, kann engagierten Mitarbeiterinnen und Mitarbeitern bei einem möglichen Neueinstieg durch „Überqualifizierung" dieser Einstieg erschwert bis nahezu verhindert werden.

Im Budo und in der Budo-Pädagogik bedeutet eine Weiterentwicklung in Form von Weiterbildung keineswegs ein Ende. Da die Budo-Pädagogik zwar die Kampfkunst als Methode nutzt, ist sie jedoch im weiteren Voranschreiten keineswegs daran gebunden. Denn Budoka und Budo-Pädagogen/innen entwickeln nicht nur ihr Technikrepertoire und ihre pädagogische Theorie weiter. Aufgrund der in Anlehnung an den Zen-Buddhismus ausgeprägten Lebensphilosophie besitzen Budo-Pädagogen/innen per se ein Berufsethos und ein damit verbundenes Menschenbild, das sich zugunsten der empathischen, ressourcenorientierten und ggf. konfrontativen Einstellung zum Klienten positiv, im Sinne dessen Persönlichkeitsentwicklung, auswirkt. Deshalb kann gesagt werden, dass bei aller Spezialisierung die Budo-Pädagogik nach oben wieder offen ist und von der eigentlichen Spezialisierung ein „Prinzip" ist bzw. wird, das sich auf nahezu alle pädagogischen Arbeitsfelder anwenden lässt, ohne dabei undifferenziert zu werden.

### Budo-Pädagogik – ein neuer Beruf – aus Berufung

„Budo-Pädagogik basiert auf dem Verständnis der asiatischen Kampfkunst als „Weg", als Methode systematischer (Selbst-)Erziehung mit dem Ziel, durch konsequente Übung (Auseinandersetzung mit sich selbst) zunehmende psycho-physische, d.h. körperliche wie geistig-emotionale Selbstbeherrschung und schließlich die diesbezügliche Meisterschaft (Reife) zu erreichen. Die besondere Pädagogik *im* Budo und Pädagogik *des* Budo ist die Theorie und Praxis dieses Weges sowie seines zielgerichteten „professionellen" Einsatzes im erzieherischen, sozialen und therapeutischen Bereich."[9]

Durch die kampfkunstgemäße Auseinandersetzung mit der eigenen Persönlichkeit und den damit verbundenen Stärken und Schwächen, wird der Klient mit sich selbst konfrontiert und motiviert, mit seinen Ressourcen an seinen Defiziten zu arbeiten (vgl. Wolters 2004[10]).

Ähnlich wie in der Pädagogik selbst, bedient sich die Budo-Pädagogik bei den Erkenntnissen verschiedener Nachbardisziplinen, z.B. Sportwissenschaften und Sportpädagogik, Erziehungswissenschaften und Sonderpädagogik[11] sowie den Erkenntnissen aus Forschungen und Studien zum pädagogischen Nutzen des Budo. Diese Ergebnisse werden gesammelt und entsprechend der pädagogischen Zielgruppe und des Auftrags zu einem adäquaten Konzept zusammengeführt.

### Der erste Weiterbildungslehrgang

Die von dem Erziehungswissenschaftler Dr. Jörg-Michael Wolters entwickelte *Budo-Pädagogik*[©][12] und der damit verbundene Beruf *Budo-Pädagoge/Budo-Pädagogin*[©] entstand unter anderem aus den intensiven Studien im Zusammenhang mit seiner wissenschaftlichen Arbeit „Kampfkunst als Therapie" sowie seiner Fortbildungsreihe „Budo und Soziales Lernen" am Institut für Jugendarbeit in Gauting bei München. Durch die Vernetzung der Referenten/innen sowie der Teilnehmer/innen dieser Fortbildungsreihe entstand schon Mitte der 1990er-Jahre die Idee „Budo-Pädagogik" als eine weiterführende, anerkannte Weiterbildung einzurichten.

So startete im Jahr 1999 der erste Weiterbildungsgang „Budo-Pädagogik". Diese Weiterbildung richtete sich an Fachkräfte aus pädagogischen und therapeutischen Arbeitsfeldern, psycho- und physiotherapeutischen Berufen sowie höher graduierte erfahrene Trainer und Budo-Lehrer, die einen entsprechenden Weiterbildungsbedarf erkannt hatten. Die kampfkünstlerische Bandbreite der bundesweit vertretenen Teilnehmer/innen reichte vom Aikido über Judo und Karate bis hin zu Wing Tsun Kung Fu. Viele Teilnehmer/innen traten bis dahin schon ehrenamtlich, also „berufsähnlich", als Kampfkunstlehrer für Kinder, Jugendliche und Erwachsene ein. Dabei wurden sie durch soziale Anerkennung und persönliche Befriedigung belohnt. Die Weiterbildungsteilnehmer/innen hatten nun schon die logische Verbindung von Kampfkunst und Pädagogik erkannt und wollten sich hier professionalisieren und spezialisieren. Ziel der Teilnehmer/innen war es, die Lehren ihrer eigenen Kampfkunst mit der westlichen Pädagogik zu verbinden.

### Professionelles Handeln

Durch die breite Palette von Referenten aus verschiedenen Budo-Disziplinen, pädagogischen Fachkräften, Wissenschaftlern, Professoren sowie nun auch erfahrenen, praktizierenden Budo-Pädagogen/innen wird den Teilnehmern/innen inzwischen ein stimmiges Weiterbildungskonzept geboten. In dieser berufsbegleitenden Weiterbildung setzen sich die angehenden Budo-Pädagogen/innen in eineinhalb Jahren mit mehr als 300 Unterrichtseinheiten und ca. 100 Stunden Literatur- und Selbststudium mit der Theorie und Praxis des Budo und Erkenntnissen aus der Pädagogik, Sozial, Sport- und Sonderpädagogik auseinander (vgl. Wolters 2004).[13]

Die nachfolgende Abbildung entstand in der Budo-Pädagogik-Fachtagung im April 2007 in Stade. In einer Arbeitsgruppe erarbeiteten ausgebildete Budo-Pädagogen/innen Kriterien, die professionelles Budo-pädagogisches Handeln ausmachen und grenzten diese zum professionellen Handeln im Budo ab.

*Professionelles Handeln von Budo-Pädagogen/innen*
*(Arbeitsergebnis der Budo-Pädagogik-Fachtagung, April 2007)*

Der Weg der Budo-Pädagogin/des Budo-Pädagogen beginnt damit, dass sie/er sich über die eigenen Ressourcen bewusst werden muss. Dazu gehört die kritische Betrachtung der eigenen Kampfkunsterfahrungen, Erfahrungen im pädagogischen Arbeitsfeld sowie die Betrachtung des eigenen Rollenbildes gegenüber (ausgewählten) Zielgruppen und persönliche Stärken und Schwächen. Die daraus resultierenden Erkenntnisse schränken möglicherweise den Kreis der potenziellen Zielgruppe(n) ein, mit der die Budo-Pädagogin/der Budo-Pädagoge professionell, im Sinne des Klienten, in ein Setting treten kann. Ist die Konstellation stimmig, passt die Budo-Pädagogin bzw. der Budo-Pädagoge ein entsprechendes Konzept nach Kampfkunst, Ziel und Methoden aufeinander ab. Erst eine gut strukturierte Organisation gewährleistet eine konzeptmäßige Umsetzung, die durch den authentischen Erziehungs-/Leitungsstil der Budo-Pädagogin/des Budo-Pädagogen lebt. Die Authentizität profitiert in höchstem Maße von der ehrlichen Reflexion der individuellen Ressourcen der pädagogischen Fachkraft. Mit dem erworbenen Erfahrungsschatz wird der Budo-Pädagogin/dem Budo-Pädagogen eine kritische Reflexion nicht nur nach Beendigung des Projektes, sondern vielmehr fortlaufend während des Projekts und der Budo-pädagogischen Einheiten möglich und erreicht damit eine Flexibilität und Spontaneität, bei welcher die Budo-Pädagogin/der Budo-Pädagoge sofort auf aktuelle pädagogische Anforderungen mit Methoden aus der Budo-Pädagogik reagieren kann und damit dem situationsorientiertem Ansatz gerecht wird ohne das Ziel aus dem Blick zu verlieren.

### Immerwährende Weiterbildung

„Wie Praktizierende wissen, zählt im Budo letztlich nur die durch Erfahrung gewonnene Form, aber für Unterrichtende und Funktionäre ergibt es sich eigentlich auch, über Programme und Strukturen zu reflektieren, also gemachte Erfahrungen zu überdenken. Wir brauchen also Kopf, Herz und Hand, insbesondere als Träger von Verantwortung für andere"[14]

Aus ihrer „Kampfkunstsozialisation" und der dahinter stehenden Lebensphilosophie besitzen Budo-Pädagogen/innen eine Professionalität, die sich andere Professionen in ihrem Berufsleben erarbeiten müssen. So verfolgen sie das Prinzip des „Weges" für sich und ihre Profession. Das bedeutet u.a., dass die Budo-Pädagogen/innen selbstbewusst und fachlich in pädagogischen Arbeitsfeldern auftreten, sich aber nie als fertige Fachkräfte verstehen. Ständig reflektieren sie ihr pädagogisches Handeln zum Wohle der Klientel und zur eigenen Persönlichkeitsentwicklung. Dabei verleugnen sie keine Fehler, sondern nehmen sie an und nutzen sie, um zu lernen. Budo-Pädagogen/innen kämpfen selbst im wörtlichen Sinne und mit neuen Herausforderungen und bewältigen diese. So haben professionell arbeitende Budo-Pädagogen/innen per se eine höchst effiziente Vorbildwirkung. Sie ruhen sich selbst nie auf „alten" Konzepten aus, nehmen „den Widerspruch als Wirklichkeit und unerbitterliche Tatsache"[15] an und stellen sich so selbstbewusst neuen Herausforderungen und Entwicklungen. Stetig verfolgt die Budo-Pädagogin/der Budo-Pädagoge den „Weg":

*„Dieser Weg ist ein Werk, das niemals vollendet werden kann,*
*das keine Sättigung durch die Erfüllung findet. "*[16]

Die Budo-Pädagogik wird höchsten pädagogischen Ansprüchen gerecht, da nicht primär das zu erreichende Ziel im Vordergrund steht, sondern dass Budo-Pädagogin/Budo-Pädagoge und Klient gemeinsam ressourcenorientiert einen Weg gehen. Dabei bleibt die pädagogische Anforderung in Hinsicht auf die Entwicklung des Klienten im Blick, womit das Erreichen des pädagogischen Ziels gewährleistet ist.

Pädagogen engagieren sich für die positive Entwicklung unserer Gesellschaft und setzen sich für das Wohl bedürftiger Menschen ein. Dies kann verglichen werden mit dem „Weg des Kriegers". Die Samurai dienten zu ihrer Zeit in erster Linie ihren Lehnsherren bzw. dem Staat und darüber hinaus der einfachen Bevölkerung – also sich selbst. Über das Bushido ist in Japan und im Geiste der Kampfkünste „ein System des gegenseitigen Dienens und Respektierens, welches durchaus mit dem Begriff Wohlfahrt bezeichnet werden kann"[17], entstanden.

In der heutigen Zeit besitzen nahezu alle sozial anerkannten Berufe eine mehr oder minder ausgebildete Berufsethik. Die Budo-Pädagogik bringt diese über ihre Philosophie der asiatischen Kampfkünste bereits als junge Disziplin mit sich und tritt sofort hochprofessionell auf den internationalen Markt.

### Der BvBP e.V. – ein Berufsverband für einen Beruf aus Berufung

Der Berufsverband der Budo-Pädagogen und Budo-Pädagoginnen e.V. (BvBP e.V.) stellt den methodischen Ansatz der Budo-Pädagogik als geeignetes Mittel sozialerzieherischer und -therapeutischer Arbeit auf der Grundlage der asiatischen Kampf- und Bewegungskünste vor und vertritt diesen. Der BvBP e.V. sichert Qualitätsstandards, indem er z.B. Budo-pädagogische Angebote, Maßnahmen und Projekte entwickelt, begleitet, organisiert, evaluiert und diese durchführt. So können Vertreter durch fachliche und personelle Kooperation mit dem Institut für Budo-Pädagogik (IfBP) in Stade die solide Aus-, Fort- und Weiterbildung der Budo-Pädagogen/innen unterstützen. Über dieses Spektrum vertritt der BvBP e.V. die Interessen der Mitglieder und sorgt für eine fachlich fundierte Theorie und Praxis der Budo-Pädagogik sowie für die Seriosität ihrer durch Zertifikat autorisierten Anwender. Ziel des BvBP e.V. ist damit die Verbreitung und Anerkennung des Berufsstandes der Budo-Pädagogen/innen sowie die regional gleiche Bezahlung der angebotenen pädagogischen Leistung. Der BvBP e.V. vertritt Mitglieder in Deutschland, der Schweiz und in Österreich. Visionär wird die weitere europäische Verbreitung der Budo-Pädagogik und die damit verbundene Aufnahme neuer Mitglieder angestrebt.

Der BvBP e.V. plant ständig weitere öffentliche Veranstaltungen, um Budo-Pädagogen/innen und pädagogisches Fachpersonal sowie Wissenschaftler/innen in fachliche Diskussionen zu bringen, sich auszutauschen, Anerkennung in der pädagogischen Fachwelt zu verbreiten und den Weg für Budo-Pädagogen/innen als Arbeitnehmer bzw. pädagogische Dienstleister zu ebnen.

Viele Budo-Pädagogen/innen sehen die Verknüpfung von sozialer Arbeit in Beruf oder Freizeit sowie die Praktizierung und Unterrichtstätigkeit in einer Kampfkunst als Berufung, um eben diese Erkenntnis in dem neuen Berufsbild einer Budo-Pädagogin/eines Budo-Pädagogen einzubringen. So wurde im Jahr 2000 der Berufsverband der Budo-Pädagoginnen und Budo-Pädagogen gegründet. Der neue Beruf sollte in der Öffentlichkeit bekannt gemacht werden, es sollten Standards innerhalb der neuen Fachrichtung erarbeitet werden und damit in Deutschland und der Schweiz eine gleiche Qualität präsentiert und gewährleistet werden.

Die Leidenschaft der Teilnehmenden, sich für den BvBP e.V. zu engagieren, trug schon im ersten Jahr des Zusammenschlusses Früchte. Zwei bundesweit ausgeschriebene Fortbildungen in Darmstadt und Neu-Ulm mit hochkarätigen Referenten/innen erhielt großen Zuspruch. Ebenso groß war die Resonanz auf ein Sommercamp für Kinder und Jugendliche, das unter dem Motto „Klare Kampfkunst – klarer Geist" stand. Außerdem präsentiert sich der BvBP e.V. unter anderem jährlich auf dem „Internationalen Spielmarkt Potsdam" und bietet dabei auch Praxisworkshops an, bei dem die Teilnehmer/innen die Budo-Pädagogik praktisch erfahren können.

Darüber hinaus bilden sich die ausgebildeten Budo-Pädagogen/innen konsequent auch nach ihrer abgeschlossenen Ausbildung weiter. So treffen sich jährlich Budo-Pädagoginnen und Budo-Pädagogen zur Fachtagung in Stade, veranstaltet vom Institut für Budo-Pädagogik, vertreten durch Dr. Jörg-Michael Wolters. Diesen Anlass nutzt der BvBP e.V., um gleichzeitig in Jahreshauptversammlungen gemeinsame Ideen und Visionen zu sammeln und mit den Mitgliedern umzusetzen. Gemeinsame Projekte zu planen, den Berufsverband zu organisieren, das Berufsbild des/der Budo-Pädagogen/in publik zu machen usw. ist für die Vorstandsmitglieder, Kassenwart, Aufsichtsrat und Mitglieder nur mit hohem Engagement, resultierend aus dem eigenen „Berufungs"-Gedanken, möglich. Die Zukunft hat begonnen …

1   vgl. Beck, Ulrich: Risikogesellschaft. Auf dem Weg in eine andere Moderne; Frankfurt am Main: 1986, S. 221
2   vgl. Deutscher Verein für öffentliche und private Fürsorge (Hrsg.): Fachlexikon der sozialen Arbeit, Frankfurt: Eigenverlag des Deutschen Vereins für öffentliche und private Fürsorge. 2002
3   vgl. Hayashi, Nobukazu/Claus, Stefan: Die Bedeutung des Budô und Bushidô in der Gegenwart. In: Von Saldern, Matthias (Hrsg.): Budô in heutiger Zeit. Lüneburg 1998, S. 61
4   vgl. Beck, 1986, S. 221
5   vgl. Schwabe, Mathias: konfrontieren, kontrollieren, Grenzen setze: „Dirty Work" oder unverzichtbare Elemente einer alltagsorientierten Erziehungshilfe? In: Forum Erziehungshilfe. 4. Jg. 1998, S. 235–245
6   vgl. Weidner, Jens; Kilb, Rainer; Kreft, Dieter (Hrsg.): Gewalt im Griff. Neue Formen des Anti-Aggressivitäts-Trainings. Weinheim 1997
7   vgl. Wolters, Jörg-Michael: Praktisches Anti-Aggressivitäts-Training. In: Soziale Arbeit, 4/98a, S. 128–134
8   vgl. Wolters, Jörg-Michael: Kampfkunst & Pädagogik: Kopf, Herz und Hand. In: Kampfkunst International. 9/2004, S. 78
9   vgl. Wolters, Jörg-Michael: BUDO, unveröffentl. Dokument im Rahmen der Weiterbildung zur Budo-Pädagog/in 2003–2005. Stade 1999, S. 3
10  vgl. Wolters, Jörg-Michael: Budo-Pädagogik. Von der Kampfkunst, ihrer erzieherischen Bedeutung und der Professionalisierung einer neuen Methode, in: Neumann, Ulf; von Saldern, Matthias; Pöhler, Ralf; Wendt, Peter-Ulrich (Hrsg.) Der friedliche Krieger. Budo als Methode der Gewaltprävention. Marburg 2004, S. 100–119
11  vgl. Wolters, 2004, S. 100–119
12  Urheber-, Marken- und Patentrechtsschutz: 1. „Budo-Pädagogik"/„Budopädagogik", „Budo-Pädagoge"/„Budopädagoge" und „Budo-Pädagogin"/„Budopädagogin" ist a) als Begriff und b) als Dienstleistung geschützt; die Anmeldung der Marke beim Bundespatentamt erfolgt. 2. Die Methode „Budo-Pädagogik" im Rahmen von Erziehung und Ausbildung (s. Kl. 41 NKA) ist urheberrechtlich geschützt.
13  vgl. Wolters, 2004, S. 100–119
14  vgl. Hoff, Feliks: Über den Sinn des Budô und Bushidô in der heutigen Zeit; In: von Saldern, Matthias (Hrsg.): Budô in heutiger Zeit. Lüneburg 1998, S. 66
15  vgl. Kitayama, Junyu: Bedeutung des Weges. In: von Saldern, Matthias (Hrsg.): Budô in heutiger Zeit. Lüneburg 1998, S. 109
16  vgl. Hayashi/Claus, 1998, S. 61
17  vgl. Hayashi/Claus, 1998, S. 61

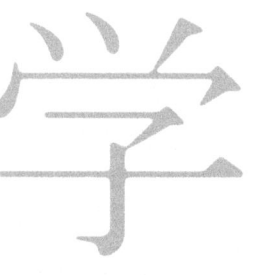

# Literatur und Links

Ambos, C./Hotz, S./Schwedler, G./Weinfurter, S.: Die Welt der Rituale. Darmstadt 2005

Abele, Andrea/Becker, Peter (Hrsg.): Wohlbefinden – Theorie – Empirie – Diagnostik. Weinheim, München 1991

Andreas, Steve/Faulkner, Charles: Praxiskurs NLP. 2. Auflage, Paderborn 1998

Antonovsky, Aaron: Gesundheitsförderung versus Krankheitsforschung. In Franke, A./ Broda, M. (Hrsg.): Psychosomatische Gesundheit: Versuch einer Abkehr vom Pathogenese-Konzept. Tübingen 1993: Forum für Verhaltenstherapie und psychosoziale Praxis, Bd. 20, 1993, S. 3–14

Ayres, Anna Jean: Bausteine der kindlichen Entwicklung – Die Bedeutung der Integration der Sinne für die Entwicklung des Kindes. Heidelberg/New York 2002

Baake, Dieter: Die 6- bis 12jährigen – Einführung in Probleme des Kindesalters. 6. Auflage, Weinheim und Basel 1995

Bannenberg, Thomas: Yoga für Kinder. München 2005

Becker, Peter: Psychologie der seelische Gesundheit. Band 1: Theorien, Modelle, Diagnostik. Göttingen 1995

Becker, Peter/Koch, Josef (Hrsg.): Was ist normal? Normalitätskonstruktionen in Jugend- hilfe und Jugendpsychiatrie. München 1999

Bergmann, Wolfgang: Gute Autorität. Weinheim, Basel 2005

Beudels, Wolfgang/Anders, Wolfgang: Wo rohe Kräfte sinnvoll walten – Handbuch zum Ringen, Rangeln und Raufen in Pädagogik und Therapie. 3. Auflage, Dortmund 2006

Binhack, Axel: Über das Kämpfen. Zum Phänomen des Kampfes in Sport und Gesellschaft. Frankfurt a. M. 1998

Blank, J./Windisch, R.: Zur Notwendigkeit eines Paradigmawechsels in der professionellen Haltung. In: Prävention 1/1997, 20. Jahrgang

Bollnow, O. F.: Vom Geist des Übens. Eine Rückbesinnung auf elementare didaktische Erfahrung. Freiburg, Basel 1978

Bollnow, O. F.: Vom Geist des Übens. Eine Rückbesinnung auf elementare didaktische Erfahrungen. Stäfa Schweiz, 1991

Bonfranchi, R.: Judo mit Lern- und Geistigbehinderte. In: Praxis der Psychomotorik, 3/1979, S. 96–101

Brand, R.: Aikido. Lehren und Techniken des harmonischen Weges. Niedernhausen 1989

Braun, C.: Kali – Arnis – Eskrima, die philippinischen Kampfkünste. Aachen 2006

Bründel, H./Hurrelmann, K.: Gewalt macht Schule. München 1997

Brunner, Reinhard: Hörst du die Stille? Meditative Übungen mit Kindern. München 1998

Brusten, M./Hurrelmann, K.: Abweichendes Verhalten in der Schule – Eine Untersuchung zu Prozessen der Stigmatisierung. München 1976

Bundeszentrale für gesundheitliche Aufklärung, BzgA: Gesundheitsförderung konkret, Band 4. 2005

Bundeszentrale für gesundheitliche Aufklärung, BzgA: Integrative Ansätze zur Ernährung, Bewegung und Stressbewältigung. 2002

Cramer, A.: Grundlagen und Möglichkeiten der Musik- und Klangtherapie als Behandlungsmaßnahme bei Tinnitus. Köln, 2002

Danielzik, S./Müller, M. J.: Sozioökonomische Einflüsse auf Lebensstil und Gesundheit von Kindern. Deutsche Zeitschrift für Sportmedizin 57, Nr. 9 2006, S. 214–219.

Davids, R. D.: Legasthenie als Talentsignal. München 2000

Dennison, P. E./Dennison, G. E.: BrainGym. Kirchzarten bei Freiburg 2004

Deshimaru-Rôshi, Taisen: Zen in den Kampfkünsten Japans. 3. Auflage, Heidelberg/Leimen 1994

Dilts, Robert B.: Die Veränderung von Glaubenssystemen. Paderborn 1993

Dolin, A.: Kempo. Die Kunst des Kampfes. Frechen. Lizenzausgabe für Komet Verlag. Keine Jahresangabe der Auflage.

Dolin, A.: Kempo. Die Kunst des Kampfes. Ostasiatische Kampfsportarten. Berlin, 1988

Döpfner, M./Frölich, J./Lehmkuhl, G.: Hyperkinetische Störungen – Leitfaden Kinder- und Jugendpsychotherapie. Göttingen 2000

Döpfner, M./Frölich, J./Lehmkuhl, G.: Ratgeber Hyperkinetische Störungen – Informationen für Betroffene, Eltern, Lehrer und Erzieher. Göttingen 2000

Döpfner, M./Schürmann, S./Frölich, J.: Therapieprogramm für Kinder mit hyperkinetischem und oppositionellem Problemverhalten THOP. 3. Auflage, Weinheim 2002

Döpfner, M./Schürmann, S./Lehmkuhl, G.: Wackelpeter und Trotzkopf, Hilfen für Eltern bei hyperkinetischem und oppositionellem Verhalten. 2. Auflage, Weinheim 2000

Draeger, D. F.: Classical Budo. New York, Tokio 1973

Droste, I./Robben-Pohle, C.: Motivation und Orientierung bei Streßbewältigung und Entspannung. In: Prävention 3/1996, 19. Jahrgang

Dürckheim, K. Graf: Der Alltag als Übung: Vom Weg zur Verwandlung. Bern 1977

Dürckheim, K. Graf: Meditieren – wozu und wie. Die Wende zum Initiatischen. Freiburg 1999

Dürckheim, K. Graf: Sportliche Leistung – Menschliche Reife. Frankfurt a.M. 1986

Dürckheim, K. Graf: Sportliche Leistung – Menschliche Reife. Referat vor der Bundestagung der Deutschen Olympischen Gesellschaft. Frankfurt a. M. 1969

Dürre, R.: Legasthenie – das Trainingsprogramm für Ihr Kind. Freiburg im Breisgau 2000

Eggert, D. (Hrsg.): Psychomotorisches Training – Ein Projekt mit lese-/rechtschreibschwachen Grundschüler/innen. Weinheim/Basel 1997

Ernst, H.:Gesundheitsressourcen im Alltag. In: Lutz, R./Mark, N. (Hrsg.) Wie gesund sind Kranke? Göttingen 1995

Fauliot, P.: Die Kunst zu siegen, ohne zu kämpfen. Kreuzlingen 2001

Filipp, S.-H.& Frey, D.: Das Selbst. In: Funkkolleg Psychologie. Verhalten bei Mensch und Tier. Studienbegleitbrief 8, hrsg. v. Dt. Inst. für Fernstudien an der Uni Tübingen. Weinheim, Basel; 1987

Firnhaber, Mechthild: Legasthenie und andere Wahrnehmungsstörungen. Frankfurt a. M. 2002

Förster, A.: Atmung und Bewegung: Über die psycho-physiologische Wirkung von Atemübungen auf dem Organismus: In: Funke, J./Treutlein, G./Sperle, N. (Hrsg.): Körpererfahrung in traditionellen Sportarten. Wuppertal 1986

Franke, A./Broda, M. (Hrsg.): Psychosomatische Gesundheit. Versuch einer Abkehr vom Pathogenese-Konzept. Tübingen S. 24–38

Frey, D./Benning, E.: Das Selbstwertgefühl. In: Emotion und Kognition, hrsg. von Mandl H./Huber G. L., München 1983, S. 148 ff.

Fuchs, Birgit: Spiele fürs Gruppenklima. München 1998

Funakoshi, G.: Karate-Do. Mein Weg. Leimen 1989

Gaddes, W. H.: Lernstörung und Hirnfunktion, eine neuropsychologische Betrachtung. Berlin/Heidelberg/New York 1991

Graf, C./Dordel, S./Koch, B./Predel, H.-G.: Bewegungsmangel und Übergewicht bei Kindern und Jugendlichen. Deutsche Zeitschrift für Sportmedizin 57, Nr.9 2006, S. 220–224.

Grundmann, M.: Die Niederlage ist ein Sieg. Geist, Tradition und Technik des asiatischen Kampfsports. Düsseldorf, Wien 19983

Grupe, Ommo/Krüger, Michael: Einführung in die Sportpädagogik. Schorndorf 1997

Habersetzer, R.: Bubishi – An der Quelle des Karatedo. Chemnitz 2006

Häcker, H. O./Stapf, K-H.: Dorsch Psychologisches Wörterbuch. Bern 2004

Hannaford, C.: Bewegung – das Tor zum Lernen. Kirchzarten bei Freiburg 2004

Hartmann, Thom: Eine andere Art die Welt zu sehen – Das Aufmerksamkeits- Defizit-Syndrom. Eine praktische Lebenshilfe für aufmerksamkeitsgestörte Kinder und Jugendliche. 2. Auflage, Lübeck 1997

Herrigel, E.: Zen in der Kunst des Bogenschießens. Bern 1999

Hildebrand, H.: Pschyrembel. Klinisches Wörterbuch. Berlin/New York, 258. Auflage, 1998

Höhmann-Kost, A./Siegele, F.: Arbeiten an sich selbst – Der Weg der Übung. In: Integrative Therapie 1–2/2004.

Hoppe, Gabriele: Mit Kindern meditieren – Grundlagen und Anleitungen. München 1995

Hünnekens, H./Kiphard, E. J.: Bewegung heilt. Gütersloh 1960 (19857)

Hurrelmann, K.: Gesundheitssoziologie. Eine Einführung in sozialwissenschaftliche Theorien von Krankheitsprävention und Gesundheitsförderung. Weinheim 2003

Hüther, G./Bonney, H.: „Neues vom Zappelphilipp" – ADS verstehen, vorbeugen und behandeln. 5.Auflage, Düsseldorf/Zürich 2004

Ikeda, D.: Der chinesische Buddhismus. Berlin 1990

Inosanto, D.: The Filipino Martial Arts. Los Angeles 1980

Isert, Bernd: TN-Unterlagen zur Fortbildung zum NLP-Master-Practitioner

Kammer, R.: Zen in der Kunst, das Schwert zu führen. Bern 2000

Kiphard, E. J.: Psychomotorik als „Meisterlehre". In: Motorik 21 (1998) 3, S. 87 – 91

Kiphard, E. J.: Psychomotorik in Praxis und Theorie. Gütersloh 1989

Kisshomaru, Ueshiba: Der Geist des Aikido. Heidelberg/Leimen 1993

Klinik „Am Osterbach": Morbus Menière. unter: http://www.hoer-stoerungen.de/morbus-meniere, heruntergeladen: 28.09.04, 2004a

Klinik „Am Osterbach": Tinnitus. unter: http://www.klinik-am-osterbach.de/klinik/tinnitus/index.html, heruntergeladen: 28.09.04, 2004b

Klinik „Am Stiftsberg": Konzept Morbus Menière. unter: http://www.wka.de/ecomaXL/?site=rkas_krankheitsbilder_konzept_morbus_meniere, heruntergeladen: 28.09.04, 2004a

Klinik „Am Stiftsberg": Konzept Tinnitus. unter: http://www.wka.de/ecomaXL/?site=rkas_krankheitsbilder_konzept_tinnitus, heruntergeladen: 28.09.04, 2004b

Knüttel, D.: Einführung in die Sportart Modern Arnis durch eine Videoproduktion. Köln, Deutsche Sporthochschule 1988

Korn, Michael: Budo-Spiele für alle Kampfsportarten. Stuttgart 2006

Krapp, A./Weidemann, B.: Pädagogische Psychologie. Weinheim 2001

Krause, C. H.: Ich bin Ich – Gesundheitsförderung durch Selbstwertstärkung. Ein Bericht über ein Projekt zur Gesundheitsförderung in Grundschulen. Göttinger Beiträge zur erziehungswissenschaftlichen Forschung Nr. 15 1998

Krebs, C. T./Brown, J.: Lernsprünge – Eine bahnbrechende Methode zur Integration des Gehirns. Kirchzarten bei Freiburg 1998

Krebs, Uwe/Forster, Johanna (Hrsg.): Vom Opfer zum Täter? Gewalt in der Schule und Erziehung von den Sumerern bis zur Gegenwart. Bad Heilbrunn 2003

Krieger, P.: Jodo la voie du baton – the way of the stick. AHJ (Asssociation helvétique de Jodo) – Shung Dô Kwan, Genf 1989

Kunz, S./Passolt, M./Schindler, J.: Motopädagogik – Psychomotorik Entwicklung von Begriffsbestimmungen. Internetzeitschrift des ipb-psychomotorik, 2000

Lange, R.: Entspannung, Körpererfahrung, Meditation- Ein Beitrag zu einer ganzheitlichen Gesundheitserziehung. In: Theorie und Praxis Sankt Augustin: Academica 1992

Liebertz, Christine: Das Schatzbuch ganzheitlichen Lernens. München 1999

Liebrecht, E. (Hrsg.): Geist-Technik-Körper. Schriften zu den Hintergründen der Budo-Künste, Band II, Landau (Universitätsverlag), 1993

Lind, Werner: Budo – Der geistige Weg der Kampfkünste. 4.Auflage, München 2001

Mabuni: Budo-Karate. Chemnitz 2007

Markowetz, F./Schlosser-Nathusius (Hrsg.): Kampfkunst als Lebensweg. Leimen 2004

Marquardt, A.: Erlebnis und Kampfsport – mehr als nur ein Modethema?!. In: erleben und lernen 1/1998, S: 4 – 10.

Maschwitz, G. und R.: Stille-Übungen mit Kindern. München1993

Masunaga, Shizuto: Meridian Dehnübungen. Waldeck 1999

Meister Vitale Barbara: Lernen kann phantastisch sein. Offenbach 2000

Merz, Vreni: Übungen zur Achtsamkeit – Mit Kindern auf dem Weg zum Zen. 2. Auflage, München 2004

Mietzel, Gerd: Wege in die Entwicklungspsychologie. 4.Auflage, Weinheim und Basel 2002

Möller, H.-J./Laux, G./Deister, A.: Psychiatrie und Psychotherapie. Stuttgart 2001

Morris, D. B.: Krankheit und Kultur. Plädoyer für ein neues Körperverständnis. München 2000

Müller, Else: Auf der Silberlichtstraße des Mondes – Autogenes Training mit Märchen zum Entspannen und Träumen. 19. Auflage, Frankfurt a. M. 1985

Müller, Else: Du spürst unter deinen Füßen das Gras. Autogenes Training in Phantasie- und Märchenreisen. Frankfurt a. M. 1997

Neuhaus, Cordula: Das hyperaktive Kind und seine Probleme. Stuttgart 2002

Neuhaus, Cordula: Hyperaktive Jugendliche und ihre Probleme – erwachsen werden mit ADS – Was Eltern tun können. Berlin 2000

Neumann, U./Saldern, von M./Pöhler R./Wendt P.-U. (Hrsg.): Der friedliche Krieger: Budo als Methode der Gewaltprävention. Marburg 2004

Nocquet, A.: Der Weg des Aikido. Berlin 1988

O'Connor, J./Seymour, J.: Neurolinguistisches Programmieren: Gelungene Kommunikation und persönliche Entfaltung. 2. Auflage, Freiburg 1993

Oerter, R./Montada, L. (Hrsg.): Entwicklungspsychologie. Weinheim 2002

Pagel. K.: Jede/r lernt anders. Kirchzarten bei Freiburg 2003

Passolt, M.: Perspektiven der Psychomotorik. Internetzeitschrift des ipb-psychomotorik, 2000

Paulus, Peter: Die gesunde Schule. In: Schulische Prävention und Gesundheitsförderung. 1996

Petermann, Franz: Lehrbuch der Klinischen Kinderpsychologie und -psychotherapie. Göttingen 2002

Petermann, Ulrike & Franz: Entspannungsverfahren bei Kindern und Jugendlichen. In: Vaitl, D./Petermann, F. (Hrsg.): Handbuch der Entspannungsverfahren. Weinheim 1993

Petermann, Ulrike & Franz: Training mit aggressiven Kindern. Weinheim, 2001

Petzold, H./Bloem, J.: Budokünste als „Weg" und therapeutisches Mittel in der körper- und bewegungsorientierten Psychotherapie, Gesundheitsentwicklung und Persönlichkeitsentwicklung – transversale und integrative Perspektiven. In: Integrative Therapie 1 – 2/2004

Portmann, R./Schneider, E.: Spiele zur Entspannung und Konzentration. 15. Auflage, München 2004

Portmann, R.: Spiele, die stark machen. 3. Auflage, München 2006

Protin, A.: Aikido Die Kampfkunst ohne Gewalt – ein Weg der Selbstfindung und Lebensführung. 8. Auflage, München 2003

Queckenstedt, H.: Der spirituelle und meditative Aspekt des Budo. Arbeitsunterlagen zum Seminar 10.12.–12.12.1999. Weiterbildung zum Budopädagogen. Gauting 1999 (unveröffentlicht)

Rank, Christine: Der kleine Yogi – Kinderleichtes Yoga. 6. Auflage, Münster 2006

Ratschinsky: In: Schulische Prävention und Gesundheitsförderung. o. O. 1996

Reid, H./Croucher M.: Der Weg des Kriegers. Kampfsportarten. Tradition, Technik, Geist. München, 2. Auflage, 1994

Reinehr, T./Bürk, G./Andler, W: Diagnostik der Adipositas im Kindesalter. Pädiatrische Praxis 2002, 60: 463–474

Resch, F./Parzer, P./Brunner R. G.: Entwicklungspsychologie des Kindes- und Jugendalters. Weinheim 1999

Rieder, Hermann: Sport als Therapie. Frankfurt a.M. 1977

Rolff, H.-G./Zimmermann, P.: Kindheit im Wandel. Eine Einführung in die Sozialisation im Kindesalter. Weinheim 1985

Rusch, H./Weineck, J.: Sportförderunterricht – Lehr- und Übungsbuch zur Förderung der Gesundheit durch Bewegung. Schorndorf, 1975 (19985)

Schaaf, Helmut/Haid, Claus Toni: Reaktiver psychogener Schwindel bei Morbus Menière. In: Deutsches Ärzteblatt 100 (13), 2003, S. A 853–857

Schaaf, Helmut/Hesse, Gerhard: Die Tinnitus Retraining Therapie (TRT). In: Psychomed 11/3, 1999, S. 170–173

Schaaf, Helmut: Morbus Menière. Ein psychosomatisch orientierter Leitfaden. Berlin, 4. Auflage, 2004a

Schaaf, Helmut: Schwindel. Eine Erkrankung an Leib und Seele. unter: http://www.drh-schaaf.de/Gleichgewicht.htm, heruntergeladen: 28.07.04, 2004b

Schäfer, Ingrid: Von der psychomotorischen Idee zu den Gründungsjahren des Aktionskreises Psychomotorik. In: Motorik 21 (1998), 3, S. 82–86

Schauer, Gernot: NLP als Psychotherapie. Junfermann Verlag, Paderborn 1995

Schenk-Danzinger, L.: Legasthenie – Zerebral-funktionelle Interpretation Diagnose und Therapie. München/Basel 1991

Schmidt-Herzog, T.: Die Kraft des Qi – Die inneren Kampfkünste Chinas. In: Markowetz/ Schlosser-Nathusius 2004, S. 146–186

Schneider, H. J.: Gewalt in Erziehung und Schule aus kriminologischer Sicht. In: Krebs/ Forster 2003, S. 159–185

Schneider, Monika & Ralph: Meditieren mit Kindern – Stilleübungen, Phantasiereisen, Musikmeditation, Wahrnehmungsübungen … Set mit Anleitungsbuch. Mühlheim 1994

Schneider, Volker: Gesundheitsförderung heute: Möglichkeiten, Grenzen und Konzepte. Freiburg i. Br. 1993

Schnurnberger, M.: Über das Einhandeln von Störungen und das Aushandeln von Lösungen. In: Doering, W. & W.: Störe meine Kreise nicht ..., Dortmund 2002

Schwarzer, R.: Psychologie des Gesundheitsverhaltens. Göttingen 1996

Schwind, H.-D.: Kriminologie. Eine praxisorientierte Einführung mit Beispielen. Heidelberg 2006

Shewan, Malcolm Tiki: Iai – l'art du sabre japonais/the art of Japanese swordsmanship. Fédération européenne de Iaidô, 1983 Shewan Malcolm Tiki : Ki-Ken-Tai ou L'Utilisation de son Potentiel à 100 %. Aufsatz 2001

Shorin Ji Ryu: Shorin Ji Ryu. unter: http://www.butokukai.de/shorin-ji-ryu1.htm, heruntergeladen: 06.12.04, 2004

Simchen, H.: ADS: Unkonzentriert, verträumt, zu langsam und viele Fehler im Diktat, Hilfen für das hypoaktive Kind. 3. Auflage, Berlin-Köln 2003

Springer, S. P./Deutsch, G.: Linkes – Rechtes Gehirn – Funktionelle Asymmetrien. Heidelberg/Berlin/New York 1993

Steinhausen, H. C.: Psychische Störungen bei Kindern und Jugendlichen. Lehrbuch der Kinder- und Jugendpsychiatrie. München 2006

Steinhausen, H. C.: Seelische Störungen im Kinds- und Jugendalter. Stuttgart 2000

Stevens, J.: Unendlicher Friede. Heidelberg-Leimen 1992

Stone, U.: Gesundheit und Schule- Empfehlungen des für Bildung zuständigen Bundesministers. In: Prävention 4/1995, 18. Jahrgang. S. 106–109

Tamura, N./Shumeikan, A.: Aikido Etikette und Weitergabe. Wien 2000

Tinnitus-Klinik Arolsen: Körper- und Bewegungstherapien, Gleichgewichtstherapien, unter: http://www.tinnitus-klinik.de/tinnitus.htm, heruntergeladen: 20.07.04, 2004

Tiwald, H.: Psychotraining im Kampf- und Budo-Sport. Ahrensburg 1978

Tiwald, H.: Psychotraining im Kampf- und Budo-Sport: zur theoretischen Grundlegung des Kampfsports aus der Sicht einer auf dem Zen-Buddhismus basierenden Bewegungs- und Trainingstheorie. 1981

Tôhei, Kôichi: Das Ki-Buch – Der Weg zur Einheit von Geist und Körper. 4. Auflage, Heidelberg 1996

Tôhei, Kôichi: Ki im täglichen Leben. Heidelberg 1990

Turner, K.-V.: Das Schwert der Seele. Weg und Geist des spirituellen Kriegers. Freiburg 2000

Ueshiba, Morihei: Budo. Heidelberg/Leimen 1997

Uhlendorff, H./Oswald, H. (Hrsg.): Wege zum Selbst: soziale Herausforderungen für Kinder und Jugendliche. Stuttgart 2002

Veidt, A.: Wie und warum bleiben Menschen gesund? Salutogenese – individuelle und soziale Ressourcen stärken. In: Prävention 2/1998, 21.Jahrgang. S. 46–47

Velte, H.: Budo-Etikette. Verhaltensformen, Disziplin und Erfolgsgeheimnisse der japanischen Kampfkünste. Vierkirchen 2007

Völker, U.: (Hrsg.) Humanistische Psychologie. Weinheim 1980

Von Hentig, Hartmut: Erziehung: Zucht oder Entfaltung?. in Der Große Knaur – Universallexikon Band 7. Lexiographisches Institut München 1991, Seite 3822–3825

Walter, Ursula: Mein kleines wildes Teufelchen – Hinweise für den Umgang mit hyperaktiven Kindern. Berlin 1997

Warnke, A.: Legasthenie und Hirnfunktion. Bern 1990

Warnke, Hemminger, Roth, Schneck: Legasthenie – Leitfaden für die Praxis. Göttingen 2002

Weidner, Jens/Kilb, Reiner (Hrsg.): Konfrontative Pädagogik – Konfliktbearbeitung in Sozialer Arbeit und Erziehung. 2. Auflage, Wiesbaden 2006

Weinert, F. E./Helmke, A. (Hrsg.): Entwicklung im Grundschulalter. Weinheim 1997

Weltgesundheitsorganisation: Internationale Klassifikation psychischer Störungen. Bern/Göttingen/Toronto/Seattle, 2000

Westbrook, A. und Ratti, O.: Aikido und die dynamische Sphäre. 2.Auflage, Heidelberg 2004

WHO Health Organisation (1986). Ottawa- Charta for Health Promotion. Genf: WHO

Wiley, M. V.: Filipino Fighting Arts. Burbank 2000

Wilson, W.S. (Hrsg.): Zen in der Kunst des kampflosen Kampfes. Bern 2000

Wolters, Jörg-Michael: Anti-Aggressivitäts-Training für Körperverletzer. In: Der Weg – Zeitschrift für Straffälligenhilfe in Niedersachsen und Sachsen-Anhalt, 1/91, S. 25–27

Wolters, Jörg-Michael: „BUDO". Arbeitsunterlagen zum Seminar 10.12–12.12.1999. Weiterbildung zum BudoPÄDAGOGEN/INNEN

Wolters, Jörg-Michael: Budo in Pädagogik und Therapie: Budo-Pädagogik etabliert Kampfkünste erfolgreich in Methodenkonzepte zur Betreuung und Behandlung besonderer Zielgruppen. In: Deutsches Dan-Kollegium DDK (Hrsg.): http://www.ddk-ev.de/01/wolters/20050609/20050609.html, vom 03.08.2005c

Wolters, Jörg-Michael: Budo in Pädagogik und Therapie. In: Jugendhof Vlotho (Hrsg.): Praxis Konkret: Kampfkunst – Heilkunst – Kunst der Erziehung. 2001a, S. 41–53

Wolters, Jörg-Michael: Budo in Pädagogik und Therapie. Österreicher, Schweizer und deutsche Kampfkünstler in der Ausbildung zum Budo-Pädagogen erfolgreich. In: Budoworld – Internationales Kampfkunstmagazin 6–7/2005a, S. 90–91

Wolters, Jörg-Michael: Budo-„Lehrer" – wer (was) ist das? Über unterschiedliche Aspekte der Vermittlung des Budo und der „Lehr"-Qualifikationen in der Kampfkunst. In: Kampfkunst International 2/2002a, S. 88–89

Wolters, Jörg-Michael: Budo-Pädagogik – Eine berufliche Chance für professionelle Kampfkünstler. In: Black Belt International – Martial Arts Magazine, 03/2007 c

Wolters, Jörg-Michael: Budo-Pädagogik. Erziehung durch Kampfkunst. In: Shogun – Internationales Kampfsportmagazin 2/2004b, S. 25

Wolters, Jörg-Michael: Budo-Pädagogik/Budo-Pedagogy: Traditional Oriental and Asian Martial Arts and the developement of a new profession. In: Uniwersytet Rzeszowski, Polen (Hrsg.): Rocznik Naukowy – Ruch dla Kultury, Tom V/Scientific Year's Issue IDO – Movement for Culture, Vol. 5), 2005d, S. 193–205

Wolters, Jörg-Michael: Budo-Pädagogik. In: Esotera 04/2004c, S. 70–71

Wolters, Jörg-Michael: Budo-Pädagogik. In: Shogun 02/2004

Wolters, Jörg-Michael: Budo-Pädagogik: Kampfkunst in Pädagogik, Therapie und Coaching erfolgreich. Offizielle Ausbildungsreihe in Deutschland und der Schweiz etabliert. In: Kampfkunst-International, 11/2006, S. 65

Wolters, Jörg-Michael: Budo-Pädagogik: Kampfkunst in Pädagogik und Therapie. Budo als professionelle Methode der Persönlichkeitsförderung. In: Kampfkunst International, 05/07d, S. 69

Wolters, Jörg-Michael: Budo-Pädagogik: Kampfkunst in Pädagogik und Therapie. In: Kampfkunst International, 07/2005b, S. 68

Wolters, Jörg-Michael: Budo-Pädagogik: Von der Kampfkunst, ihrer erzieherischen Bedeutung und der Professionalisierung einer neuen Methode. In: Neumann, U./von Saldern, M. u.a. (Hrsg.): Der friedliche Krieger. Budo als Methode der Gewaltprävention. Marburg, 2004a, S. 100–120

Wolters, Jörg-Michael: Budo-Pädagogik: Von der Kampfkunst und ihrer erzieherischen Bedeutung. In: Kampfkunst International, 4/2003a, S. 82–83

Wolters, Jörg-Michael: Budo. Script zur Weiterbildung BUDO-PÄDAGOGIK, 2005–2007 München 1999, 1. Seminar, S. 1–3

Wolters, Jörg-Michael: Budo. Seminarunterlage zur Weiterbildung „Budo-Pädagogik „, 1999

Wolters, Jörg-Michael: Budo & Pädagogik: Vom Lernen, Lehren und Lehrenlernen (I). In: DDK-Magazin, Nr.18, 9/2002c, S. 20–21. (II): Nr.19, 12/2002, S. 26–27

Wolters, Jörg-Michael: Budo und Soziales Lernen. Budo-Lehrer-Fortbildungsreihe gegen Aggressivität und Gewaltbereitschaft. u.a. In: Karate, 2/95, 3/95, 1/96

Wolters, Jörg-Michael: Das Anti-Aggressivitäts-Training zur Behandlung jugendlicher inhaftierter Gewaltstraftäter in der Jugendanstalt Hameln. In: Kriminalpädagogische Praxis, 30/90c, S. 26–29

Wolters, Jörg-Michael: Das Dojo von Station B: Karatedo im Therapieplan der Jugendpsychiatrie. In: DAO – Asien-Magazin für Gesundheit und Lebenskunst (Themenschwerpunkt: Wege aus der Gewalt. Kampfkunst als Therapie für aggressive Jugendliche). 2/99a, S. 18–19

Wolters, Jörg-Michael: Das friedfertige Wesen. Über den Einsatz von Budo in Pädagogik und Therapie. In: Judo Magazin 02/2003, S. 38–40

Wolters, Jörg-Michael: Das Therapeutische Intensivprogramm gegen Gewalt und Aggression. Neue Wege im Hamburger Jugendvollzug. In: DVJJ-Journal. Zeitschrift für Jugendkriminalrecht und Jugendhilfe, 4/98b, S. 361

Wolters, Jörg-Michael: Erlebnis – Erfahrung – Erkenntnis: „Körper-Seele-Geist" -Therapie für Schläger. In: Monatsschrift für Kriminologie und Strafrechtsreform, 4/98, S. 130–139

Wolters, Jörg-Michael: Erlebnis- und sportorientierte Ansätze in der sozialpädagogischen Praxis. In: Soziale Arbeit, 5/90a, S. 174–178

Wolters, Jörg-Michael: Erlebnisorientierter Sport mit gewalttätigen Jugendlichen; In: Zeitschrift für Erlebnispädagogik, 9/1994, S. 47–57

Wolters, Jörg-Michael: Friedvolle Krieger – Kurse für Gewalttäter. In: Sozialmagazin, Heft 6, 1998, S. 48–56

Wolters, Jörg-Michael: Gewalt. In: Stimmer, F. (Hrsg.): Lexikon der Sozialpädagogik und Sozialarbeit. München, 2000a, S. 287–288

Wolters, Jörg-Michael: Gewaltprävention und -therapie durch Sport? Über ein sporttherapeutisches Anti-Aggressivitäts-Training für jugendliche Gewalttäter. In: Olympische Jugend, 6/92b, S. 14,16

Wolters, Jörg-Michael: Internet: Rezension: Kritik an neuer Metastudie. Über: „Budo, Aggressionsreduktion und psychosoziale Effekte: Faktum oder Fiktion?" von Bloem, J./Moget, P./Petzold, H. (2004) In: Integrative Therapie. Zeitschrift für vergleichende Psychotherapie und Methodenintegration, 30. Jg., Heft 1–2/2004, S. 101–149. www.budopaedagogik.de 11/2005e

Wolters, Jörg-Michael: Jugendkriminologische und devianzpädagogische Thesen: Sozialpädagogik in der Jugendstrafrechtspflege. In: Unsere Jugend – Zeitschrift für Studium und Praxis der Sozialpädagogik, 4/90b, S. 173–176

Wolters, Jörg-Michael: Kampfkunst als Gewaltprävention – Eine Zusammenfassung von Guido Francescon. In: Kampfsport als Gewaltprävention? Kampfsport als Gewaltprävention! Dokumentation einer Fachtagung am 28.10.2000; Landessportbund Hessen e.V.; S. 15–24 (unveröffentlicht).

Wolters, Jörg-Michael: Kampfkunst als Therapie. Die sozialpädagogische Relevanz asiatischer Kampfsportarten, aufgezeigt am Beispiel des sporttherapeutischen Shorinji-ryu-Karatedo zum Abbau der Aggressivität und Gewaltbereitschaft bei inhaftierten Jugendlichen. (Diss.), zgl. Frankfurt, Bern, New York, Paris u.a. (Peter Lang), 1992

Wolters, Jörg-Michael: Kampfkunst als Therapie. Ein sporttherapeutisches Anti-Aggressivitäts-Training im Jugendstrafvollzug. In: Nickolai, W./Rieder, H./Walter, J. (Hrsg.): Sport im Strafvollzug. Pädagogische und therapeutische Modelle. Freiburg i. B. (Lambertus), 1992a, S. 23–31

Wolters, Jörg-Michael: Kampfkunst als Therapie. Stade 1997

Wolters, Jörg-Michael: Kampfkunst für Jungen. „Friedvolle Krieger"-Kurse als budopädagogische Antwort auf jungentypische Gewaltbereitschaft. In: Das Baugerüst – für Jugend- und Bildungsarbeit, 3/2001d, S. 88–92

Wolters, Jörg-Michael: Kampfkunst in der Kinder- und Jugendpsychiatrie – Das ungewöhnliche Normale für die normalen Abweichler. In: Becker, P./Koch, J. (Hrsg.) (1999): Was ist normal? Normalitätsstrukturen in Jugendhilfe und Jugendpsychiatrie. Weinheim 1999, S. 173–180

Wolters, Jörg-Michael: Karate für Jungs: Warum aus budopädagogischer Sicht gerade Karate einen geschlechtsspezifischen Beitrag zum Gewaltabbau leistet. In: JKA-Karate, 2/2002b, S. 18–20

Wolters, Jörg-Michael: Karate Ni Sente Nashi. Karate ist gegen Gewalt. In: Kampfkunst International 04/2002, S. 81/85

Wolters, Jörg-Michael: Karate und Karate-Do (1). Das Wesen des Budo am Beispiel der Etikette. In: JKA – Karate, 02/2001, S. 26–28

Wolters, Jörg-Michael: Karate und Karate-Do (2): Worin zeigt sich das „Geistige" in den Grundübungen der Kampf-Kunst? JKA-Karate, 03/2001, S. 26–27

Wolters, Jörg-Michael: Karatedo als Therapie. Über ein sporttherapeutisches Anti-Aggressivitäts-Training für Gewalttäter im Jugendstrafvollzug. In: Liebrecht, E. (Hrsg.): Geist-Technik-Körper. Schriften zu den Hintergründen der Budo-Künste, Band II, Landau (Universitätsverlag), 1993d, S. 95–121

Wolters, Jörg-Michael: Konfrontative Pädagogik: Verstehen allein genügt nicht … In: Weidner, J./Kilb, R. (Hrsg.): Konfrontative Pädagogik. Konfliktbearbeitung in Sozialer Arbeit und Erziehung. Wiesbaden 2004d (VS-Verlag für Sozialwissenschaften), S. 109–224

Wolters, Jörg-Michael: Konfrontative Sozialpädagogik – Streitschrift für das Umdenken in Jugendhilfe, Jugendstrafvollzug und Jugendpsychiatrie. In: Sozialmagazin – Die Zeitschrift für Soziale Arbeit, 5/2001c, S. 27–33

Wolters, Jörg-Michael: Konzeption der Weiterbildung zum/zur „Budo-Pädagogen" „Budo-Pädagogin". August 2000

Wolters, Jörg-Michael: Kopf, Herz und Hand. Budo-Pädagogik als eine Verbindung der ostasiatischen Kampf- und Bewegungskünste des Budo mit Sport-, Erlebnis- und Sozialpädagogik. In: DDK-Magazin, 22/2003c, S. 17

Wolters, Jörg-Michael: Praktisches Anti-Aggressivitäts-Training. Mit Budo zum „Friedvollen Krieger". In: Soziale Arbeit, 4/98c, S. 128–134

Wolters, Jörg-Michael: Rangeln, Raufen & Ringen – Vom sozialpädagogischen Wert kindlichen Kämpfens. In: Unsere Jugend 5/2003b, S. 195–201

Wolters, Jörg-Michael: Ritual-Praxis der Wertschätzung und Zuneigung in den japanischen Kampfkünsten. In: Kampfkunst International, (I) 05/2001, S. 81

Wolters, Jörg-Michael: Ritual-Praxis der Wertschätzung und Zuneigung in den japanischen Kampf-Künsten. In: Kampfkunst International, (II) 06/2001, S. 88–89

Wolters, Jörg-Michael: Shorinji-Ryu – Sportpraktisches Soziales Lernen zum Abbau der Gewaltbereitschaft. Eine Behandlungsmaßnahme für Körperverletzer im Jugendvollzug. In: Soziale Arbeit, 7/92c, S. 335–338

Wolters, Jörg-Michael: Shoto-Kempo-Kai. Die besondere Akademie für Kampfkunst und Budo-Pädagogik. In: Kampfkunst-International, 02/2007a, S. 74

Wolters, Jörg-Michael: Soziale Sporttherapie. In: Stimmer, F. (Hrsg.): Lexikon der Sozialpädagogik und Sozialarbeit. München, 2000b, S. 650–654

Wolters, Jörg-Michael: Sozialpädagogik in der Jugendpsychiatrie. Abschlußbericht über die sozialpädagogisch besonders ausgestaltete Heranwachsenden-Station 3D der NFKJP Lüneburg. Niedersächsische Fachklinik für Kinder- und Jugendpsychiatrie Lüneburg, 12/97

Wolters, Jörg-Michael: Sozialpädagogische Behandlung jugendlicher Gewalttäter. In: Elbing, W. (Hrsg): Jugendstrafvollzug zwischen Erziehen und Strafe. Pädagogische Ansätze – Konzepte – Perspektiven. Saarbrücken, 1993a, S. 56–73

Wolters, Jörg-Michael: Sozialpädagogisches Modellprojekt zur Behandlung inhaftierter Gewaltstraftäter im Jugendstrafvollzug: Das praxisorientierte Anti-Aggressivitäts-Training. In: Kriminologisches Bulletin, 2/93b, S. 55–73

Wolters, Jörg-Michael: Sporttherapie mit gewalttätigen Jugendlichen. In: Sozialmagazin, 2/93, S. 40–48

Wolters, Jörg-Michael: „Starke Kids" – mit Kopf, Herz und Hand. Ein budopädagogisches Anti-Gewalt-Programm für Mädchen und Jungen. In: Sozialmagazin 02/2007b, S. 34–40

Wolters, Jörg-Michael: Therapie für Schläger. Oder: Kampfkunst-Weg zum friedvollen Krieger. In: Institut für Jugendarbeit Gauting (Hrsg.): Fit für die Risikogesellschaft? Körperorientierte Ansätze in der Arbeit mit Kindern und Jugendlichen. Gautinger Protokolle 31. Gauting, 1998d, S. 11–21

Wolters, Jörg-Michael: Über die Philosophie der Etikette im Budo. Gauting 1999

Wolters, Jörg-Michael: Über Karatedo und Gewaltbereitschaft; In: Liebrecht, E. (Hrsg.): Geist – Technik – Körper. Schriften zu den Hintergründen der Budo-Künste. Band II; Landau, 1993, S. 65–74, 95–121

Wolters, Jörg-Michael: Vom Lernen, Lehren und Lehrenlernen. In: DDK Magazin Nr. 18, 09/2002, S. 20–21

Wolters, Jörg-Michael: Vom Lernen, Lehren und Lehrenlernen. In: DDK Magazin Nr. 19, 12/2002, S. 26–27

Wolters, Jörg-Michael: Vom Schläger zum Ritter: Karatedo als Therapie im Jugendstrafvollzug (Ein Interview). In: DAO – Asien-Magazin für Gesundheit und Lebenskunst (Themenschwerpunkt: Wege aus der Gewalt. Kampfkunst als Therapie für aggressive Jugendliche). 2/99c, S. 8–10

Zimmer, Renate: Handbuch der Bewegungserziehung. Freiburg 1993

Zimmer, Renate: Handbuch der Psychomotorik. Freiburg 1999

Zimmermann, Monika: Kinder spielerisch zur Ruhe führen. München 2001

# Die Autorinnen und Autoren

**Dr. Florian Besch**
lebt in Göttingen und betreibt seit 1992 Karate-Do und seit 2000 Chi Kung. Nach dem Grundstudium in Humanmedizin studierte er Ethnologie, Indologie und Tibetologie. Seit 1999 hat er lange Forschungsaufenthalte im indischen Himalaya unternommen. Seine Promotion in Ethnologie am Südasien-Institut der Universität Heidelberg hat die Modernisierung und Professionalisierung von tibetischer Medizin in Nordwest-Indien zum Inhalt. Er hat am dritten Weiterbildungszyklus Budo-Pädagogik am Institut für Jugendarbeit Gauting teilgenommen und diesen im März 2005 mit dem zugehörigen Diplom abgeschlossen. Seine Hauptinteressen gelten den „Do"-Aspekten und der Heilkunst in den Kampfkünsten. 1991 wurde bei ihm Morbus Menière diagnostiziert, in dessen Folge er heute einen Tinnitus und eine einseitige Hörminderung hat.
Info und Kontakt: **www.bvbp.org**

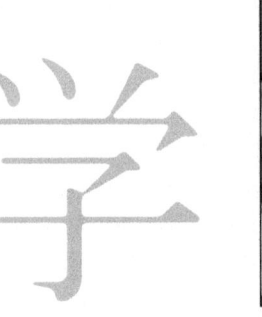 

**Stefan Brüning**
Jahrgang 1973
Diplom-Pädagoge
Budo-Pädagoge seit 2007.
1. DAN und Fachübungsleiter im Ju-Jutsu
1. DAN Modern Arnis
Instructor für Inosanto Kali
**Info und Kontakt:** www.Kalipro.de oder www.bvbp.org

**Catrin Franzen, M.A.**
Jahrgang 1973
Studium der Erziehungswissenschaften (M.A.) mit den Neben-
fächern Kinder- und Jugendpsychiatrie und Kriminologie in
Heidelberg
Mehrjährige berufliche Erfahrungen in der Heimarbeit mit Jugend-
lichen und Kleinkindern
Diplom-Budo-Pädagogin (BvBP) seit 2007
Leitung des Kindertrainings im Kempokan Heidelberg. Catrin
Franzen leitet des Weiteren die Selbstbehauptungs- und Selbstver-
teidigungskurse für Frauen und Kinder im Kempokan Heidelberg.
**Info und Kontakt:** www.kempokan.de oder www.bvbp.org

**Albert Fußmann**
Diplom-Pädagoge
Kulturpädagoge, Fachbereich Neue Medien und Kulturelle
Bildung
Direktor des Instituts für Jugendarbeit Gauting
**Info und Kontakt:** www.institutgauting.de

**Ralf Gelowicz**
42 Jahre
Staatlich anerkannter Diplom-Sozialpädagoge
Budo-Pädagoge (BvBP)
Ralf Gelowicz betreibt seit 1984 Karate-Do, 1. Dan.
Er arbeitete zehn Jahre im Kindertagesstättenbereich der Stadt
Hanau/Main mit Arbeitsschwerpunkt: Schulanfängerprojekte/In-
tegrationspädagogik/Nikitin-Pädagogik. Seit 2002 arbeitet er im
Theresien-Kinder- und Jugendhilfezentrum e.V. in Offenbach/Main
als Sozial- und Budo-Pädagoge in der stationären Kinder- und
Jugendhilfe. Seit August 2004 ist er 1. Vorsitzender des BvBP
und erreichte mit den Mitgliedern Anfang 2006 die Eintragung des
BvBP zum eingetragenen Verein mit Sitz in Kahl/Main.
**Info und Kontakt:** www.bvbp.org

### Marc Grunske

Jahrgang 1972
Diplom-Pädagoge
Budo-Pädagoge (seit 2005)
NLP-Master
Shodan im Aikido
Er arbeitet selbstständig im Kinder- und Jugendhilfebereich und führt Budo-pädagogische Projekte an Schulen und Jugendeinrichtungen durch. Sein besonderes Interesse gilt der systematischen Verknüpfung von pädagogischer Praxis mit den Inhalten des Budo.
**Info und Kontakt:** www.bvbp.org

### Reiner Heil

Jahrgang 1961
Budo-Pädagoge
Übungsleiter Rehasport für Menschen mit geistiger Behinderung 11 Jahre Erfahrung in der Kampfkunst Aikido bei verschiedenen Lehrern. Langjährige Praxis in körperbezogenen Angeboten (Aikido, Shiatsu-Entspannung und Reha-Sport) für Menschen mit geistiger und seelischer Behinderung. Entwicklung integrativer Bewegungs- und Entspannungsangebote in Form Budo-pädagogischer Praxiskonzepte auf Basis fernöstlicher Bewegungs- und Entspannungskünste in einem sozialwirtschaftlichen Unternehmen und in einem Sportverein. Diese Angebote fanden und finden in der Öffentlichkeit ein besonderes Interesse und wurden bisher landesweit mehrfach prämiert.
**Kontakt:** heil-sein@online.de

### Kristin Herold

Jahrgang 1977
Budo-Pädagogin der ersten Generation (seit 2001)
Studium der Sportwissenschaften und Pädagogik in Göttingen
Studium der Gesundheitswissenschaften in Bielefeld
Als aktive Karateka war und ist sie auch erfolgreiche Wettkämpferin (z.B. Deutsche Hochschulmeisterin im Kumite-Team). Berufliche Schwerpunkte setzt sie im Bereich Prävention, Gesundheitsförderung, Umwelt und Gesundheit.

**Manfred Huber**
Jahrgang 1959
Dozent für Politische Bildung und Sozialkompetenz am Institut für
Jugendarbeit seit 2006
Diplom-Sozialpädagoge (FH)
Erlebnispädagoge
Langjährige Berufserfahrung in der Jugendverbandsarbeit, als frei-
beruflicher Trainer und Referent für handlungsorientiertes Lernen.
Zusatzausbildung: Gruppendynamik und Selbstorganisation
(TOPS Berlin-München)
**Kontakt:** huber@institutgauting.de

**Sonny Jung**
Jahrgang 1968
Diplom-Sportlehrerin
Budo-Pädagogin
Sonny Jung ist hauptberuflich als Lehrbeauftragte im Bereich der
„Übungsleiter-Ausbildung" für den Landessportbund Hessen e.V.
tätig. Als 5. Dan Taekwondo (mit internationalen und nationalen
Erfolgen, von 1985 bis 1998 Mitglied der Nationalmannschaft) ist
sie auch als Lehrbeauftragte für die Hessische und die Deutsche
Taekwondo Union tätig.
Freiberuflich arbeitet sie u.a. für Gemeinden, Schulen, Frauenbüros,
Jugendzentren, Sportvereine, Fitnessstudios und Krankenkassen.
**Info und Kontakt:** www.sportsonny.de

**Elke Lochmüller**
Jahrgang 1970
Diplom-Sozialpädagoge (BA)
Budo-Pädagogin seit 2007
Elke Lochmüller ist seit 1998 in einer teilstationären Einrichtung der
Jugendhilfe (Heilpädagogischen Tagesstätte) tätig, zuvor war sie
neun Jahre in der stationären Jugendhilfe aktiv. Seit 2001 Kampf-
kunstpraxis im Aikido der „Dynamic Aikido Nocquet"-Stilrichtung.
**Info und Kontakt:** www.bvbp.org

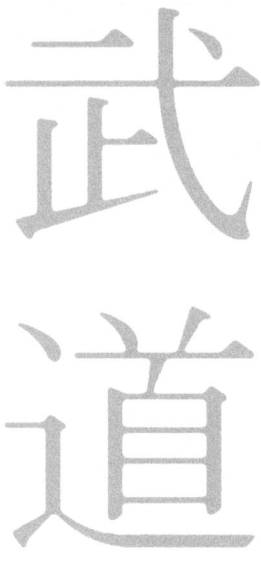

### Ina Pinck

Jahrgang 1965

Budo-Pädagogin und Freie Architektin

Ina Pinck hatte den ersten Kontakt mit Kampfkünsten im Alter von elf Jahren. Nach dem Architektur-Studium begann sie 1992 unter Heinz Patt (6. DAN) und Michel Prouvèze (5. DAN) Aikido und Kenjutsu zu erlernen. Im Rahmen des Vereinstrainings hält sie regelmäßige Unterrichtseinheiten unter der Woche in ihren Budo-Disziplinen.

Als Budo-Pädagogin (seit 2005) liegt ihr Hauptinteresse auf der Förderung und Steigerung der Kreativität, vor allem der Kreativität in Lernprozessen. Zielgruppen ihrer Budo-pädagogischen Projekte sind Legastheniker, lernschwache und/oder verhaltensauffällige Kinder und Jugendliche, aber auch der normale Durchschnittsbürger.

**Info und Kontakt:** www.budo-dojo-sob.de

### Helmut Queckenstedt

Sportstudium

Aikido- und Karatestudium in Japan

Studium der Pädagogik, Psychologie, Theologie

Helmut Queckenstedt betreibt das Kampfhandwerk seit über 40 Jahren und ist einer der Pioniere der Zenkampfkunst in Deutschland. Er leitet das Zenkarate-Dojo „TAO" in Hannover. Ihn verbindet als ehemaligen Karate- und Zen-Lehrer des Herausgebers Jörg-Michael Wolters, nunmehr sein befreundeter Kollege, eine mittlerweile schon fast 20-jährige Zusammenarbeit in Sachen „Budo & Pädagogik".

**Info und Kontakt:** www.zenkarate.de

**Jeannine Schröder**
Jahrgang1979
Staatlich anerkannte Diplom-Sozialpädagogin/-arbeiterin
Budo-Pädagogin (BvBP)
Judoka und Aikidoka
Langjährige Kursleiterin für Kitaprojekte wie „Raufen mit Köpf-chen". Seit Studiumabschluss ist sie als Sozialpädagogin in der offenen, sportorientierten Jugendarbeit beim Stadtsportbund Potsdam e. V. beschäftigt. Sie ist erfolgreiche Absolventin der berufsbegleitenden Weiterbildung zur Budo-Pädagogin mit der Abschlussarbeit zum Thema „JuDô – ein Budo-pädagogisches Projekt in der offenen Jugendarbeit". Sie leitet neben der haupt-amtlichen Tätigkeit in der offenen Jugendarbeit ein Budo-pädago-gisches Projekt für Vorschulkinder mit dem Schwerpunkt „Judo und Empowerment". Seit August 2004 ist sie 2. Vorsitzende des BvBP.
**Info und Kontakt:** www.bvbp.org

**Dr. phil. Jörg-Michael Wolters**
Jahrgang 1960
Erziehungswissenschaftler,
Diplom-Sozialpädagoge (Wiss.) und Sozialtherapeut
Karate-Do-Lehrmeister (Hanshi-Titel, 6. DAN Karate-Do,
6. DAN Kempo)
Jörg-Michael Wolters ist der Begründer der Budo-Pädagogik und Fachlicher Leiter der Weiterbildung zum Budo-Pädagogen/zur Budo-Pädagogin, außerdem Aufsichtsratsvorsitzender des Berufsverbandes der Budo-Pädagogen (BvBP e.V.) und Direktor des Instituts für Budo-Pädagogik und der ihm angeschlossenen Kampfkunst-Akademie Shoto-Kempo-Kai in Stade. Als Forscher und Praktiker steht er der Internationalen Interessen- und Arbeits-gemeinschaft „Budo in Pädagogik und Therapie" (BPT) vor. Wol-ters ist Universitätsdozent für Sozialpädagogik, Soziale Therapie sowie freiberuflicher Bildungsreferent, Trainer und Coach.
**Info und Kontakt:** Dr. Jörg-Michael Wolters, Institut für Budo-Pädagogik, Tilsiter Str. 11, 21680 Stade, www.budo-paedagogik.de und Kampfkunst-Akademie Stade, www.shoto-kempo-kai.de und www.bvbp.org

Das virtuelle INSTITUT FÜR BUDOPÄDAGOGIK in Stade, 1990 hervorgegangen aus der „Interessen- und Arbeitsgemeinschaft zur Kampfkunst in erzieherischen, sozialen und therapeutischen Feldern: Budo in Pädagogik und Therapie (BPT)", dient als Zentrale der Leitung fachbezogener berufsspezifischer Aus-, Fort- und Weiterbildungen sowie – mit Anschluss an die Kampfkunst-Akademie Stade – der Organisation budo-pädagogisch-therapeutischer Angebote und Dienstleistungen. Es ist gleichzeitig Sitz des Aufsichtsrats des Berufsverbandes der Budopädagoginnen und -pädagogen (BvBP).

Das Institut für Jugendarbeit in Gauting ist die landeszentrale Weiterbildungseinrichtung des Bayerischen Jugendrings (BJR) mit angeschlossenem Bildungshaus.

Für die Fachkräfte der Jugendarbeit in Bayern ist das Institut der zentrale Ort für die Fort- und Weiterbildung, den fachlichen Diskurs und die Erschließung beruflicher Perspektiven.
Handlungsorientierte Ansätze wie z.B. Budo-Pädagogik bilden einen von mehreren Schwerpunkten in dem umfangreichen Weiterbildungsangebot des Instituts.
Das Institut und das Seminarhaus sind in einer charmanten Villa mit parkähnlicher Umgebung südlich von München untergebracht.
www.institutgauting.de

# Institut für Jugendarbeit Gauting

## Berufsbegleitende Weiterbildungen (2-Jährig):

Budo-Pädagogik • Erlebnispädagogik • Kulturpädagogik
Genderpädagogik • Systemische Pädagogik
Ausbildung Anti-Gewalt-TrainerIn / Konfrontative Ressourcen-TrainerIn
SozialtrainerIn • Sozialbetriebswirt/in
Pädagogik der kulturellen Integration

## Seminare in den Arbeitsfeldern:

Politische Bildung • Kulturelle Bildung • Mediale Bildung
Pädagogische Kompetenz • Management-Kompetenz

Das **Institut für Jugendarbeit** des BJR ist die landeszentrale
Fortbildungseinrichtung des Bayerischen Jugendrings.
In unserem Gästehaus stehen Ihnen 34 Einzelzimmer und 10 Doppelzimmer
zur Verfügung, alle mit WC, Dusche, zum Teil mit Telefon.

Das **Institut für Jugendarbeit** liegt - nur 25 Minuten vom Hauptbahnhof München
entfernt - in einem ruhigen parkartigen Gelände. Moderne Seminartechnik,
individuell zugeschnittene Seminarausstattung und ein großer, freundlicher Saalbau
garantieren Ihnen eine entspannte Fortbildungsatmosphäre.

Institut für Jugendarbeit • Germeringer Straße 30 • 82131 Gauting
Telefon: 089 / 89 32 33-0 • Fax: 089 / 89 32 33-33
E-Mail: info@institutgauting.de • www.institutgauting.de

Bayerischer
Jugendring

Das Institut ist auch als Beleghaus buchbar.